21世纪高职高专立体化精品教材 · 汽车系列
工学结合教学改革与创新成果

汽车售后服务管理

QI CHE SHOU HOU
FU WU GUAN LI

黄为钧 李盛成 李文博 主 编
唐晓震 严亚萍 副主编

东南大学出版社
SOUTHEAST UNIVERSITY PRESS
· 南京 ·

内容提要

本书结合我国汽车售后服务企业的特点，采用学习情境的模式，系统地讲述了汽车售后服务企业的岗位及工作内容。从服务理念、核心服务流程、服务礼仪、技术质量管理、客户关系管理与维护、汽车保修与索赔、备件管理、汽车消费信贷、汽车保险与理赔、二手车服务等多个方面进行阐述，并配置了丰富的案例，便于学生加深对相关知识的理解。另外，文中还穿插了大量的知识拓展和小模块，引导学生独立思考。同时，每个学习情境后配套对应的实训项目，能够提高学生的实践能力。

本书内容广泛翔实，适合高职高专、应用型本科院校汽车服务等相关专业教学使用，也可作为相关企业岗前培训使用。

图书在版编目（CIP）数据

汽车售后服务管理／黄为钧，李盛成，李文博主编．—南京：东南大学出版社，2015.3

21世纪高职高专立体化精品教材．汽车系列

ISBN 978-7-5641-5512-4

Ⅰ．①汽…　Ⅱ．①黄…②李…③李…　Ⅲ．①汽车—售后服务—高等职业教育—教材　Ⅳ．①F407.471.5

中国版本图书馆CIP数据核字（2015）第029864号

汽车售后服务管理

出版发行：东南大学出版社
社　　址：南京市四牌楼2号，邮编210096
出 版 人：江建中
印　　刷：北京市旺银永泰印刷有限公司
开　　本：787mm×1092mm　1/16
印　　张：16
字　　数：333千
版　　次：2015年3月第1版
印　　次：2015年3月第1次印刷
书　　号：ISBN　978-7-5641-5512-4
定　　价：38.00元

（凡因印装质量问题，请直接与营销中心调换，电话：025－83791830）

PREFACE 前言

近年来随着我国汽车行业的快速发展，汽车售后服务行业的竞争也越来越激烈，售后市场作为汽车产业链的一部分也变得越来越重要。统计数据显示，汽车售后服务市场的利润在整个汽车产业链中的比重逐年增加，它已经成为汽车厂商的必争之地。但是，国内汽车售后市场仍然存在很多问题。部分厂商与其经销商的关系还不是很紧密，而仅仅是一种经济利益行为的供销关系。厂商的售后服务与经销商脱节问题严重，售后服务未来的发展任重道远。

如今，客户素质和消费水平的提高对汽车售后服务提出了更多新的要求，如何提高客户的满意度、培养客户的忠诚度已经成为售后服务中的重点。为了适应我国汽车售后服务市场新的挑战，售后服务人员必须提高自身的业务能力，预备服务人员必须苦练基本功，为服务工作增加技能。本书编写目的正是为了让服务人员对售后服务及管理有一个比较系统的了解，为解决实际问题提供一些帮助。

本书结合我国汽车售后服务企业的特点，系统地讲述了汽车售后服务企业的岗位及工作内容。从服务理念、经营模式、核心服务流程、服务礼仪、技术质量管理、客户关系管理与维系、汽车保修与索赔、备件管理、汽车消费信贷、汽车保险与理赔、二手车服务等多个方面进行阐述，重点讲述预约、接待流程及客户关系管理的相关知识与技能。在预约和接待流程篇，介绍了预约和接待的工作内容、关键步骤和技巧、实施要点；客户关系管理篇包括客户关系管理的概述、投诉的预防及处理投诉的技巧，重点介绍了处理投诉的话术。同时，系统地描述了客户关系系统（CRM）管理在汽车服务企业中的应用。总之，通过系统地学习，学生能够比较完整地理解售后服务的理论知识和实践技巧，有助于自己理论与实际工作的结合；能够了解售后市场未来的发展趋势，接受新的经营理念、管理理念和服务理念。

与同类型图书相比，本书具有很多新的特点：

一、本书采用情境教学的模式。每个情境开始的引导案例使学生能够独立思考案例中的主要问题，以及运用哪些相关知识。在引导案例之后，设计了该情境的知识目标与技能目标，使学生开展本章节的学习更加具有针对性。

二、本书采用案例结合式教学。作者精选大量具有借鉴意义的案例，分布在各章节之中。通过对案例的分析，加深对知识的理解，为未来遇到此类场景提供了解决措施。

三、本书穿插了大量的小模块。通过知识链接对相关概念进行引申，拓宽学生的知识面。通过小模块标记操作时的注意事项和重点记忆的知识点，增加教学的多样性和趣味性。

四、本书在编排上注重理论与实践相结合，采用任务式教学模式，突出实践环节，充分体现“工学结合一体化”教学思想。正文后针对预约、接待、客户投诉处理、质量控制以及备件管理等设置实训项目，为学生营造实践操作场景。在完成教学任务的同时，提高运用理论知识的能力，并锻炼学生的实际工作技能，为工作做准备。本书将学习情境分解为若干单元，每个单元由设计学习目标、技能目标、相关知识和学习案例四个部分组成。全书共设置 7 个情境，正文中设置了学习案例 35 个，小提示 21 个，知识链接 43 个，拓展阅读 7 篇，拓展实训 8 个。每个情境后设置了项目小结和项目考核内容。

本书由吉林大学黄为钧、李盛成和长春汽车工业高等专科学校李文博担任主编，江苏省高港中等专业学校唐晓震和严亚萍担任副主编。其中学习情境一和学习情境二由黄为钧编写，学习情境三由李盛成编写，学习情境四由李文博编写，学习情境五和学习情境七由唐晓震编写，学习情境六由严亚萍编写。在编写过程中，得到了很多老师的支持和帮助，同时参阅了大量的书籍和文献，这里一并表示感谢。

由于编者水平有限，书中难免有不妥之处，敬请广大读者批评指正。

编　者

CONTENTS

目录

学习情境一　汽车售后服务概述

情境导入……1
学习导航……1

学习单元一：汽车售后服务的基本概念……2
知识目标……2
技能目标……2
基础知识……2
一、汽车售后服务的定义……2
二、汽车售后服务的经营模式……3
三、汽车售后服务的重要性……3
学习案例 1-1……5

学习单元二：我国品牌 4S 店经营模式……5
知识目标……5
技能目标……5
基础知识……5
一、我国汽车售后服务的品牌 4S 店模式……5
二、4S 店的组织机构及职能……6
三、4S 店的主要工作内容……10
学习案例 1-2……12

学习单元三：汽车售后服务企业未来的发展趋势……13
知识目标……13
技能目标……13
基础知识……14
一、汽车售后服务管理体系的国内外现状……14
二、我国汽车售后服务企业未来的发展趋势……15
学习案例 1-3……18
学习案例 1-4……18

学习单元四：汽车售后服务的新理念……18
知识目标……18
技能目标……18
基础知识……19
一、客户满意理念……19
学习案例 1-5……19
二、“客户总是对的”理念……19
三、“员工也是上帝”理念……20
四、全新的人才理念……20
学习案例 1-6……21

五、全新的资讯理念 …… 21
六、全新的培训理念 …… 21
七、全新的资源整合理念 …… 21

拓展实训：汽车 4S 店经营模式分析 …… 22

教学检测 …… 23

学习情境二 售后服务核心流程

情境导入 …… 25
学习导航 …… 26

学习单元一：售后服务核心流程介绍 …… 26
知识目标 …… 26
技能目标 …… 26
基础知识 …… 26
一、服务接待人员的工作职责 …… 26
二、服务核心流程 …… 26
三、一汽大众售后服务核心流程的关键步骤 …… 27
学习案例 2-1 …… 32

学习单元二：预约 …… 33
知识目标 …… 33
技能目标 …… 33
基础知识 …… 33
一、预约服务的重要性 …… 33
二、预约服务的实施 …… 36
学习案例 2-2 …… 40

学习单元三：业务接待 …… 42
知识目标 …… 42
技能目标 …… 42
基础知识 …… 42
一、业务接待的作用 …… 42
学习案例 2-3 …… 43
二、接待服务的实施 …… 44

学习单元四：优质服务 …… 48
知识目标 …… 48
技能目标 …… 48
基础知识 …… 49
一、接待客户的标准 …… 49
学习案例 2-4 …… 49
二、了解客户要求的准则 …… 50
三、约定时间的准则 …… 50
四、达成协议的准则 …… 51
五、诊断故障的准则 …… 52
六、进行修理工作的准则 …… 52
七、控制质量的准则 …… 52
八、结算费用的准则 …… 53
九、交付车辆的准则 …… 53
十、跟踪服务的准则 …… 54

学习单元五：服务礼仪 …… 54
知识目标 …… 54
技能目标 …… 54
基础知识 …… 55
一、服务礼仪的重要意义 …… 55
二、仪容仪表和仪态的礼仪 …… 55
学习案例 2-5 …… 57
三、电话礼仪 …… 64
四、握手礼仪 …… 65
五、名片礼仪 …… 67

拓展实训 1：训练售后服务核心流程 …… 69

拓展实训 2：服务礼仪……70

教学检测……71

学习情境三 技术与质量管理

情境导入……73
学习导航……74

学习单元一：维修质量管理概述……74
知识目标……74
技能目标……74
基础知识……74
一、质量控制理念……74
二、全面质量管理……77
三、维修质量控制的基本要求及工作流程……78

学习单元二：工具设备和安全生产管理……82
知识目标……82
技能目标……82
基础知识……82
一、工具设备管理……82
二、安全生产管理……85
学习案例 3-1……86
学习案例 3-2……86
学习案例 3-3……87

学习单元三：交车前 PDI 检查……94
知识目标……94
技能目标……94
基础知识……94
一、PDI 的概述……94
二、PDI 管理流程……95
学习案例 3-4……97

学习单元四：技术培训管理……100
知识目标……100
技能目标……100
基础知识……100
一、培训的意义……100
二、培训管理的流程……100
三、新进员工的培训……102
学习案例 3-5……103

拓展实训：工具设备管理及安全生产管理……103

教学检测……104

学习情境四 客户关系管理与维护

情境导入……106
学习导航……107

学习单元一：客户关系管理……107
知识目标……107
技能目标……107
基础知识……107
一、客户关系管理的概念……107
二、客户关系管理的必要性……108
学习案例 4-1……108
三、客户关系管理部门的工作内容及主要职责……109
四、企业实施客户关系管理存在的问题……109
五、企业实施完善的客户关系管理系统……110

学习单元二：客户满意与客户关怀 …… 111
知识目标 …… 111
技能目标 …… 111
基础知识 …… 112
一、客户满意度的概述 …… 112
学习案例 4-2 …… 119
学习案例 4-3 …… 120
二、客户关怀 …… 122
学习案例 4-4 …… 124

学习单元三：客户投诉与预防机制 …… 126
知识目标 …… 126
技能目标 …… 126
基础知识 …… 126
一、客户投诉的含义 …… 126
二、投诉分析 …… 126
学习案例 4-5 …… 127
三、投诉处理的原则 …… 128
四、投诉的处理 …… 130
学习案例 4-6 …… 131
五、投诉的预防 …… 133

学习单元四：客户关系系统（CRM）简述 …… 143
知识目标 …… 143
技能目标 …… 143
基础知识 …… 143
一、4S 店的 CRM 管理系统 …… 144
二、CRM 管理系统的功能和模块 …… 146
三、汽车企业实施 CRM 系统的注意环节 …… 148
四、CRM 系统在汽车行业中的实施 …… 149
学习案例 4-7 …… 149

拓展实训：熟练运用投诉知识 …… 156

教学检测 …… 157

学习情境五 汽车保修与索赔

情境导入 …… 159
学习导航 …… 160

学习单元一：汽车产品的质量担保规定 …… 160
知识目标 …… 160
技能目标 …… 160
基础知识 …… 160
一、相关术语及产品缺陷分类 …… 160
二、汽车质保规定 …… 162
学习案例 5-1 …… 164

学习单元二：汽车保修索赔规定 …… 165
知识目标 …… 165
技能目标 …… 165
基础知识 …… 165
一、保修索赔的范围 …… 166
二、不属于保修索赔的范围 …… 166
学习案例 5-2 …… 168
学习案例 5-3 …… 169
三、车辆保修资格的更改 …… 170
四、其他保修索赔事宜 …… 170
五、保修费用的组成 …… 171

学习单元三：汽车保修索赔机构及工作流程 …… 171
实训目的 …… 171

技能目标……171
基础知识……171
一、保修索赔工作机构的组成……171
二、各机构工作职责……172
三、保修索赔的工作内容……174
四、保修索赔的工作流程……174
学习案例 5-4……174

学习单元四：缺陷汽车召回制度……178
知识目标……178
技能目标……178
基础知识……178
一、汽车召回制度简介……179
二、汽车召回的概念……179
三、国内外汽车召回的情况介绍……180
四、召回流程及召回通告……182
学习案例 5-5……183

拓展实训：演练汽车保修索赔流程……188

教学检测……189

学习情境六 备件管理

情境导入……191
学习导航……192

学习单元一：备件管理基础知识……192
知识目标……192
技能目标……192
基础知识……192
一、备件管理的意义……192
二、备件管理的相关描述……193
三、备件编码……195
学习案例 6-1……198

学习单元二：汽车售后服务企业备件管理……203
知识目标……203
技能目标……203
基础知识……203
一、一汽大众备件部门组织机构……203
学习案例 6-2……205
二、备件计划……205
三、备件订货……206
四、备件的销售……207

学习单元三：备件仓储管理……207
知识目标……207
技能目标……207
基础知识……208
一、备件仓库的规划……208
二、备件入库管理……209
三、备件出库管理……210
四、备件的保管……211
学习案例 6-3……213
五、备件库存的盘点……213

学习单元四：库存管理……214
知识目标……214
技能目标……214
基础知识……214
一、库存管理的原则……215
二、ABC 分类法……215
学习案例 6-4……217
三、库存控制……218

拓展实训：训练汽车常用备件仓储管理相关知识……219

教学检测……220

学习情境七 其他售后服务开发

情境导入……222
学习导航……222

学习单元一：汽车消费信贷……223
知识目标……223
技能目标……223
基础知识……223
一、消费信贷的概述……223
二、国外汽车消费信贷的成功模式……223
三、国内消费信贷的主要模式……225
四、汽车贷款购车流程……225
学习案例 7-1……226

学习单元二：汽车保险与理赔……227
知识目标……227
技能目标……227
基础知识……227
一、保险与理赔的概述……227
二、办理汽车保险的流程……233
三、汽车保险索赔的业务流程……233
学习案例 7-2……236

学习单元三：二手车业务……237
知识目标……237
技能目标……237
基础知识……237
一、二手车市场的定义……237
二、二手车市场的特点……238
三、二手车的来源……238
四、二手车鉴定估价……239
学习案例 7-3……240
五、我国二手车市场存在的问题……241

拓展实训：分析二手车交易过程中的鉴定评估与我国二手车市场存在的主要问题……242

教学检测……243
参考文献……245

学习情境一

汽车售后服务概述

情境导入

相关统计资料显示，在一个完全成熟的国际化汽车市场中，汽车的销售利润约占整个汽车产业的 20%，零部件供应利润约占 20%，而 50%~60% 的利润是在服务领域中产生的。据通用、福特旗下的汽车信贷公司调查显示，仅汽车金融服务带来的赢利就占这两大集团全部利润的 36%。美国汽车售后服务业年产值高达 1400 亿美元，其中汽车维修业的利润占 27%。再以汽车信贷为例，美国贷款买车的比例为 80%~85%，德国为 71%，印度为 60%~70%，而我国还不足 5%。

学习导航

从上面的数据可以看出，汽车售后服务对汽车工业来说起着非常重要的作用。在当今社会，售后服务的好坏，逐渐被广大的消费者群体所看重。售后服务在汽车销售上占据了举足轻重的地位，是买方市场条件下汽车 4S 店或汽车经销商参与市场竞争的重要武器。我国汽车售后服务市场尚处于起步阶段，与国外有很大差距，虽然面临着巨大的挑战，但同时也存在巨大的潜力和利润空间。因此，针对我国售后服务市场存在的问题，从事售后服务的企业有必要完善自身售后服务管理体系，改善经营模式，并树立售后服务的新理念。

学习单元一：汽车售后服务的基本概念

知识目标

1. 理解汽车售后服务的含义及主要内容；
2. 了解汽车售后服务的主要经营方式；
3. 认识售后服务的重要性。

技能目标

具备对汽车售后服务经营模式的整体布置能力。

基础知识

一、汽车售后服务的定义

汽车售后服务是指汽车作为商品销售出去以后，由汽车生产商、销售商、维修商、配件供应商等服务商为消费者提供的全过程、全方位的服务，它贯穿汽车的整个生命周期。汽车售后服务参与者构成的价值链如图 1-1 所示。从不同的角度审视，汽车售后服务具有不同的含义。从经销商的角度看，汽车售后服务是指消费者自购车之日起至报废之日止，在该车上的所有花费引发的商机，包括维修保养、配件供应、汽车美容、汽车改装等。从生产企业的角度看，汽车售后服务是指产品售出后，为保证产品能够正常使用而向客户提供的各方面服务，包括首保、三包、索赔、技术培训、质量跟踪等。

课堂讨论

如果从消费者的角度分析，汽车售后服务又会有什么新的定义呢？

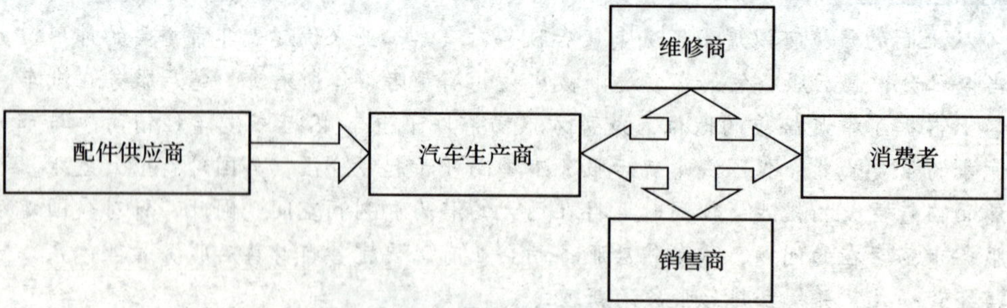

图 1-1 汽车售后服务的价值链

售后服务质量的好坏直接关系到客户满意度的高低，特别是在竞争越来越激烈的汽车市场。生产企业通过建立良好的售后服务体系，留住客户并树立自己的品牌；经销商通过提高售后服务水平等举措，在整车销售利润越来越低的条件下，使企业和经销商在确保自身的生存和发展空间的基础上，不断强化竞争实力。

知识链接

汽车售后服务市场于20世纪30年代初在英美等国起步。如今，汽车售后服务市场已经成为现代汽车维修企业服务的重要组成部分。它不仅仅是简单的维修、保养，而是涵盖了汽车销售以后有关汽车的质量保障、索赔、维修、保养服务、汽车零配件供应、维修技术培训、技术咨询及指导、市场信息反馈等一系列内容。

二、汽车售后服务的经营模式

（1）四位一体。四位一体即汽车品牌“4S”店形式，源于欧洲。汽车品牌4S店是遵循各汽车厂商硬件建设要求与服务标准所建设的集汽车销售、维修、配件和信息服务为一体的销售服务体系，是一种以“四位一体”为核心的汽车特许经营模式。它包括整车销售（Sale）、零配件供应（Spare part）、售后服务（Service）、信息反馈（Survey）等。它拥有统一的外观形象、统一的标识、统一的管理标准，具有只经营单一品牌的特点。汽车4S店是一种个性突出的有形市场，且具有渠道一致性和统一的文化理念。4S店在提升汽车品牌、汽车生产企业形象上的优势是显而易见的。

（2）连锁经营。连锁经营以美国为代表，连锁经营的发起者不是汽车生产商，而是定位于汽车售后市场的集汽配供应、汽车维修、快速保养为一体的综合性服务商。这种模式整合了各汽车品牌的维修保养资源，打破了纵向垄断。在价格服务透明化的基础上，提供汽车保养、维修、快修、美容和零配件供应等一条龙服务。客户可以一站式解决问题。

（3）特约服务站。特约服务站只负责给特定品牌的汽车提供服务业的维修设备、零部件和专业技术等。

（4）独立经营。独立经营即多品牌经营，门店式经营，为客户提供车辆的相关售后服务。

小提示

日常生活中常见的连锁经营方式是麦当劳和肯德基，而在美国以家喻户晓的、被形象比作是汽车售后服务行业“麦当劳”的NAPA是典型的专业连锁维修店，它是美国人驾车维护的首选。

三、汽车售后服务的重要性

随着汽车制造技术的不断更新，汽车产品也逐渐成熟，同档次同价位的汽车在技术含量及整车质量上相差无几。因此，汽车品牌要在汽车市场上立足，售后服务就成了竞争的主要方向。提供差异化服务是营销战略的核心内容，其目的是创造个性化品牌，以产生关联性的市场效应。汽车市场从产品的竞争转向服务的竞争，越发凸显了汽车售后服务的重要性。

1. 售后服务水准是重要的战略基础

金融危机使汽车购买者迫于压力，纷纷压缩预算、节省开支。购车成本的降低导致了汽车市场的萎缩。但即使是这样，市场中仍不乏销量逆势上涨的车型品牌。在金融危机下销量逆势上扬，这些车型品牌的良好销售业绩给了汽车行业市场不少启示：大市场环境萎缩，市场的低迷并不能遏制行业的发展。但汽车行业高端与中端产品的份额比重，却面临着新一轮的调整；品质可靠、谱系完整才能稳坐市场塔尖；销售网点及售后服务水准是最重要的战略基础。

2. 售后服务将成汽车经销商的新战场

对于汽车市场，尽管行业潜力仍在，但随着汽车保有量的增加，销量增速开始放缓，同时，一些城市治堵方案的出台，使得以往汽车经销商依靠销量来提升业绩的模式变得不再适合。汽车流通行业的营销模式、经营方式、流通方式和服务方式将面临着重大调整和转变。目前，售后服务市场还远远落后于销售市场，但从另一个方面来看，售后市场无疑将成为汽车行业未来的新商机和新战场。

3. 汽车售后服务保障消费者权益

汽车 4S 店或汽车经销商为消费者提供经济实用、优质、安全可靠的汽车产品和售后服务是维护其本身的生存和发展的前提条件。虽然科技的进步与发展使得汽车的相关产品以及保养、维修等售后服务的水准越来越高，但是，要做到全面且周到，目前尚有许多工作需深入开展。由于消费者的使用不当或工作人员的疏忽，汽车电器工作不稳定、刹车失灵等状况会经常发生，越来越多的汽车 4S 店和汽车经销商，包括最优秀的企业也不能够保证永远不犯错误和绝对避免客户的投诉。因而，及时补救失误、改正错误，及时处理客户的投诉等售后服务措施能有效地保证汽车消费者权益。可以说，汽车售后服务是保护汽车消费者权益与利益的最后防线，是弥补汽车 4S 店或汽车经销商的错误和处理客户投诉的重要补救措施。

知识链接

汽车产业链中的利润分布情况，见表 1-1。

表 1-1 汽车产业链中的利润分布情况

	制造环节	比例		服务环节	比例
制造	整车制造商	16%	服务	新车零售	5%
	系统和模块供应商	7%		融资租赁	9%
	重要零部件供应商	8%		保险	15%
	通用配件供应商	2%		二手车零售	12%
	原始材料供应商	5%		租车	4%
				售后零配件服务	17%
	小计	38%		小计	62%

学习案例1-1

广汽三菱是第一个实现跨区重组的企业。重组后作为一个全新的企业，公司特别重视售后服务部门的管理，要求接到客户投诉之后两小时内必须处理。客户提出的问题，一定要及时处理，无论是车的问题还是服务问题。同时公司还要求售后服务人员倾听客户的诉求，通过正面引导使客户的不满得到缓解、释放。实施这项规定后，公司的售后服务质量明显提高，从统计数据来看，公司被投诉和再次被投诉的比例较之前大大降低。

案例分析

案例中的广汽三菱公司，重视汽车的售后服务管理，发生客户投诉时，能够及时处理，并考虑客户感受，倾听客户诉求，有效地处理客户投诉，使客户感觉到自己的权益得到了保障，因此降低了再投诉的比例。

学习单元二：我国品牌 4S 店经营模式

知识目标

1. 认识我国汽车售后服务的经营模式；
2. 了解汽车售后服务组织机构及相关职能；
3. 了解汽车售后服务组织的主要工作内容。

技能目标

1. 具备品牌 4S 店经营模式整体布置的能力；
2. 具备汽车售后服务组织机构及相关职能机构设置的能力。

基础知识

当前，我国汽车售后市场基本以汽车 4S 店和汽配市场两种模式为主。其中，汽车 4S 店在汽车销售、售后维修方面仍然占据主导地位，汽配市场则主要以批发零售汽车零配件为主。随着我国汽车需求量的大幅攀升，特别是汽车作为一种普通消费品进入家庭后，整个汽车行业必定会发生巨大的变化。随着普通消费者对价格、服务等要素越来越重视，以汽车 4S 店为主导的售后服务模式必然要面临更大的考验，而其他经营模式则孕育着巨大的商机。

一、我国汽车售后服务的品牌 4S 店模式

汽车品牌 4S 店的出现是为了满足消费者对汽车消费的全方位需求，它可以提供

从销售到售后、从信息服务到配件供应的全套服务，包括为消费者提供明亮宽敞的购车环节、彬彬有礼的服务、现代化的维修车间与设备、纯正的原厂配件供应、及时的客户信息反馈、高度职业化的销售维修服务等。通过建设品牌4S店，汽车厂商能够建立客户对品牌的信任度和忠诚度，同时对售后服务产生排他性的依赖。此外，4S店也是品牌形象良好的宣传场所，为相关汽车品牌开拓市场、提高产品知名度与美誉度起着积极作用。

图1-2是2012年第二季度至2013年第一季度，全国汽车经销商的数量。从表中数据可以看出，截止到2013年第一季度，全国各地的汽车经销商数量已经达到26779家，季度增长率达到了4.31%。结合我国汽车产销量的发展趋势，预计近几年来汽车经销商的数量仍将持续扩大。

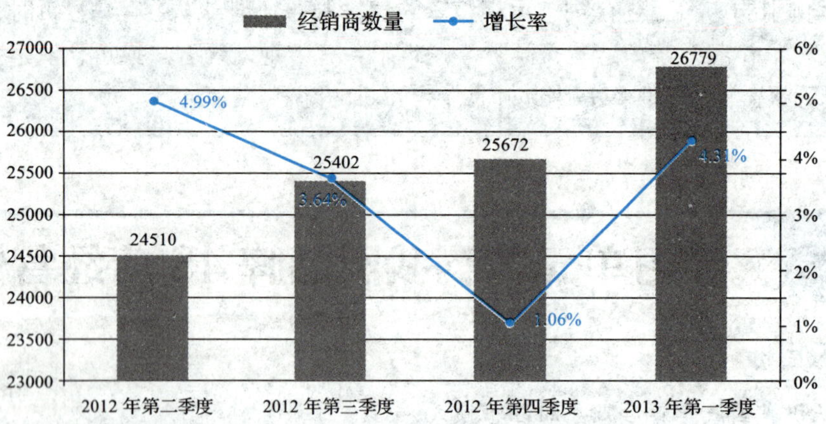

图1-2 2012年第二季度至2013年第一季度汽车经销商数量

知识链接

汽车品牌4S店始于欧洲，从1998年引入中国以来获得了快速发展。最早在我国建立品牌4S店的厂商有广州本田、上海通用别克、一汽大众奥迪等。目前，各大品牌在我国各级城市均建立了数量不等的4S店，我国目前4S店数量已经超过2万家，成为汽车销售与售后服务行业的主要形式。

二、4S店的组织机构及职能

4S店的典型的标准结构图如图1-3所示，各部门职能分工明确，严格依据汽车生产厂商的标准，统一视觉形象规范、统一订购原厂备件、统一接受培训、统一使用专用工具进行售后服务。包括前期服务，如汽车消费信贷、汽车保险代理等，由专门的保险理赔专员负责；中后期服务，包括汽车保修索赔、汽车维护与检测、汽车配件供应、汽车美容装饰等，由售后服务部统筹负责；服务过程中的客户关系的由客服部负责维护。这样组成一个完整的售后服务体系。

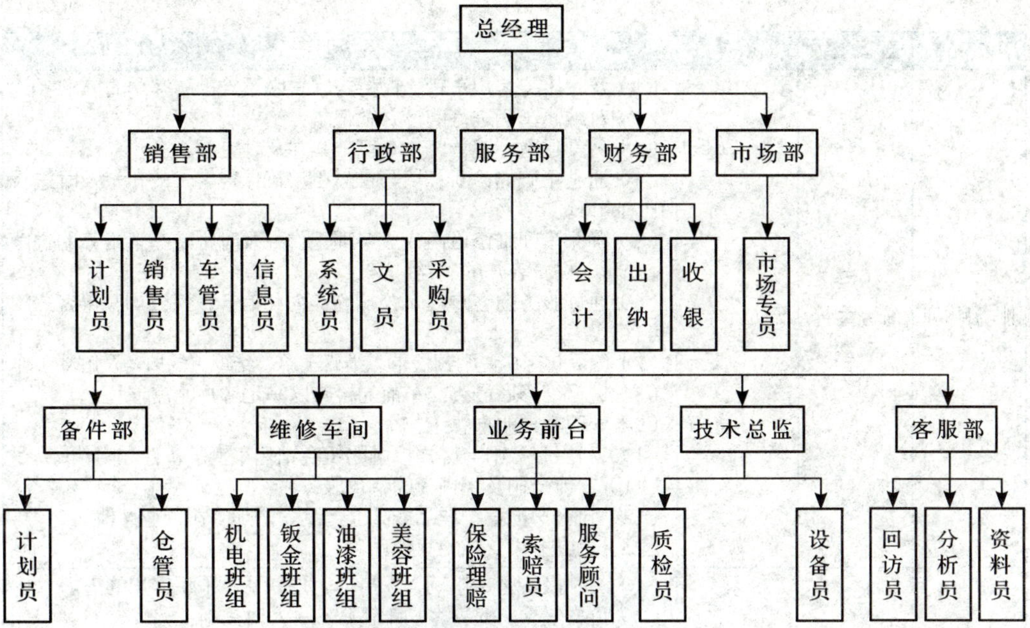

图 1-3　4S 店标准组织结构图

汽车售后服务各岗位关系及职责表见表 1-2。

表 1-2　汽车售后服务各岗位关系及职责表

岗位名称	直接上级	直接下属	岗位职责
服务部经理	总经理	售后全体人员	（1）按公司的经营目标、质量目标，对售后服务各个部门进行划分，全面管理，利用各种方法，保证经营、质量目标的完成 （2）重大质量问题服务纠纷的解决，对下属不能解决的问题给予及时解决，保持与公司其他部门的良好沟通及协作 （3）定期向总经理或分公司报告店内的生产、经营和管理等工作 （4）负责组织各部门及时上报各种资料，对不符合要求的项目积极提出合理意见 （5）积极组织员工培训，不断提高员工技能及职业道德素质，全面学习各种相关知识，不断提高自己的素质修养
前台主管	服务部经理	服务顾问、保险理赔员、索赔员	（1）前台年度、月度工作目标、工作计划的拟订，并督导实施 （2）前台管理制度与业务流程的拟订，并督导实施和监控 （3）客户关系管理的督导与分析报告，处理一般客户的投诉 （4）协助售后服务部经理完成市场分析报告，处理合同、单位协议的签订、维护、账款的跟踪 （5）前台 5S 监控及管理 （6）直接下属和关键岗位的绩效管理 （7）负责与车间、备件部及相关部门协调并处理日常业务工作 （8）在指定的时间内，负责向售后服务经理递交各种业务报表、报告、信息 （9）前台业务人员培训和会议的策划及主持 （10）协助服务顾问、索赔员、保险理赔员完成比较急的工作 （11）其他部门或者人员遇有困难时，主动提出建议和策略 （12）完成上级交办的其他任务

（续表）

岗位名称	直接上级	直接下属	岗位职责
服务顾问	前台主管	无	（1）及时接待客户车辆，保持与客户联系，了解客户的需求 （2）对维修车辆进行问诊并做记录 （3）负责建立、完善客户车辆档案并及时更新 （4）通过正确的诊断和填写维修工单确保对客户的车辆及时进行正确的修理 （5）确保车间维修班组完成各项工作并及时跟踪车辆维修的进度和质量，保护客户的利益 （6）通过服务向客户展示公司的实力和信誉，使公司赢得客户的信赖 （7）负责向客户说明预检单、维修工单、结算单的填写及解释工作 （8）进行维修后最终交车前的检查以满足客户的需求 （9）处理客户的抱怨 （10）利用服务中与客户接触的机会销售车辆、备件和附件 （11）宣传公司及经销商的特色服务 （12）向客户推荐护理品或其他产品，增加公司营业产值 （13）完成上级交办的其他任务
保险理赔员	前台主管	无	（1）及时接待客户车辆，保持与客户联系，了解客户的需求 （2）负责建立、完善客户车辆档案并及时更新 （3）确保车间维修班组完成各项工作并及时跟踪车辆维修进度和质量，保护客户的利益 （4）进行维修后最终交车前的检查以满足客户的需求 （5）处理客户的投诉 （6）负责汽车保险业务的办理与出现保险事故时的理赔工作 （7）建立并不断完善保险理赔的业务内容与业务流程，提高保险理赔的效率与客户满意度 （8）负责向客户解释保险理赔的知识与业务流程，向客户提供合理的建议 （9）制作每月保险理赔业务的分析报表 （10）利用服务中与客户接触的机会销售车辆、备件和附件 （11）承担车间动态情况，确保车间场地、硬件设施、人员的最优化利用 （12）在客户面前，宣传与公司合作保险的优势，配合续保员增加续保产值 （13）完成上级交办的任务
索赔员	前台主管	无	（1）负责本公司内部索赔业务管理工作 （2）负责故障件的原因分析，做出质量鉴定，按照保修手册规定，判定是否为索赔范围 （3）按照索赔要求，搜集索赔相关资料 （4）按照营销分公司索赔条例办理索赔申报及相应索赔事务 （5）与客户和相关方面进行充分沟通以便掌握与索赔有关的信息，解释厂商的索赔规定及客户应注意的事项，并认真解答客户的询问 （6）主动搜集、反馈有关车辆使用质量、技术方面的信息 （7）索赔旧件存放、回运及相关工作 （8）索赔业务对账、开票工作 （9）注意索赔政策文件的更新，并使相关人员都掌握 （10）不符合索赔条件时，应充分与客户沟通，说明情况，取得客户谅解 （11）完成上级交代的其他任务 （12）在必要的情况下，配合服务顾问工作

（续表）

岗位名称	直接上级	直接下属	岗位职责
配件主管	服务经理	备件计划员、备件仓库管理员	（1）负责组织市场调查，合理调整库存结构和库存量，加快资金周转 （2）检查备件业务工作、审核订单、反馈各种信息报表及发往备件部门电函，了解备件经营状况，确保备件业务的正常开展 （3）负责组织备件到货验收、入库、上货架等工作。定期进行备件位置的合理调整及组织人员进行盘点 （4）供应商备件款的及时结算 （5）配合厂商备件部门有关人员的检查、巡访等工作，协助服务经理对特殊合同的评审 （6）严格内部管理，负责管理、传达备件部门发出的有关文件，对备件人员定期进行业务培训、业务考核 （7）完成公司领导交办的任务 （8）根据知识和能力，有义务完成的其他任务 （9）服务经理交办的其他临时性工作
备件计划员	配件主管		（1）随时了解仓库备件情况，根据生产需要制订备件订购计划，按时从厂商进货 （2）了解市场信息，掌握备件的市场动态，及时完成备件的采购以满足生产需要 （3）做好备件结构和库存的控制 （4）保持库房整洁，协助做好仓库管理工作 （5）定期向备件主管汇报工作 （6）完成备件主管指定的其他方面的工作
备件仓库管理员	配件主管		（1）负责备件的入库管理，入库要严格进行入库验收，认真检查核对名称、数量、编号、价格、质量 （2）负责备件销售及出库管理，要根据维修工单书上的作业项目发料，做到准确无误 （3）负责备件库存管理，库存情况要及时与备件计划员沟通，按公司要求做好各种形式的库存盘点工作，确保库存备件账、物一致 （4）保持库房环境卫生整洁，备件摆放整齐，符合备件管理的要求，确保先进后出，标识清晰 （5）负责旧件的回收工作，原则上实行以旧领新 （6）及时向部门负责人汇报工作情况
车间主管	服务经理	班组长	（1）负责管理车间内的生产计划落实，生产调度安排（包括节假日值班、加班、外出抢修等），做好车间现场5S管理，为客户提供舒适的修车环境 （2）依照七步服务核心过程的要求，认真落实各项优质服务举措，为客户提供一流优质的服务 （3）严格抓好质量管理，监督并检查车间员工的服务质量和维修质量，对有倾向性的质量问题，必须组织现场分析，及时提出纠正与预防措施，并以书面形式报告服务经理，认真贯彻实施方案 （4）严格按照安全生产操作规程，杜绝员工违章操作，严禁机具设备带病操作，杜绝一切安全和机损事故的发生 （5）加强自身知识的更新和专业知识的培训，定期对车间生产状况、人员状况以及存在的问题进行分析并提出合理化建议，及时解决矛盾，营造一个良好的工作环境 （6）了解掌握员工的能力考核评价，员工增项的准确率，增项的实际执行率，交车及时情况，员工的服务态度情况，服务核心流程的执行情况，工作差错率 （7）完成上级临时交办的工作任务，做好日常的工作记录 （8）严格按照厂商的管理条款及考核标准，并结合公司奖罚制度，对每个员工的工作进行考核

小提示

同学们可以结合4S店的组织机构来记忆相关岗位的职能。

三、4S店的主要工作内容

现代汽车售后服务项目经营范围十分广泛，主要分为以下几类：

1. 保修

保修是指产品（或原件、系统）的生产者与经销商根据保修条款，为确保产品在一定时期内正常使用的情况下性能充分满足所规定的要求而做出的一种承诺。具体是指消费者向厂商购买商品（产品）的同时从厂商处得到的一种服务，该服务是指厂商针对该产品在一定期限内为因产品质量问题而出现的故障提供免费维修及保养的服务，服务过程中更换零件的成本费需另外收取。

汽车的保修由汽车经销商的售后服务部门承担，售后服务部门通过保修可以从汽车生产商处获得保修零件的管理费和保修作业的工时费。

2. 专业维修

汽车专业维修项目及内容见表1-3。

表1-3 汽车专业维修项目及内容

项目	内容
发动机部分	发动机大修、更换正时皮带、更换水泵、更换空调传动带、清洗喷油器、清洁节气门体、更换节温器、更换油泵、更换缸垫、更换传感器等
电器部分	修复蓄电池、加注制冷剂、更换仪表总成、检修电器控制系统、修理空调器等
底盘部分	变速器维修、ABS维修、空气悬架维修、更换减震器、更换前后制动片、更换车轮轴承、更换转向器、更换转向助力泵等
钣金喷漆	全车及局部钣金整形、喷漆等
汽车玻璃	更换、局部修复等

3. 汽车保养

汽车保养项目及内容见表1-4。

表1-4 汽车保养项目及内容

项目	内容
常规保养	更换机油、冷却液、更换三滤（机滤、汽滤、空滤）、蓄电池维护等
季节保养	空调检测及加注制冷剂
高级保养	电脑检测及解码、发动机不解体清洗、尾气排放检测保养、润滑系统免拆清洗、冷却系统免拆清洗等

4. 汽车美容、护理

汽车美容、护理项目及内容见表 1–5。

表 1–5 汽车美容、护理项目及内容

项目	内容
车表护理	无水洗车、全自动电脑洗车、漆面污渍处理、新车开蜡、氧化层去除、漆面封釉、涂面划痕处理、抛光、打蜡、翻新、金属件增亮、轮胎增亮防滑、玻璃抛光等
内饰护理	顶棚清洗、车门衬板清洗、仪表板清洗护理、桃木清洗、丝绒清洗、地毯除臭、塑料内饰清洗护理、真皮座椅清洗、全车皮革养护、内饰消毒等
光触媒除异味	

5. 汽车装饰

汽车装饰项目及内容见表 1–6。

表 1–6 汽车装饰项目及内容

项目	内容
新车装饰	全车贴膜、铺地胶、安装挡泥板、加装扶手箱、加装桃木内饰、加装轮眉、加装防撞胶条等
高级装饰	加装真皮座椅等

6. 汽车改装

汽车改装项目及内容见表 1–7。

表 1–7 汽车改装项目及内容

项目	内容
外观改装	改装包围、更换方向盘、个性贴纸、轮胎、轮毂、仪表改装
性能提升	改装天窗、改装氙气灯、改装电动门窗
环保节能	在进气、点火、供油等系统上加装环保节能装置
影音系统	车载电视、CD、DVD、扬声器、功放、低音炮、显示器
先进的电子装置	倒车雷达、中央门锁、车载电话、更换自动天线、车载冰箱、胎压检测器、后视系统
防盗装置	防盗器、挡位锁、方向盘锁

7. 轮胎服务

轮胎服务包括：更换轮胎、轮胎动平衡调节、四轮定位调节、快速补胎、专业补胎、轮胎充氮气。

8. 汽车俱乐部

汽车俱乐部的主要工作包括：

（1）新车上牌、代办车辆证照、车检等。

（2）保险、理赔代理。

（3）协助处理本地或异地交通事故、交通违章。

（4）维修代用车、汽车租赁等。

（5）为到外地旅游的客户争取购物、住宿、娱乐、航空机票、急送、预定等方面的折让优惠。

（6）组织活动，如驾车出游、试驾、大规模团购等。

（7）汽车救援，如拖车服务、快速抢修、提供24小时救援等。

课堂讨论

讨论一下还会有哪些服务项目呢？

学习案例1-2

1018汽车俱乐部成立于2006年，是北京唯一一家集救援、代驾、车务服务、汽车维修连锁、汽车旅馆于一身的汽车俱乐部。该俱乐部通过整合汽车行业的硬件与自主研发的软件服务相结合，为车主提供专业、全方位、立体化保姆式服务。

案例分析

案例中的汽车俱乐部作为汽车售后服务中的新型服务方式，提供传统服务模式中不具备的服务项目。因此，能够及时发现客户的需求，为客户提供更为专业、及时、全方位的服务。

9. 二手车经营

二手车经营的主要工作包括：

（1）二手车翻新处理。

（2）二手车手续办理。

拓展阅读

我国汽车售后服务业的汽配城模式

改革开放以来，我国汽配市场从最初的配件销售门店、汽配一条街到现在的汽配城，通过不断地自我完善，使商业形态逐步成熟，产业地位不断提升，现在正向国际汽配城的方向发展。汽配城作为集中的配件销售市场具有诸多优势。对客户而言，由于汽配城集中了几乎所有品牌车型的配件，客户可以进行反复比较，市场竞争较为充分，价格也比较透明，选择余地大。同时，由于经销商之间的竞争比较激烈，往往能为客户提供更好的服务。对经销商而言，汽配城能够形成规模经营，带来巨大的客流量，吸引大量的潜在客户前来消费。同时，由于汽配城往往会进行统一的广告宣传推广，经销商可以节约大笔的广告费用，也可以享受汽配城提供的一系列服务。对生产厂商而言，由于汽配城处于市场的第一线，能及时了解、搜集市场信息，掌握最新的市场动态，以便及时调整产品线。同时，也可以很方便地设立经销网点，为新产品打开销路。图 1-4 是某市重点建设的国际汽配城。

图 1-4 某国际汽配城

汽配城存在的主要问题

国外的汽配市场经过几十年的发展，经销商规模大、数量较少。经营方式基本采用集中采购、连锁经营，注重产品质量与售后服务，往往能为消费者提供比较透明的价格、优质的保障；而我国的汽配业基本是企业各自为战，其规模小、经营分散、管理落后、市场混乱，缺少规模经营的企业联合，存在着诸多问题。综合来说，主要有以下问题：

1. 市场集中度低，经销商数量多，规模小，素质低；
2. 经营缺乏监管，无序竞争造成假冒伪劣产品横行；
3. 价格混乱，供应渠道复杂；
4. 营销手段落后，竞争的主要手段是压低价格。

学习单元三：汽车售后服务企业未来的发展趋势

知识目标

1. 了解国内外售后服务管理体系的现状；
2. 了解我国汽车服务企业未来的发展趋势。

技能目标

1. 培养解决售后服务管理体系存在问题的能力；
2. 学习汽车售后服务中需要的高新技术，提高汽车电气方面的技能。

基础知识

一、汽车售后服务管理体系的国内外现状

（一）国内售后服务管理体系现状

在整个汽车产业链中，从经营关系上讲，生产、销售和售后服务应该是一体的。但目前国内许多品牌汽车的生产、销售和售后服务是脱节的，这种脱节是造成汽车售后服务质量低下的根本原因。

（1）部分厂商与其经销商的关系还不是一种很紧密的关系，而仅仅是一种经济利益行为的供销关系。经销商通常采用预付款的方式买断经营，厂商把一部分的市场风险转嫁给经销商。由于销售领域不规范，经销商数量过多，市场竞争激烈，经销商几乎把厂商给的商务利润全让给消费者，而主要收益则来自厂商按销量给予的年终返利、奖励及新车销售的装饰、美容、保险等环节的利润。因此，经销商要想获得更多的返利及经营收益，只能想方设法增加销量。在部分经销商眼里，服务承诺只不过是增加销量的一种策略，经销商为了增加销量，往往提高服务承诺，扩大服务范围。虽然这些承诺对增加销量确实有促进作用，但经销商过多的服务承诺无形中提高了消费者对售后服务的期望值。实际上，有些服务承诺根本做不到，造成消费者对售后服务的不满。

（2）售后服务与经销商及厂商脱节。尽管近一两年来厂商大力推广包括售后服务在内的“3S”或“4S”模式的汽车专卖服务体系，但汽车作为高价值的大宗消费品，其售后服务需投入的成本较高，许多经销商的经济实力根本达不到“3S”或“4S”所要求的服务水平。因此，许多经销商只负责销售，售后服务由厂商指定或特约的维修站承担。经销商与售后服务脱节，使消费者所获得的服务质量大打折扣。

目前，许多品牌的售后服务机构主要是厂商指定或特约的维修站，厂商一般只对维修站进行技术指导或技术培训，具体的服务则由维修站自行实施。而实际上，厂商很少能做到对维修站人员进行专业系统的培训，二者的关系是一种不规范的经济利益关系。由于厂商与售后服务机构的关系不规范，以及对维修站的管理不到位，厂商对维修站根本没有约束力。这导致在具体的售后服务中，部分维修站降低服务质量，甚至在工时费、材料费上做文章，侵害消费者的利益。

知识链接

“4S”“3S”模式

“4S”表述了一种整车销售、零配件供应、售后服务、信息反馈四位一体的汽车经营方式。它是由汽车生产商授权建立的，包括了整车销售、零配件供应、售后服务、信息反馈四项功能。

“3S”模式是一种不包含信息反馈的销售专卖店。

（二）国外售后服务管理体系现状

与我国汽车售后服务管理体系相比，西方发达国家的服务体系主要存在以下优势。

1. 销售体系紧密、完善

西方发达国家的汽车销售体系是一种以生产厂商为中心，生产企业、经销商唇齿相依、休戚与共的产销衔接关系。生产厂商一般依靠合同将经销商与自身的利益紧密联系在一起，采用自身可控的专卖制。在相应的汽车品牌专卖店中，售后服务是其主要业务之一。在这种利益共同体中，一个环节的失误会造成整体利润的下降，因此，所有环节都会受到极大的重视。

2. 服务理念先进

国外汽车售后服务的理念是以人为本、客户至上，能主动、热情、及时地处理客户意见，并根据客户要求设立服务项目。并且，其售后服务不再局限于为消费者解决问题，而是更多地加入了快乐消费、安全消费和文化消费等内容。

3. 从业人员素质高

科技的发展使汽车的技术含量越来越高。在德国，一辆汽车进入维修厂，首先必须接受专门的智能仪器检测，然后根据检测结果用专业的设备进行调整和修理。汽车修理所需要的维修资料也以网络、数据光盘的形式提供。此外，几乎所有的汽车维修人员都接受过汽车维修专业的职业教育，未经过正规职业教育的从业人员寥寥无几。德国维修人员的技术和综合素质均较高，他们在作业时能严格按照有关资料上的规定对客户的汽车进行维护保养，确保服务质量。

课堂讨论

讨论一下国内外售后服务管理体系的区别。

二、我国汽车售后服务企业未来的发展趋势

（一）我国汽车售后服务企业面临的挑战

进入21世纪以来，我国汽车行业发展迅猛，在产品研发、制造技术等各方面都有较大的进步，汽车消费量更是稳步提高，中国已成为世界第一大汽车生产国和最大的新车消费市场。在中国汽车工业高速发展的同时，世界汽车行业的战略调整也已经开始。事实上，在普遍采用精益生产的方式、制造环节的成本基本降到最低点的情况下，世界各大汽车生产厂商们已经将发展战略转移到汽车售后服务上，由此开发新的利润增长点。国际汽车服务贸易也早已经向汽车养护等方面倾斜，电子化、信息化、规模化、专业化和品牌化经营的汽车服务企业正在如火如荼地发展。在行业变化的大趋势下，我国汽车售后服务企业将面临更加严峻的挑战。

1. 汽车售后服务业面临消费需求变化的挑战

我国汽车消费已从国有、公有消费时代进入了个人家庭消费时代。当前的汽车市

场需求结构、消费环境、消费内容、消费方式都已发生翻天覆地的本质变化，私人消费已超过整个市场的一半。与公务车市场相比，私人消费具有需求价格弹性大、质量保证要求细、品牌忠诚影响深、售后服务要求高、个性配置范围广等特征。我国汽车售后服务业面临着严峻的消费需求变化的挑战。

2. 汽车售后服务业面临高新技术的挑战

当代汽车技术已进入智能化控制的新时代，作为集计算机技术、光纤传导技术、新材料技术等于一体的高新技术的结晶，汽车正在逐渐转变为带有四个轮子的“计算机”。汽车电子技术和产品的广泛应用更是带来了汽车维修保养技术的升级换代，检测诊断技术在经历了经验诊断、科学诊断之后，现已全面进入第三代智能化诊断时代。同时，厂房、仪器、设备等技术设施投资变大，产品技术更新换代加快，也对汽车服务业形成了新的挑战。

知识链接

汽车诊断技术是用专业的仪器设备对汽车进行性能测试和故障检查的方法和手段，它能够测试出汽车的各项工作性能指标，并可在汽车或总成不解体的情况下发现故障及其产生的原因。诊断技术主要用于汽车保养前的诊断和汽车维修后的质量检验，车辆监理部门也用来对车辆进行定期监督检验。诊断内容主要包括外观检查、有关安全部件检查、动力性检查、排放和噪声检查。

3. 汽车售后服务业面临全新的客户环境的挑战

目前，有车一族中，高文化、高层次、高素质的知识型客户越来越多，工薪阶层的比重也越来越大。与此同时，女性车主的数量也在迅速扩大。汽车售后服务的对象发生了根本的变化，汽车消费者的知识文化水平不断提高，对服务的要求越来越细，他们的情感、精神需求也越来越显得重要。同时，汽车消费的档次不断提高，车主对售后服务的选择意识、价格意识、法律意识、自我保护意识也越来越强。全新的客户环境向汽车售后服务业提出了挑战。

4. 汽车售后服务业面临全新的人才环境的挑战

高新技术含量的汽车、知识型的客户群以及激烈的市场竞争，都对汽车售后服务从业人员提出了更高的素质要求，迫切需要一大批有文化、有专业知识、懂原理、熟仪器、会电脑、会英文、有一定实践经验的汽车养护技术人才。同时，还需要有一批懂得市场营销、公共关系、客户心理学、员工心理学、生产工艺学、财务管理、人力资源管理、物流管理等综合经营管理的职业经理人才。只有拥有这样的人才基础，汽车售后服务企业才能获得长远发展。因此，为应对全新的人才环境的挑战，汽车售后服务企业必须有全新的人才理念。

5. 汽车售后服务业面临全新的竞争环境的挑战

传统的汽车售后服务的竞争仅仅是技术、质量、价格的竞争，而现代的汽车售后服务的竞争是在市场经济条件下的竞争，是从技术、质量、价格、资金、信息、人才到品牌和企业文化的全方位、多角度的企业综合实力的竞争。当前，汽车售后服务的手段、内容、程序、制度、组织形式正在发生一场巨大的变革。随着科学技术的不断进步以及金融资本介入汽车制造和服务业，现代汽车售后服务已发展成为一个高新技术含量丰富、资金技术密集的服务行业，面临着全新的竞争环境的挑战。

（二）我国汽车售后服务企业未来的发展趋势

尽管我国汽车售后服务企业尚处于初级阶段，存在着很多问题，但机遇总是与挑战并存的。随着我国汽车产业的迅猛发展，汽车售后服务企业正向我们展现出广阔的发展前景。总体来说，主要包括以下几种发展趋势。

1. 品牌化经营

在众多行业都寻求品牌化的今天，汽车售后服务行业无疑也会走上品牌化的道路。而打造品牌，则需要雄厚的技术力量、专业化的工具设备、完善的服务体系作为支撑。今后汽车售后服务行业发展的必然趋势将是：倡导让客户满意的服务理念，不断加强对管理人员的业务培训力度，以适应不断变化的市场需求；进行全方位的、系统的人员培训，以提高从业人员的素质；配备专用工具，采用正宗原厂配件，以保证维修质量；全国配件统一限价，以保证市场的规范化；实行严谨合理的质量担保政策，维修工时费区域价格统一，以最大限度地保证客户的利益。

2. 政府的介入，使行业规范化

在汽车售后服务市场，除了企业自律以外，政府适当的介入也是非常必要的。以美国为例，美国政府对汽车维修行业的管理主要依靠各州政府直属部门——汽车维修局。它负责对该州汽车维修人员进行培训考核，对修理汽车的尾气排放进行监督，受理消费者诉讼，维护行业形象，审核汽车维修企业业主的经营资格。

3. 售后服务企业观念从修理转向维护

在国外，汽车售后服务企业的观念已经发生变化，服务不再是单纯地修理故障车辆，而是要保证客户的正常使用，通过服务给客户增加价值。厂商在产品制造上提出了零修理概念，售后服务的重点则转向了维护。这在国内还是一个全新的理念，值得国内众多企业借鉴和学习。使用汽车是为了方便、省时，在车辆发生故障后进行修理只是一种补救措施，对车主造成的不便已经发生，而维护则是为了减少车辆的故障率，防患于未然。目前，已经有部分的4S店开展了维护提醒服务，这在今后的服务竞争时代必将成为主旋律。

4. 高新技术的不断渗透

随着技术的发展，汽车的电子化程度越来越高，汽车维修技术变得越来越复杂，大批高科技维修设备被应用于汽车维修行业。同时，随着汽车维修网络技术的发展，维修资料、诊断数据、电路图和修理流程等都可以随时在网上获得，缩小了不同规模的汽车维修企业在获取技术信息方面的差异，如计算机检测诊断系统等，将会全面应用到维护、修理服务中来。

学习案例1-3

近期某媒体报道：某品牌汽车4S店在维修保养时热衷于换件，部分维修人员甚至故意扩大维修范围误导消费者，在维修、换件时使用假冒伪劣的配件或以旧代新来蒙骗消费者，牟取暴利。相关事件报道之后，许多车主纷纷反映有过同样的遭遇，这些事件引起了他们对该品牌4S店售后服务的不满，并对产品质量产生了怀疑。之后相当长的一段时间内，该品牌汽车的销量持续下滑，品牌在消费者心目中的信誉也持续下降。

案例分析

4S店不仅仅是进行汽车销售的地方，更多的是进行售后服务的地方。目前，很多4S店都有重销售不重售后服务、重业绩不重服务的现象，甚至在售后服务中利用消费者对汽车行业不了解的特点进行蒙骗，以牟取暴利。这种行为不仅违反了《消费者权益保护法》，对企业的形象也有很大的影响。品牌在汽车行业中是非常重要的，失去了品牌信誉，也会逐渐失去客户。

学习案例1-4

美国有一家汽车服务站，他们有一条服务理念非常有意思，叫作“先修理人，再修理车”。忽视对客户的关怀，可能会影响他的心情。所以应该先关心客户的心情，然后再关心汽车的维修，不能只修理车，而不关心人的感受。

案例分析

案例中的服务站真正做到了“服务”二字。任何服务行业都有一个共同点：服务对象是人，而不是物体。人有主观感受，忽视这种主观感受就会使服务产生不好的效果。案例中的服务站就在维修汽车的同时做到了关注客户的心理感受，体现了以人为本、客户至上的服务理念。

学习单元四：汽车售后服务的新理念

知识目标

了解汽车售后服务的新理念。

技能目标

培养客户第一的服务意识。

基础知识

从全球范围来看，汽车服务业已成为第三产业中最富活力的产业之一，直接促使汽车服务朝着个性化、知识化、系统化、费用低廉化方向发展。优质的售后服务成为汽车企业差异化经营的手段。汽车售后服务对汽车工业来说起着非常重要的作用，在我国，汽车售后服务还有巨大的潜力和利润空间。要完善自身的售后服务，首先应当树立新的售后服务理念。

一、客户满意理念

客户满意包括产品满意、服务满意和社会满意三个层次。“产品满意”是指产品带给客户的满意程度，包括产品的内在质量、价格、设计、包装、时效等方面的满意度。产品的质量满意是构成客户满意的基础因素。“服务满意”是指产品售前、售中、售后以及产品生命周期的不同阶段采取的服务措施令客户满意。这需要在服务过程的每一个环节上都能设身处地为客户着想，做到有利于客户、方便客户。“社会满意”是指客户在对企业产品和服务的消费过程中所体验到的对社会利益的维护，主要指客户整体社会满意，它要求企业的经营活动要有利于社会文明进步。

客户是企业最大的投资者，坚持客户第一的原则，是市场经济本质的要求。汽车售后服务的经营目的是为社会大众服务，为客户服务，不断满足各个层次车主的需要。全心全意为客户服务，最大限度让客户满意，这样才能在激烈的市场竞争中获得持久的发展。

小提示

同学们在学习客户满意理念时可以与客户关系管理结合在一起，关于客户关系管理后面会学到。

学习案例1-5

日本本田公司历代领导者从来没有提出诸如“称霸世界市场”“赶上丰田”“超越日产”之类的口号，而是强调客户满意度第一，力争做到“让所有客户满意”。

案例分析

本田公司信奉的经营理念是为客户服务，从根本上满足客户的需求，最大限度地使客户满意。这种理念比“赶超竞争对手”更加具体，也更容易得到市场认可。

二、“客户总是对的”理念

对于“客户总是对的”的理念，是建立良好的客户关系的关键所在。尤其在处理客户的投诉时，这是必须遵循的黄金准则。“没有客户的错，只有自己的错”，尽管不一定符合客观实际，然而在企业与客户这种特定的关系中，只要客户的错不会造成企业的重大经济损失，就要将“对”让给客户。这并不意味着客户就是绝对正确的，而是意味着客户得到了绝对的尊重。当客户感受到了被尊重的时候，就是企业提升知名度、信誉度，拥有更多的忠诚客户、更大的市场发展的时候。

“客户总是对的”是服务行业的一项基本要求，必须遵循三条原则：

（1）站在客户的角度考虑问题。

（2）应设法消除客户的抱怨和不满，不应把对产品或服务有意见的客户看成讨厌的人。

（3）切忌与客户发生任何争吵，在与客户的争吵中，企业绝不会是胜利者，只会是失败者，因为失去客户，也就意味着失去信誉和利润。

三、“员工也是上帝”理念

要让客户满意，必须要有优秀的员工来为客户服务。只有优秀的员工才能让客户获得满意。对这类员工，企业只有做到“员工至上”，才能让他们把客户放到第一位。“员工也是上帝”的理念告诉我们，对企业满意的员工才能更好地服务客户，令客户满意。企业善待员工，员工才会执行企业的理念，才能更好地服务企业和企业的客户。企业要想让自己的员工获得百分之百的满意度，必须从满足员工的需要开始。在工作中，企业要尽量做到满足员工求知的需要、发挥才能的需要、享受权利的需要、实现自我价值的需要；在生活中，要关心爱护员工。这样才能调动员工的工作积极性，激发员工的奉献精神，使员工成为创造客户满意的生力军。员工至上和客户第一是统一的，相辅相成的。员工是以劳动技能和智慧作为投资投入企业，劳动力是一种智慧资本、知识资本、技能资本，是企业资产的组成部分。员工希望企业发展的同时自身也能发展。而客户则是以购买的形式“投资”企业，客户购买汽车及其他服务，是希望从企业获得符合预期的产品及相应的售后服务。因此，员工和客户都与企业存在着投资关系。企业要提高自身的服务水平，提升自身的竞争力，必须先从善待内部员工开始。

小提示

同学们可以结合“客户是上帝”理念来记忆“员工是上帝”的新理念。

四、全新的人才理念

企业应该适应新形势的需要，树立全新的人才理念。众所周知，人是生产力中最活跃、最积极的因素。在一定意义上，人的态度和行为直接决定了工作质量的好坏和工作效率的高低。如何使人自觉、自主地把工作做好，既是管理者需要研究探讨的重要问题，也是人力资源开发管理的重要内容。要做好人的管理与激励，首先应坚持正确方向和导向，树立科学先进的人才理念，用以指导企业的人才开发工作。

一方面要树立以人为本的理念。具体来说，“以人为本”的理念就是坚持按照人的自然属性和客观规律，把关心人、理解人、尊重人、培养人、用好人、激励人作为人事工作的出发点和落脚点，充分体现以人为本的管理思想，使各项政策更加富有针对性，更加符合实际，更有激励作用。

另一方面要树立人才资源是第一资源的理念。在所有资源中，人力资源是第一资源。而人才资源则是人力资源中素质较高的部分，是“资源”中的重要“资源”。企业应以这个新理念指导工作，提高人力资源管理工作的水平，做到认识到位、措施到位、工作到位。树立“人才资源投资是效益最佳的投资”的理念，通过有效合理的投资，增强人才的“成长性”，使人才“保值增长”，提高企业的核心竞争力。

学习案例1-6

某企业不重视人力资源管理，搞“家族式”管理，结果一夜之间该企业的五六个骨干投奔到竞争对手那里，使企业基本处于瘫痪状态。

案例分析

企业应该树立全新的人才理念，用全新的人才理念培养人才，如此才能维持企业的运转，保持企业成长的生命力。

五、全新的资讯理念

信息对任何企业来说都是至关重要的，全新的信息管理观念对汽车售后服务来说尤其重要。如何管理售后信息和搜集信息是企业发展的关键，比如说维修保养信息管理、配件供求信息、反馈信息、汽车维修技术信息、客户基本信息等。通过良好的信息管理，主动联系客户，如主动给客户带去问候及保养提醒，一对一顾问式服务等。利用信息的优势，提供最优质的服务，满足客户的需要，也使企业获得最大的利润。以全新的售后服务理念，迎接售后服务的新时代。

六、全新的培训理念

培训是提高企业人才素质的重要途径，要为员工提供连续的、持久的、终身的培训。“员工以企业为家，企业以员工为本”，这是许多先进企业倡导的企业文化。员工一旦入职，企业就应对其启动长期的培训计划，包括入厂培训、岗位资格培训、专业技能培训、综合素质培训、取证培训、不同年龄段的培训等。总之，这种培训体系不是短期的、间断的，而是连续的、持久的、终身的。外派员工学习培训，或聘请专家到企业内部进行培训，以及企业内部对员工的不间断培训，是快速培养人才的主要形式。传统单一的以师带徒的授艺模式不利于人才的快速成长，企业应建立全新的、完善的培训体制。完善的培训体制可以不断地提升员工的价值，也能为企业带来更大回报。

课堂讨论

讨论你所了解的员工培训形式有哪些。

七、全新的资源整合理念

现代的汽车服务企业是一个由人流、物流、信息流、资金流组成的复杂系统。将各种资源有效、合理、科学地配置和整合，能提高资源的利用效率，避免资源的损失和浪费，这是现代企业经营管理的又一新理念。

知识链接

企业的信息管理系统

企业以先进的信息技术为手段，对信息进行采集、整理、加工、传播、存储和利用的过程中，以及对企业的信息活动过程进行战略规划，对信息活动中的要素进行计划、组织、领导和控制的决策过程中，力求资源有效配置、共享管理、协调运作，以最少的消耗创造最大的效益。

企业信息管理通过不断产生和挖掘管理信息或产品信息来反映企业活动的变化。信息活动的管理过程和管理意图力求创新，不断满足信息管理者依靠信息进行学习、创新和决策的迫切需要。

拓展实训：汽车4S店经营模式分析

实训目的

1. 了解4S店的组织结构；
2. 掌握汽车售后服务各岗位关系及职责；
3. 掌握4S店的主要工作内容。

实训内容

利用所学知识，掌握汽车售后服务各岗位的关系及职责，并熟悉4S店的主要工作内容。

1. 了解4S店的标准组织结构图，以及具体的岗位关系及职责。

2. 4S店的工作内容：寻找当地的某个品牌的4S店或特约售后服务站，了解全套的实际工作，并将整个工作内容记录下来。

实训结果

总结分析

教师评分

教学检测

选择题

1. 下列属于售后服务新理念的有哪些？（　　）

A. 客户满意度理念　　B. 客户总是对的理念

C. 客户总是上帝理念　　D. 员工也是上帝理念

2. 下列属于汽车售后服务的主要经营模式的有（　　）

A. 4S 店模式　　B. 连锁经营模式

C. 特约服务站模式　　D. 独立经营模式

3. “四位一体”为核心的汽车特许经营模式，包括（　　）

A. 整车销售（Sale）　　B. 零配件供应（Sparepart）

C. 售后服务（Service）　　D. 信息反馈（Survey）

4. 汽车品牌 4S 店始于（　　）

A. 美国　　B. 德国　　C. 日本　　D. 欧洲

5. 3S 模式是一种不包含（　　）的销售专卖店。

A. 整车销售　　B. 信息反馈　　C. 零配件供应　　D. 售后服务

6. 我国汽车售后服务企业未来的发展趋势（　　）

A. 品牌化经营　　B. 政府的介入，使行业规范化

C. 售后服务企业观念从修理转向维护　　D. 高新技术的不断渗透

填空题

1. 从经销商的角度看，汽车售后服务是指__________，在该车上的所有花费引发的商机，包括维修保养、配件供应、汽车美容、汽车改装等。

2. 从生产企业的角度看，汽车售后服务是指产品售出后，为保证产品能够正常使用而向客户提供的各方面服务，包括__________、__________、__________、__________、__________等。

3. 专业维修项目包括__________、__________、__________、__________、__________。

4. 汽车养护项目包括__________、__________。

简答题

1. 请从不同的角度分析汽车售后服务的含义。
2. 我国汽车售后服务企业主要面临哪些挑战？未来的发展趋势怎样？
3. 试说明汽车售后服务的重要性。

案例分析题

近期，神龙汽车有限公司东风雪铁龙品牌部为客户推出了“家一样的关怀”的售后服务理念，而且在服务流程和服务标准上也追求与全球同步。如今，不管你走进哪一家东风雪铁龙的服务维修网点和客户休息室，都可以看到张贴于明显位置的服务流程、服务承诺、定期保养、首次保养及服务介绍、驾驶技巧的宣传画和宣传小册子。工作人员的优质服务落实并体现在主动关怀、全程关怀、诚挚关怀、专业关怀、紧急关怀、温馨关怀、全面关怀的七项服务承诺中。而九大步骤则从客户进入服务站接待到故障诊断和检查、维修工作、质量检查、开具发票……直到把保养、维修好的车交付给客户，整个维修过程中有专门的接车员一直全程陪伴客户。客户再也不用像以往那样，手里拿着“派工单”在维修厂转着找修车师傅了。针对时间紧张的客户，东风雪铁龙还提供了快修服务，而快修也有完整的流程。所有这些服务流程完全是按照法国雪铁龙的维修保养九大步骤同步采用的，目的是让中国客户真正感受到来自法国雪铁龙的欧洲品质和一流的售后服务。

问题：案例中东风雪铁龙汽车售后服务方式体现了哪一项重要的服务理念？

学习情境二

售后服务核心流程

情境导入

最佳业务接待——2013 雪佛兰售后业务接待技能大赛

活动目的：

旨在通过激发售后服务人员的服务热情、竞争意识，以提升服务满意度，从而提高客户忠诚度。

活动简介：

比赛共分四个阶段：海选—初赛—复赛—决赛，给业务接待一个充分展示自己的平台。前台是车主与售后服务接触的窗口，接待顾问是客户与汽车服务企业进行业务联系的纽带。此次活动为全国雪佛兰接待顾问创造了一个沟通交流、互动提高的平台，旨在为广大雪佛兰车主带来更加专业、贴心的服务体验。

第一阶段：6 月 15 日至 7 月 15 日全国 308 家 ASC 参加大赛海选。

第二阶段：9 月 15 日全国八大区统一时间进行初赛，包括笔试和实操，最终 40 名选手将进入复赛。

第三阶段：10 月 17 日至 10 月 22 日 40 名选手参加精英集训赛，通过团队拓展、实操训练、研究探讨，最终有 16 强晋级决赛。

第四阶段：12 月，将拉开总决赛帷幕。

活动结果：

1. 通过海选，选出客户心目中的最佳业务接待；
2. 提升业务接待的专业素养；
3. 业务接待得到一个互相交流、互相学习的平台；
4. 提升雪佛兰售后服务满意度。

学习导航

在整个服务流程中，业务接待是其中的关键环节。业务接待的工作内容涉及很多细节，从迎宾，到判断并确定客户需求，再到提供专业的建议等，都对业务接待的职业素养提出很高的要求。在客户的服务体验过程中，业务接待不仅会直接影响客户对经销商的第一印象，同时也会影响客户的服务体验及满意度。我们就先从业务接待出发，学习售后服务的全部核心流程。

学习单元一：售后服务核心流程介绍

知识目标

1. 掌握售后服务核心流程的内容；
2. 明确业务接待人员的工作职责。

技能目标

具备制订售后服务的标准流程的能力。

基础知识

一、服务接待人员的工作职责

在服务流程中，客户接待这个环节是与客户直接接触的第一个环节，也是至关重要的一个环节。在这个环节里，客户将直接感受到服务的质量，并对服务质量形成初步评价。尤其在售后服务中，客户往往是带有怨气的，这更加考验接待人员的工作能力。

服务接待人员要正确认识自身角色的重要性，可以总结成三个方面：服务接待人员是客户和企业之间的桥梁；客户对服务接待人员的印象会转变为对企业的整体评价；服务接待人员的行为直接影响客户的信任度。因此，从本质上来讲，服务接待人员在客户面前代表企业的整个售后服务体系。

在汽车售后服务流程中，接待人员的主要工作职责是：

（1）接待客户；

（2）了解客户的需求，若是车辆故障，还需对客户的故障车辆进行诊断；

（3）根据故障原因制订维修方案并就维修价格、交车时间和客户达成协议。

课堂讨论

同学们可以讨论一下实际生活中接受服务时的诉求和感受，相关服务人员是否很好地履行了责任。

二、服务核心流程

明确的客户服务流程对提升企业的经营管理效率有非常重大的意义，企业的任何服务战略都要通过客户服务流程来完成，从而满足客户需求，获得客户的满意和信任。

1. 目的

规范服务人员的服务行为，使服务人员能够按照标准工作流程接待客户，确保客户满意。

2. 范围

适用于车辆维修、保养的全过程。

3. 职责

服务顾问负责客户接待、开单及与客户交接车辆；服务经理或维修经理负责维修任务的指派和进度跟踪；维修技师负责按要求完成维修、保养作业；技术总监负责维修、保养过程的巡视检验；质量检验员负责车辆维修、保养结束后的终检。

图 2-1 是售后服务的核心流程图，主要包括预约、接待、维修、检验、结算与交付以及跟踪回访，其中客户是服务的主体核心。

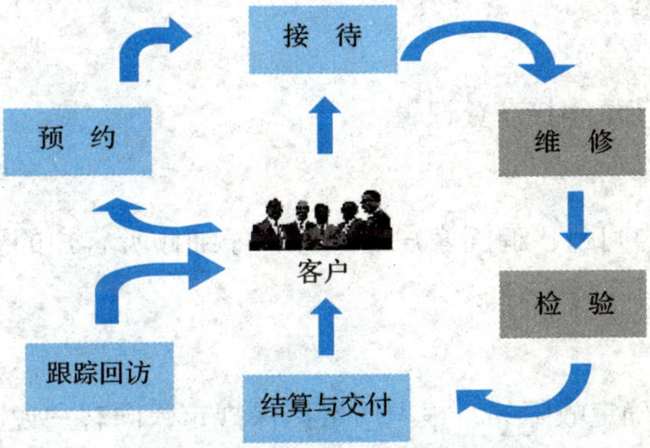

图 2-1 售后服务的核心流程

服务核心流程每个步骤的工作内容见表 2-1。

表 2-1 核心流程的工作内容

流程	内容		
预约	收集客户信息	填写“客户预约登记表”	电话预约客户
接待	等候客户	迎接客户	服务顾问问诊制单
维修	派工	维修作业	追加项目
检验与交付	过程检验、维修现场整理	竣工检验、清洁车辆、内部交车	向客户交车、预约下次保养时间、送客户出厂
跟踪回访	建立档案	准备回访	电话回访客户

三、一汽大众售后服务核心流程的关键步骤

以下是其中一些重要步骤的介绍。

（一）接待服务

1. 接待准备

（1）服务顾问按规范要求检查仪容、仪表。

（2）准备好必要的表单、工具、材料。

（3）环境维护及清洁。

2. 迎接客户

（1）主动迎接，并引导客户停车。

（2）使用标准问候语言。

（3）恰当称呼客户。

（4）注意接待顺序。

3. 环车检查

（1）安装三件套。

（2）基本信息登录。

（3）环车检查。

（4）详细、准确填写接车登记表。

4. 现场问诊

了解客户关心的问题，询问客户的来意，仔细倾听客户的要求及对车辆故障的描述。

5. 故障确认

（1）可以立即确定故障的，根据质量担保规定，向客户说明车辆的维修项目和客户的需求是否属于质量担保范围。

如果当时很难确定是否属于质量担保范围，应向客户说明原因，待进一步进行诊断后得出结论。如仍无法断定，将情况上报上级服务部待批准后得出结论。

（2）不能立即确定故障的，需详细向客户说明情况。

6. 索要、核实客户及车辆信息

（1）向客户索要行驶证及车辆保养手册。

（2）引导客户到接待前台，接待客户到休息区等候。

7. 确认备品供应情况

查询备品库存，确定是否有所需备品。

8. 估算备品 / 工时费用

（1）查看 DMS 系统内客户服务档案，以判断车辆是否还有其他可推荐的维修项目。

（2）尽量准确地对维修费用进行估算，并将维修费用按工时费和备品费进行细化。

（3）将所有项目及所需备品录入 DMS 系统。

（4）不能当场确定故障的，告知客户待检查结果出来后，再给出详细费用。

9. 预估完工时间

根据对维修项目所需工时的估计及店内实际情况预估出完工时间。

10. 制作任务委托书

（1）询问并向客户说明公司接受的付费方式。

（2）说明交车程序，询问客户旧件处理方式。

（3）询问客户是否接受免费洗车服务。

（4）将以上信息录入 DMS 系统。

（5）告诉客户在维修过程中如果发现新的维修项目会及时与其联系，在客户同意并授权后才可以进行维修。

（6）印制任务委托书，就任务委托书向客户解释，并请客户签字确认。

（7）将接车登记表、任务委托书客户联交给客户。

（二）作业管理

1. 服务顾问与车间主管交接

（1）服务顾问将车辆开至待修区，将车辆钥匙、“任务委托书”及“接车登记表”交给车间主管。

（2）依“任务委托书”与“接车登记表”的内容与车间主管交接车辆。

（3）向车间主管交代作业内容。

（4）向车间主管说明交车时间要求及其他须注意事项。

2. 车间主管向班组长派工

（1）车间主管确定派工优先度。

（2）车间主管根据各班组的技术能力及工作状况，向班组派工。

3. 实施维修作业

（1）班组接到任务后，根据“接车登记表”对车辆进行验收。

（2）确认故障现象，必要时试车 。

（3）根据“任务委托书”上的工作内容，进行维修或诊断。

（4）维修技师凭“任务委托书”领料 ，并在出库单上签字。

（5）非工作需要不得进入车内，也不能开动客户车上的电器设备。

（6）对于客户留在车内的物品，维修技师应小心地加以保护，非工作需要严禁触动，因工作需要触动时要通知服务顾问以征得客户的同意。

4. 作业过程中存在问题

（1）作业进度发生变化时，维修技师必须及时报告车间主管及服务顾问，以便服务顾问及时与客户联系，取得客户谅解或认可。

（2）作业项目发生变化时进行增项处理。

5. 自检及班组长检验

（1）维修技师作业完成后，先进行自检。

（2）自检完成后，交班组长检验。

（3）检查合格后，班组长在“任务委托书”上写下车辆维修建议、注意事项等，并签名。

（4）交质检员或技术总监质量检验。

6. 总检

质检员或技术总监进行 100% 总检。

7. 车辆清洗

（1）总检合格后，若客户接受免费洗车服务，将车辆开至洗车工位，同时通知车间主管及服务顾问车辆已开始清洗。

（2）清洗车辆外观，必须确保不出现漆面划伤、外力压陷等情况。

（3）彻底清洗驾驶室、后备厢、发动机舱等部位。烟灰缸、地毯、仪表等部位的灰尘都要清理干净，注意保护车内物品。

（4）清洗工作完成后将车辆停放到竣工停车区，车辆摆放整齐，车头朝向出口方向。

（三）交车服务

1. 通知服务顾问准备交车

（1）将车钥匙、“任务委托书”及“接车登记表”等物品移交车间主管，并通知服务顾问车辆已修完。

（2）通知服务顾问停车位置。

2. 服务顾问内部交车

（1）检查“任务委托书”以确保客户委托的所有维修保养项目的书面记录都已完成，并有质检员签字。

（2）核对“任务委托书”以确保客户委托的所有维修保养项目在车辆上都已完成。

（3）确认故障已消除，必要时试车。

（4）确认从车辆上更换下来的旧件。

（5）确认车辆内外清洁度（包括无灰尘、油污、油脂）。

（6）其他检查：除车辆外观外，不遗留抹布、工具、螺母、螺栓等。

3. 通知客户，约定交车

（1）检查完成后，立即与客户取得联系，告知车已修好。

（2）与客户约定交车时间。

（3）大修车、事故车等不要在高峰时间交车。

4. 陪同客户验车

（1）服务顾问陪同客户查看车辆的维修保养情况，依据“任务委托书”及“接车登记表”，实车向客户说明。

（2）给客户展示更换下来的旧件。

（3）说明车辆维修建议及车辆使用注意事项。

（4）提醒客户下次保养的时间和里程。

（5）说明备胎、随车工具已检查及说明检查结果。

（6）向客户说明、展示车辆内外已清洁干净。

（7）告知客户 3 日内销售服务中心将对客户进行服务质量跟踪电话回访，询问客户方便接听电话的时间。

（8）当客户的面取下三件套，放于回收装置中。

5. 制作结算单

（1）引导客户到服务接待前台，请客户坐下。

（2）打印出车辆维修结算单及出门证。

6. 向客户说明有关注意事项

（1）根据“任务委托书”上的“建议维修项目”向客户说明这些工作是被推荐的，并记录在车辆维修结算单上。特别是有关安全的建议维修项目，要向客户说明必须维修的原因及不修复可能带来的严重后果，若客户不同意修复，要请客户注明并签字。

（2）对保养手册上的记录进行说明（如果有）。

（3）对于首保客户，要说明首次保养是免费的保养项目，并简要介绍质量担保规定和定期维护保养的重要性。

（4）将下次保养的时间和里程记录在车辆维修结算单上，并提醒客户留意。

（5）告知客户会在下次保养到期前提醒 、预约客户来店保养。

（6）与客户确认方便接听服务质量跟踪电话的时间并记录在车辆维修结算单上。

7. 解释费用

（1）依车辆维修结算单，向客户解释收费情况。

（2）请客户在结算单上签字确认。

8. 服务顾问陪同客户结账

（1）服务顾问陪同自费客户到收银台结账。

（2）结算员将结算单、发票等叠好，注意收费金额朝外。

（3）将找回的零钱及出门证放在叠好的发票等单据上面，双手递给客户。

（4）收银员感谢客户的光临，与客户道别。

9. 服务顾问将资料交还客户

（1）服务顾问将车钥匙、驾驶证、保养手册等相关物品交还给客户。

（2）将能够随时与服务顾问取得联系的方式（电话号码等）告诉客户。

（3）询问客户是否还有其他服务需求。

10. 送客户离开

送别客户并对客户的惠顾表示感谢。

（四）跟踪服务

跟踪服务主要业务包括如下内容。

（1）接听客户预约电话并详细记录相关信息。

（2）通过电话进行诊断或制订解决方案。

（3）和客户约定维修的时间。

（4）按照预约要求进行准备工作（委托书、备件、专家、技工和工位、设备与工具、资料等），确保预约的正常开展。

学习案例2-1

哈飞汽车集团在全国轿车特约服务站推行“服务核心流程”

哈飞汽车“服务核心流程”把对轿车客户服务工作细分到几个关键过程，包括电话预约、前台接待、实施维修、车辆交付以及后期回访等环节。哈飞汽车集团对各环节都规定了详细的工作内容和标准的流程。要求停车区、接待区、客户休息区等场地以及服务人员都严格按照哈飞汽车集团推行的“5S”管理模式，真正把为消费者排忧解难的过程转化为让消费者享受标准化服务的过程。据了解，哈飞汽车“服务核心流程”首先在部分轿车服务商试运行，然后在全国范围内逐步推广，到2007年底完成对所有轿车服务商的服务提升。

哈飞汽车的售后服务体系是以哈飞驻外售后技术服务中心站为中心、特约技术服务站为基础形成的一套独特的服务网络。几年间，服务网点已布设近千家，其中轿车服务站已达450多家，覆盖了哈飞汽车销售的所有地区。2005年，为了适应产品结构调整的要求，哈飞汽车启动了向日葵服务行动，确定服务核心为“永远向着太阳”，以此象征哈飞服务始终以客户为中心的宗旨。让售后服务永远有像向日葵般的笑脸，体现温暖热烈的服务关怀。

近年来，哈飞汽车加快了服务网络优化调整步伐，在大中城市坚持以提升现有服务商能力为工作重点，并逐步向县级城市渗透；在服务空白区，推行以“四定一统一”的哈飞服务、“送暖人心”为主题的流动服务工作，即“定时、定点、定路线、定人员”及“统一形象”的流动服务工作；同时，投入巨资支持重点地区服务站按照哈飞汽车统一的CI标准进行整体形象和作业环境的整改，在全国范围内初步完善了哈飞汽车服务的整体形象。

案例分析

汽车行业的发展使得国内汽车售后服务核心流程从杂乱无章、缺少统一规范的状态转变为专业化、标准化的服务流程。各大汽车厂商纷纷结合自身的特点，对各环节制订了详细的工作内容和标准的流程。案例中的哈飞汽车把为消费者排忧解难的过程转化为让消费者享受标准化服务的过程，提供阳光般的贴心服务，使客户体验到由产品带来的温暖的服务关怀和价值。

学习单元二：预约

知识目标

1. 熟悉汽车售后服务预约流程；
2. 掌握预约沟通技巧。

技能目标

1. 具备制订预约服务标准流程的能力；
2. 能够熟练填写“预约登记表”和“预约能力分配表”。

基础知识

一、预约服务的重要性

预约服务的实现具有多种形式，它是企业与客户提前约定在某一时间进行的服务。这是汽车维修服务发展的一大趋势，也是有效提高客户满意度的重要手段。它一方面能够合理地安排维修作业工作量，另一方面又能节省客户的维修等待时间，从而能够提高维修企业的快速服务水平，切实体现企业的服务品牌。

完善的预约系统能有效地将维修业务平均分配到各个营业时间段，保证有充足的时间接待每位客户，使各个工作环节更加高效和顺畅，从而提高客户满意度。

课堂讨论

现实生活中同学们是否有过预约的经历呢？

（一）实施预约服务的意义

对于客户而言，实施预约服务有以下意义：可以方便地根据自己的日程安排服务时间；减少非维修等待时间；可以指定专属的服务人员，快速、优先维修，保证交车时间；企业事先准备相关事项（备件、技师、工具、资料、维修方案等）；通过电话诊断，客户能初步了解相关情况（费用，时间等）。

对于企业而言，实施预约服务有以下意义：控制客户入厂时间，防止集中在高峰期入厂，接待可以合理分配时间，减少客户抱怨；提前确认零件库存，提高零件及时供应率；有计划地调度车间生产，确保工作效率；留出足够的维修能力接待非预约客户。

（二）预约的实现

如图 2-2，服务企业通过预约，可以达到高效顺畅的工作效果。

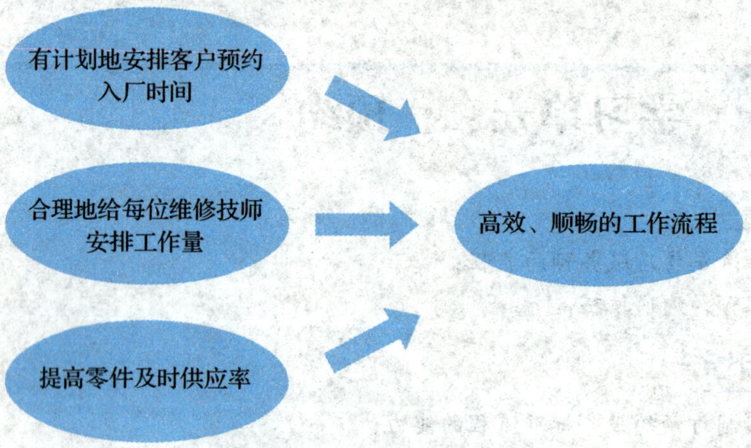

图 2-2　预约达到的理想效果

（三）预约服务流程图

预约分为主动预约和被动预约。主动预约为客户主动打进电话预约，相关人员做好电话记录，安排好预约事项。被动预约为公司向客户预约，如在保养提醒或者维修事务的处理中，接受预约后及时下单。其具体的工作流程如图 2-3 所示。

（四）预约的话术

1. 预约确认话术

××先生/小姐，您好，我是××服务助理×××，您在××号预约的今天××点来我店进行维护保养，请问您今天能准时到吗？

（客户能准时到）

好的，那麻烦您在××点前后半小时左右到店，再次感谢您的预约。我们稍后见。

（客户不能准时到）

××先生/小姐，您预约的时间在正负半小时之内都是有效的。如果超过半小时，系统将不再当作预约处理，那样的话您可能享受不到相应的优惠。您看您能否确定一个具体的您方便的时间，我们为您做相应的预约时间变更（提供我公司有空时间段给客户选择），以保证您能享受到便捷、优惠的服务。

（客户能够赶过来）

好的，请您尽快，我们稍后见。

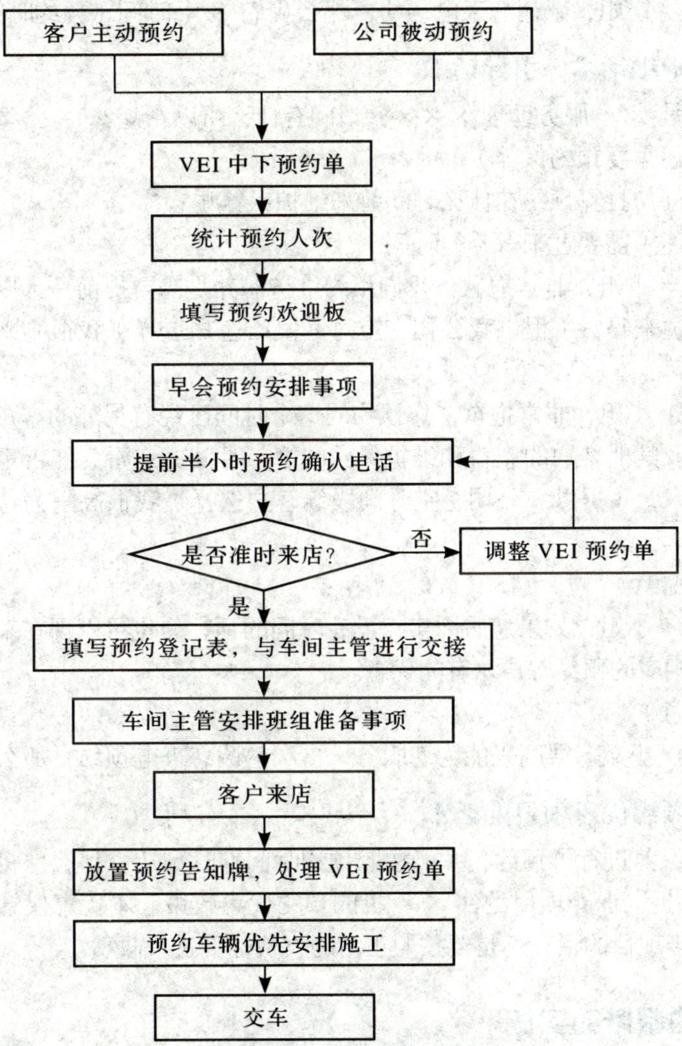

图 2-3 预约服务的流程

2. 预约接受的话术

您好，我是 ×× 服务助理 ×××，请问有什么可以帮您？

（客户叙述需要预约保养）

好的，请问您打算预约什么时间前来维护保养呢？

（客户叙述了需要过来保养的时间）

××先生/小姐，请问您的车牌号码是多少呢？（若客户是首次保养或电脑内查不到该客户的相应信息则需要询问客户的车架号和发动机号）

（客户叙述了车牌号码并准确记录下来）

××先生/小姐，我已经记录下您的车牌号和您预约前来的时间，（向客户复述并确认）我会预先为您安排好服务顾问，希望您到时能准时前往我店。

××先生/小姐，感谢您来电预约，那么我们××时间（预约时间）见！

3. 预约拒绝话术，引导话术

您好，我是××服务助理×××，请问有什么可以帮您？

（客户叙述需要预约保养）

好的，请问您打算预约在什么时间前来维护保养呢？

（客户叙述了需要过来保养的时间）

××先生/小姐，非常抱歉，我们预约维护保养是需要提前一天以上的，您看您其他时间方便过来吗？（提供我公司有空时间段给客户选择）我很高兴为您安排另外的您方便的时间。

××先生/小姐，非常抱歉，您预约的这个时间已经有另外的客户提前预约了，为了保障您以及其他客户的利益和维护保养的等待时间，您看您能否重新选择一个你方便的时间过来？（提供我公司有空时间段给客户选择）我很高兴为您安排另外的您方便的时间。

（客户不愿意）

××先生/小姐，如果您后面实在没有时间的话，您也可以现在来我店，只是您可能享受不到相应的预约客户才有的优惠。

（客户愿意）

××先生/小姐，很高兴能为您服务，再次感谢您来电预约，那么我们稍后见！

4. 推荐预约优惠项目的话术

如果您的保养进行了预约，并能按照预约时间准时到达，那么您将享受保养项目工时费用××折，保养项目配件××折的预约优惠政策。本优惠仅针对保养项目，如产生其他维修项目的话，还是要按照正常的收费标准进行收费。

二、预约服务的实施

（一）主要业务

（1）公开的专用预约电话。

（2）预约电话铃响三声内，应有人接听电话。

（3）接电话人员具备一定的谈话技巧与维修常识，熟悉服务核心流程。

（4）接受电话预约时，应仔细倾听预约客户的要求，并填写预约登记表（见表2-2）。

（5）在预约结束前向客户再次确认客户的需求、客户预约维修时间，并根据客户需求，估计维修费用，并向客户说明与解释。

（6）备件库设专用预约备件货架。

（7）车间预留一定的维修人力给预约客户。

（8）内部良好的沟通机制和通信设施。

表 2-2 预约登记表

<table>
<tr><td colspan="4">客户信息</td></tr>
<tr><td>客户姓名</td><td></td><td>联系电话</td><td></td></tr>
<tr><td>车型</td><td></td><td>行驶里程</td><td></td></tr>
<tr><td>车牌号</td><td></td><td>上次进站日期</td><td></td></tr>
<tr><td colspan="4">预约情况</td></tr>
<tr><td colspan="2">预约进站时间（日期、时间）</td><td colspan="2">年　月　日　点　分</td></tr>
<tr><td colspan="4">问诊内容</td></tr>
<tr><td colspan="2">维修保养或故障内容：</td><td colspan="2">估计需换的配件：</td></tr>
<tr><td>维修费用估价</td><td></td><td colspan="2"></td></tr>
<tr><td colspan="4">电话记录：</td></tr>
<tr><td>备注</td><td colspan="3"></td></tr>
</table>

（二）关键步骤与技巧

1. 关键步骤

（1）查阅客户维修档案，了解客户基本资料和联系方式。

（2）了解客户的车辆使用情况，为进一步了解车辆的问题进行沟通并作出诊断。

（3）电话预约。

2. 技巧

电话预约的技巧：

（1）查看客户跟踪服务档案。

（2）首先表明身份。

（3）感谢客户上次光临本企业。

（4）询问客户使用情况。

（5）询问客户车辆保养里程并与客户确认里程。

（6）主动预约进厂。

（7）说明正确保养的重要性。

（8）确定预约时间。

（9）重复确认预约时间。

（10）填写预约单并登记电脑档案。

（11）打印预约表。

（12）将预约表给客户服务主管。

（13）客户到达前一小时与客户确认。

3. 预约过程中的注意事项

（1）不要对客户使用过多的语气词，如“喂”“吧”“哦”等。

（2）要兑现对预约客户的所有承诺。

（3）要从保养客户及提醒服务开始开展主动预约。

（4）要提前一小时与客户电话确定其是否能如约维修，如果客户不能来，马上取消这次预约工位、人员等，可重新预约。如超过预约时间 30 分钟可以取消预约。

（5）因企业原因不能执行预约，但未提前通知客户说明原因，应表示道歉，重新预约。

（6）为提高维修服务的计划性，应对预约服务的比例及预约服务的执行情况进行分析，以不断改进。

知识链接

提高电话预约成功率锦囊

1. 在预约前跟进客户。
2. 尽可能将预约放在空闲时间。
3. 将预约隔开，防止重叠。
4. 与安全相关的返修客户及投诉客户的预约应优先安排。

（三）预约前的准备工作

工作标准：

（1）服务顾问及时将预约登记内容传达给相关人员。完成预约登记后，预约人员将“预约登记表”发至相应的服务顾问，由其审核表中内容，发现有疑问的地方应向预约人员询问或直接同客户电话联系，并进行预约的相关准备工作。

（2）服务顾问安排车间准备。服务顾问根据预约维修项目或制订的维修方案进行预约准备工作，主要包括：仔细查阅客户维修记录中以前出现的问题和主要的工作记录；根据工作难易，安排承担维修任务的车间技工；通知技术专家或向相关技术部门援助；与备件部联系准备所需的备件；确定工具设备状态和预定专用工具。

（3）服务顾问检查专用工具的准备情况，是否损坏，技术资料有无丢失，工位的使用状况是否完好。

（4）备件人员准备。预约人员需要与备件人员确认零件库存，缺少的零件通过调货、订货解决，并确定到货时间。不能按预约时间到货，立即与客户电话联系，与客户协商推荐并确定新的接待时间。客户同意，更改“预约登记表”中的预约时间，客户不同意，则取消预约，在“预约登记表”中记录原因。

（5）预约人员进行确认，电话确认客户维修信息，是否如约而来，再次确认备件、工具、人员等。

（6）如果准备情况出现问题、客户取消或变更预约时间，预约不能如期进行，服务顾问应及时告知客户。经客户同意后另行预约，在“预约登记表”上注明预约时间是否改变及新的预约时间。

（7）如取消预约，则在“预约登记表”上注明预约取消的原因，告知备件部、设备或资料管理员、维修技工，及时撤回“预约登记表”，交 IT 信息员，并由 IT 信息员及时更改预约欢迎板的信息。

课堂讨论

让学生讨论一下为预约做准备有哪些好处？

（四）预约需要的硬件设施

（1）预约专线电话。

（2）内部联网计算机。

（3）内部通信设备。

（4）记录表。

（5）预约货架。

（五）预约客户

（1）了解预约能力。

了解一天的预约能力，并通过“预约登记表”和“预约分配表”了解当天的预约情况。

（2）接听预约电话，记录客户、车辆信息。

接听预约电话时，预约人员在电话中礼貌地问候客户，根据“预约登记表”的内容询问客户的姓名、车辆资料。客户在当前预约的，可以直接由服务顾问接待，记录相关信息。

如果是老客户，可以根据车牌号、姓名等在数据库系统中查出客户资料信息。这时只需同客户确认一下信息是否有变化，如有变化及时更新。

如果是新客户，需要将车主姓名、地址、电话、车型、车牌号等相关内容记录清楚，输入数据库系统中。

（3）询问客户预约要求，判断车辆故障。

（4）确定维修项目、估算维修价格。

对于能够确定故障原因的预约要求，将维修项目填写在“预约登记表”上。根据常用维修项目工时费和常用备件价格估算出维修费用。

对于服务助理进行的梯形服务，如定期保养，特约商组织的服务活动，要主动电话预约客户到特约商处进行保养、检查。

对于在电话中不能准确诊断出故障的预约要求，在确定维修项目和价格时可以向客户声明只有在经过检查后才能确定具体的项目和价格。

（5）与客户协商预约维修时间。

（6）完成预约登记。

为使客户确信已经了解了其需求，应重复一遍客户的姓名、电话号码、车型、维修要求和预约时间等，同时告诉客户所约定的服务顾问姓名。另外，应在预约前一天、前一小时再进行两次确认，并且说明维修所需携带的证件等。最后向客户致谢，填写“预约登记表”。

与客户确定预约时间后，与服务顾问确定承担该预约维修工作的车间技工，并在“预约能力分配表”中预约人员选定的服务顾问及维修技工的名下记录该项预约。根据你确定的维修时间，画出标志。

最后填写“预约登记表”。

学习案例2-2

雷克萨斯汽车4S店企业APP开发推广

传统4S店的困惑：

（1）新车参数、性能介绍比较多，客户该如何充分了解？

（2）客户集中到店试驾、保养、维修，客户等待时间长，体验差。

（3）店里面经常会举办一些活动，可是短信通知成本高、效果差。

（4）客户找不到我们的店怎么办？

（5）提升客户对我们的满意度和信赖度太难。

雷克萨斯汽车4S店开发推广APP后：

（1）“车辆信息”让客户清晰了解各种车型、内饰、参数、评测。现场来不及介绍没关系，客户回家慢慢看，特别适合户外巡演和展会。

（2）“在线预约”轻松搞定客户。小手点几下就轻松完成试乘试驾、维修保养等“在线预约”。店里做好提前安排，客户再不用耗费时间等待了。

（3）“免费推送、持续营销”不花钱，活动信息通过APP推送直达，图文并茂。客户还能通过微博分享给好友，形成客户间的二次营销，带来意想不到的新客户。

（4）“路线查询”，只需一“点”APP内置的地图就可以轻松指引客户到店里来。

（5）“贴心功能”，“日久生情”让客户更信赖。违规查询、救援服务、停车位查询、路况查询等常用功能都能在客户的APP中实现。客户习惯培养出来了，自然更依赖日后在您店里做维修保养了。

案例分析

如今已经进入了移动互联网时代，信息传递更加便捷，汽车售后服务企业应考虑如何利用案例中雷克萨斯汽车成功开发的APP应用，突破传统预约服务的困惑，使客户不用等待，轻松实现在线预约。

知识链接

相关表格

表 2-3 预约能力分配表

	服务顾问甲				服务顾问乙			
	技工 1	技工 2	技工 3	技工 4	技工 5	技工 6	技工 7	技工 8
9：00								
9：30								
10：00								
10：30								
11：00								
11：30								
12：00								
12：30								
13：00								
13：30								
14：00								

通过“预约能力分配表”（表2-3）能明确地显示当天各服务顾问、各维修技工

的预约安排。左侧箭头的起点是预约开始时间，箭头止点是客户接车时间，箭头上方注明车牌号。由图中可以看出此车的预约由服务顾问甲负责，技工 1 完成，9：30 客户到达，11：00 客户接车。

学习单元三：业务接待

知识目标

1. 认识接待服务的重要性；
2. 熟悉汽车售后服务接待的实施流程。

技能目标

1. 能够制订接待服务标准流程；
2. 能熟练运用服务规范接待客户。

基础知识

一、业务接待的作用

（一）业务接待的作用

进入 21 世纪以来，随着汽车行业的竞争加剧，国内汽车制造企业、汽车销售服务企业和汽车维修企业越来越重视汽车售后服务的接待工作。业务接待人员（服务顾问）的地位在售后服务中越来越凸显出来，人们开始认识到服务顾问的岗位及其作用。客户对业务接待的第一印象往往代表着对汽车维修企业的总体认识，参与业务接待的服务顾问的工作质量，已逐渐成为衡量汽车维修企业服务质量好坏的重要标准之一。不仅汽车制造企业和绝大部分汽车维修企业的管理者这样认为，在实际的服务工作中，我们发现客户也是通过对服务顾问的评价去感知服务水平和服务质量的高低。这也说明服务顾问在汽车售后服务中的重要性得到客户和管理者的重视。

一个汽车维修企业是否设置服务接待岗位（服务顾问），会使客户对其满意度和忠诚度产生很大的差异。从客户的角度来说，如果汽车维修企业设立了服务接待岗位，其员工严格按照服务规范执行，树立良好的服务形象，将会给客户留下美好的印象，进而会认为这家汽车服务企业管理到位，服务规范，服务水平上档次，服务态度好，形成一定的信任度。如果服务顾问能够专业地解释汽车维修、保养、索赔、维修报价和汽车使用方面的知识，并随时对客户车辆出现的问题做出准确判断，进而促使车辆的一次性修复率提高，使客户的期望得到满足，那么客户满意度和忠诚度更会得到提高。此外，随着客户忠诚度的提高，客户不仅自己会固定在此接受服务，还会将其亲身体验告诉他所能够触及的交际群体，建议他们也来此接受服务，这样会给企业带来更大的价值。相反，如果客户到一家汽车服务企业，到店时或没人理睬，或汽车使用中的疑问无人能够准确、及时给予解答，维修费用不明不白和维修时间多久无人告知，客户随即就会对服务质量产生反感，该客户有可能再也不来此店接受服务了。

无论是对汽车制造企业，还是对服务企业来说，服务接待都是企业的窗口，它是企业与客户交流，让客户体验服务品质的重要接触点。其本身代表着这两种不同企业的共同形象，关乎制造企业品牌的价值，服务企业的生存发展。因此，无论是哪种类型的企业都应该认识到服务顾问这一岗位的重要性：做到精心选拔人才，严格进行服务接待、服务礼仪和汽车维修技能培训，全面提升专业水平，并指导其提高与其他岗位人员（如维修人员、配件人员等）共同完成企业的经营目标的团队意识和工作执行力。

负责业务接待的服务顾问的主要作用体现在以下几点：

（1）能体现汽车服务企业的总体形象和规范的经营管理水平。

（2）是客户与汽车服务企业之间进行业务联系的纽带。

（3）通过服务顾问与售后服务各个环节进行协调，使企业内部各部门之间明确职责，步调一致，提高服务效率和质量，提升客户满意度。

（4）有效协调客户与维修企业、汽车制造企业三者之间的利益，使之达成一致，增加三方的信任度和提升相互间的配合程度，进而提升整个服务体系的工作效率。

（5）及时更新客户信息及其车辆全部信息，为维修回访等后续工作提供基本信息支持。

（二）服务顾问应具备的条件

（1）良好的价值观和自律能力。

（2）熟悉汽车维修、汽车材料、汽车配件及汽车保险等知识，并具有一定的实践经历。

（3）具有综合的工作能力。

（4）具有较强的求知欲。

（5）熟练掌握公司和行业的相关标准。

（6）乐观的工作态度和进取精神。

课堂讨论

讨论一下服务顾问还应该具备哪些条件呢？

学习案例2-3

王先生最近买了一辆大众GOLF轿车。有一天，车的右后门不小心被划伤了，他开到一家修理厂进行维修。服务顾问热情地接待了他，详细记录了车的损伤情况，并且绕车仔细检查了其他部位，发现左前门有道划痕。于是他征求王先生的意见：是否一起修理？王先生感到很惊奇，由于忙于工作，自己还没有注意到这道划痕。服务顾问向王先生说明了具体的费用，王先生愉快地接受了。

案例分析

该案例中服务顾问工作认真负责，热情有礼貌，并为客户考虑，周到的服务让客户感到满意，并为4S店增加了营业额。

（三）服务顾问是维修站与客户之间的桥梁

服务顾问这个角色之所以重要就在于他或她是客户进入维修站第一个碰到的人，如果服务好，客户信赖度就高。另外，服务顾问也可能是客户在维修站唯一接触的人，因为客户的时间有限、专业知识不足，所以，很容易将爱车交给服务顾问后就放心去等待结果，一直到结账时取到发票付款。因此，理论上来讲，服务应该是由服务顾问从头包到尾的整体工作。

服务顾问所扮演的角色就是如何建议客户做最好的维修项目，以保障车辆的长期使用。因此，服务顾问的专业性是客户的依赖。只要说服力强，就可以对客户做最适合的建议，这将有助于维修站业绩的稳定提升的重要环节。

服务顾问需掌握维修站的工作流程及工作进度，以便确保客户的车辆维修进度，能在客户认可的时间内顺利完成，或者提前告知客户车辆状况，使车主能提早有心理准备。

服务顾问必须站在客户的立场，为客户检查爱车，使客户的交修项目能逐项完成并在结账时为客户说明发生的费用，使客户从进站到交车能有完整的服务，以使得客户满意。

二、接待服务的实施

（一）接待服务的工作内容

（1）积极主动地推行双向预约工作。

（2）及时热忱地接待客户，努力了解客户需求。

（3）认真执行公司制订的各项服务流程、规定，热情地向客户宣传公司政策及品牌形象。

（4）正确提示、判断客户汽车故障并做出估价。

（5）负责建立并完善客户服务档案。

（6）积极与各部门进行协调，做好客户服务工作，努力提高客户满意度。

（7）做好交车后的跟踪服务，努力了解客户反馈信息，根据客户需求不断改进工作。

（二）检核要点

（1）具有丰富维修经验的服务顾问。

（2）设有诊断用的专用举升机。

（3）技术专家和车间技术员的支持。

（4）良好的接待环境和客户休息设施。

（5）同其他部门保持良好的沟通。

（三）关键步骤与技巧

（1）接待登记时确保接待前准备充分，运用规范化的接待客户礼仪，把客户的信息和要求书面化。

（2）车况诊断预检时要熟练使用5W2H分析法，确认客户车辆的故障现象，使其具体化，以便深入探讨故障原因。对于客户提出的问题，原则上必须通过车辆的故障再现手法加以确认，技术主管参与诊断可以提高诊断的准确率。

（3）估价确认时分析客户的类别和支付能力，确定推荐的维修服务、配件组合和所需的时间，并进行成本的预算。推介维修服务和配件组合的特征与利益，并公开透明报价，处理客户的问题和异议，最后与客户达成共识，签订协议。

小提示

分析客户类别可以帮助服务顾问分析客户的支付能力。

（四）接待前的准备

1. 服务顾问仪表的基本要求

（1）容貌：端庄大方、亲切热情、友好体贴，女性可化淡妆。

（2）服饰：上班要穿工作服，正确佩戴标牌。

（3）个人修饰：注意行业特点，符合健康向上、充满活力的基调。

2. 仪态的基本要求

（1）站姿：身形挺拔，两眼平视；不要双手环抱胸前，不要叉腰。

（2）坐姿：端正庄重。

（3）走姿：步伐雄健轻稳，行走线迹成直线，步幅不宜过大，步速不宜过快。

（4）与客户同行：服务顾问陪同客户同行时，一般靠右行。行走时，遇到客户，应自然注视对方，主动点头致意或问好；同时，放慢步速，以示礼让客户先行。如有急事需越前先走，应先表示歉意。

（5）与客户交谈：双目自然注视客户，保持适当的站位。不要喋喋不休，不抢客户话头，不连续发问，不随意解释不熟悉的问题，不强调与主题无关的细节，不进行人身攻击，不用贬称，不随便改变客户有兴趣的话题。要插入讲话时，应先说：“对不起，暂时打断一下可以吗？”

3. 掌握车间维修能力

在接车和安排维修工作时，对车间维修能力进行规划，合理安排，最大限度地利用车间维修能力，但不要超出能力去接车。每天开始工作前要了解一下车间人员的出勤情况，包括技术专家状况、设备与工具情况等，据此可以计算出车间当天的维修能力，以便合理地接收和安排车间工作。另外，不要为了满足客户的要求而不顾车间的实际能力去进行接待和安排工作，否则将会陷入非常被动的局面。

掌握车间当天预约的情况，不要把预留的维修纳入到当天的接车能力中。在开始工作之前，审查当天的登记表，了解预约情况。

4. 替代车辆情况

了解替代车辆出借情况，如果客户要求提供临时替代车辆，接待人员可以根据情况拟定临时替代车辆出借计划。

在以下几种情况下接待人员可以有步骤地向客户建议出借临时替代车辆的服务：

（1）需要维修的车辆有担保协议或属于服务保证产品（有服务、维护之类的协议），而且维修时间将超过一天。

（2）需要维修的车辆未能在规定期限内交付。

（3）客户在约见时明确表达了这一要求。

5. 了解当天的预约准备工作

按照工作计划检查“预约登记表”“预约能力分配表”及相关资料是否准备好；准备好必要的文件资料和工具，如维修价目表、常见维修估价参考表、零件目录等。

（五）迎接客户

1. 迎接客户行为规范

（1）当客户来到维修站时，要迅速出迎并问候客户，一分钟内要有人员出去迎接。

（2）引导客户到指定的接车区停车。

（3）问候客户时要用眼睛看着客户并面带微笑、态度和蔼，并向客户说：“您好，欢迎光临，很荣幸为您服务。”

（4）向客户问好并做自我介绍，询问客户是否进行过预约。

（5）引导客户到维修接待前台并按快速保养、正常维修、事故车三种类型进行登记。

知识链接

前台顾问一定要注意以下几点：

1. 礼貌友善，显出关切之情，应有礼仪小姐送茶水。
2. 业务接待人员要用通俗且专业的语言与客人交谈，不得以貌取人。
3. 科学的检测诊断，准确地找出故障所在。
4. 细听车主反映情况并报出合理的服务收费价格。
5. 承诺有把握的交车时间及质量的保证。
6. 尽可能做到有求必应，有问必答。
7. 进行认真细致的车辆交接。

2. 迎接客户

（1）客户车辆到达销售服务店门口时，保安（这里所说的保安应是正规的、受过专业培训的保安，不仅仅是看门人）应立即向客户车辆敬礼，并以标准动作引导客户车辆至相应的停车区。

（2）客户车辆停稳后，保安应主动为客户开门（驾驶员一侧），做护头动作，并向客户问好（雨天应备好大号的雨伞迎接客户）。

（3）客户下车后，保安应用语言加手势引导客户进店。

（4）服务顾问在展厅内看到客户下车时应快步走到店外，面带微笑并使用标准问候语，如“您好”“欢迎光临”等，以示欢迎（阴雨天要备好雨伞迎接客户；对来店两次以上的客户要求能称呼其姓氏；服务顾问若不在业务接待区应有其他人员帮助迎接客户）。

（5）服务顾问请客户就座后，确认客户来意。预约来的客户服务顾问要主动说出预约内容，若是车辆存在故障，服务顾问可采用5W2H分析法对客户进行询问，全面了解有关情况；并仔细倾听客户对车辆故障的描述，同时注意不要打断客户讲话，如有不清楚的地方也必须等到客户叙述完毕后再问清楚。

（6）认真填写“接车登记表”上的相关内容。

3. 预检车辆

（1）服务顾问与客户前往停车场，在客户面前将一次性车辆护具逐一安装好，以防止在对车辆进行预检及故障维修时玷污车辆内饰，然后将车辆停放到预检停车位。

（2）服务顾问应进行绕车检查，确定车辆表面有无划碰伤，详细检查车辆状况（参考“接车登记表”上有关项目进行），并进一步填写“接车登记表”。

（3）服务顾问根据故障现象对车辆进行全面检查。真实、客观地了解和掌握故障现象是正确诊断故障的基础，因此，必须首先认真倾听客户对故障现象的陈述，并且追问一次加以确认。如有必要可与客户共同试车，以便再现客户所述故障现象。

4. 故障诊断

（1）根据已经确认的故障现象，利用有关工具设备进行故障原因判定，亦可以利用维修手册、故障汇编等资料进行故障诊断，尽量做到一次就将客户车辆的故障诊断清楚。

（2）如不能立即确定故障或需较长诊断时间的车辆，应向客户解释清楚，取得客户的谅解，如客户同意将车辆留店检修，应提醒客户带走车内贵重物品，并安排客户休息或离店。同时，由技术总监负责组织店内技术力量会诊，如有必要可向汽车销售公司服务部技术支持室申请技术支援（此时服务顾问可先开具派工单，向班组下达检查故障原因的作业指令）；如客户不同意将车辆留店检修，应与客户约定下次维修时间并送别客户。

（3）如能确切诊断出客户车辆故障，服务顾问要为客户提供维修方案选择，并要解释需维修的原因及重要性，由客户来决定要进行哪项作业。然后，确认需更换零部件的名称、数量及库存量，如发现库存短缺，应立即向客户说明原因并取得客户谅解。如客户同意待料维修，则应与客户约定好下次维修时间，送别客户（如客户将车辆留在店内，应妥善保管好车辆及钥匙），再由服务经理负责协调，备件主管负责调件或紧急订货。

5. 费用估价、开具派工单

（1）正确的估价和亲切的说明，在构筑与客户的相互信赖关系方面占有无可比拟的重要地位。

（2）估价的对象包括材料费和工时费及完工时间，首先确认所需零部件的库存情况及维修工时信息，然后计算相应的材料费及工时费。

（3）根据对工时的估计及店内实际情况确定完工时间，再参考客户方面的实际情况决定交车时间，并全力予以保证。必要时可调整作业计划，此时，必须预留出一定的时间以防意外情况发生。如不能按时交车，必须提前与客户联系，解释有关原因并取得客户谅解。

（4）使用简单易懂的语言向客户说明作业内容、估价金额、交车日期及时间。同时，针对报价金额、交车日期和时间等取得客户认可。有关费用一览表应置于客户容易看到的位置。

（5）客户若同意在店内维修，应提醒客户带走贵重物品；若客户当时不同意在店维修，应与客户约定下次维修时间并送别客户。

（6）向客户介绍免费洗车，如客户同意洗车，应说明洗车所需的时间。

（7）依据“接车登记表”生成派工单，派工单上所列作业项目要明确，旧件处理方式要征求客户意见，索赔旧件应向客户说明须返厂。客户是否同意洗车，要在派工单上注明。如需试车应事先告知客户。

（8）打印派工单，且必须由客户签字认可；如有更改则必须得到客户认可并签字，客户联由客户保存；如有必要，可按当地行管部门的要求与客户签订相应的维修合同。

6. 安排客户休息及班组作业

（1）明确客户是否在销售服务店内等候，请在销售服务店内等候的客户去客户休息室休息（对第一次来店的客户要提示休息室的功能，并亲自引导客户去休息）；如客户不在销售服务店内等候，应明确随时可以取得联系的方式，并向其介绍销售服务店周围街道情况及交通设施。特殊情况下，可安排服务用车送走客户或为客户提供代用车辆。

（2）服务顾问将车辆、派工单交接给班组长，同时明确作业内容及时间，以便班组以最快的速度、最好的质量完成作业任务。

（3）维护前台的作业管理目视板。

学习单元四：优质服务

知识目标

理解优质服务的准则。

技能目标

通过理解优质服务的内涵，提高自身的业务素质，树立以“客户为中心”的服务理念。

基础知识

优质服务需要通过标准化和规范化的服务流程来保证。在以“客户为中心”的服务理念下，在服务的全过程中遵循服务核心流程中的每个环节中的服务标准，就能够实现客户对工作内容的最低限度的需求，甚至超越客户的期望，满足客户的要求，提升客户满意和忠诚度。

一、接待客户的标准

1. 始终保持衣着整洁

当你与他人初次见面时，通常在15秒钟里你就会给对方留下第一印象。第一印象涉及的主要因素之一是外表。如果想给客户留下一个积极良好的印象，讲究外表尤其重要。

2. 微笑待客

微笑传递信息——“我喜欢你”。例如，想认识一位漂亮姑娘时，真诚微笑相待终为上策。同样，接待客户时，应以同样的动力和热情接待客户，微笑将向客户传递同样的信息。

3. 主动迎接客户，友好地向客户做自我介绍

努力创造一种友好的、双方协商的气氛，千万不要使客户不知所措。接待人员须主动、热情地做自我介绍，沟通感情，创造一种融洽气氛。

4. 真诚待客，使客户理解你的诚意

客户将车辆送到你们服务站，即意味着相信你们能帮助他解决困难。切勿以工作量或其他个人原因搪塞客户，须真诚关心客户，了解客户来访原因，使客户真正感到你会帮助他们。

5. 勿使客户久等

时间就是金钱，希望尽快修复自己的车辆，希望得到优质高效服务是客户的普遍心理。浪费时间或降低效率即意味着失去客户，降低经济效益。要杜绝无所事事、饮茶闲聊的恶习，热情接待客户，切勿使客户久等，应成为接待客户的最高准则。

学习案例2-4

上夜班的客房服务员李阳，在打扫棋牌室A厅时，B厅的客人提出换厅，但按照酒店的规定，需要办理加收费用手续，客人随即取消换厅的打算。客人可能因为没有换到A厅，心情不太好，在之后的服务中，不断提出种种要求。客人一会儿叫李阳加水，一会儿叫李阳打开窗户，一会儿叫李阳关闭窗户，一会儿又说麻将机坏了（但李阳检查时，麻将机却很正常），诸如此类。面对这一切，李阳仍然微笑着为他们耐心服务。到最后结束时，客人很抱歉地说，不好意思麻烦你

一夜。李阳就是这样用超常规的耐心让客人感到满意。

案例分析

棋牌室根据规模设施等的不同会产生不同的价格，但客人有可能因不知道价格或不愿意交所加的收费而提出换厅，未能成功换厅的客人可能会产生一些误解。那么，在这样的情况下，如何用真诚耐心的服务去消除客人的误解呢？具体有以下几点做法：

（1）服务员坚持酒店规定，不私自更换厅堂，避免酒店成本增加。

（2）服务员在得知客人由于误解而故意找出种种服务要求时，能够耐心地提供服务，进而化解客人的误解，最终得到了客人的满意。

（3）服务员的日常工作和客人不断增加的服务要求产生冲突时，要很好把握平衡，统筹安排，做到日常工作和增加的服务都不耽误。

二、了解客户要求的准则

1. 请客户阐述要求

应该请客户告诉你车辆存在的问题及其他的想法，并通过简单的提问，帮助客户阐明他的要求。

2. 专心听取客户的要求并做出答复

与人打交道时，倾听他人叙述尤为重要，以示你对他们很感兴趣，理解他们的处境。这是你正确了解客户要求及恰当答复客户的必要前提。

3. 多提问题，确保完全理解

当人们谈论某种特定事情时，由于立场及观念不同往往产生不同含义，从而导致误解，未能达到预计效果。为避免发生误解，当与客户交谈时，应从各个角度提问题，帮助客户阐明情况，从而正确了解客户要求，做出正确处理。

4. 总结客户要求

一旦相信已完全理解了客户的要求，应向客户概括地总结一下你所掌握的情况。这可进一步梳理你的想法，同时如有失误之处，也给客户提供了一个纠正你想法的机会。正确总结客户要求是有效完成后续工作的必要前提。

三、约定时间的准则

1. 掌握维修车间工作动态

保证客户得到优质服务是服务站的最高宗旨，必须始终为客户提供优质服务。如果已确定约定时间，但维修车间未能按约定时间修复客户车辆，势必令客户失望，而失去客户。因此，关键在于合理安排工时工位，掌握维修车间的工作状态，检查、监督维修车间按约定时间修复车辆。

2. 随身备有一本登记本

随身备有一本登记本以随时记录各种情况，这不仅能使工作条理清晰，同时他人也会对你产生信任感。

3. 向客户提出合理的约定时间

作为决定约定时间的负责人，为取得更高的效率，决定约定时间时，必须合理安排工时及工位，切勿让维修工位闲置，应充分利用维修车间所有工位。但是，如果客户对约定时间有异议，则应根据客户要求另定时间。

4. 掌握配件库存情况

在约定一件较重要的维修工作时，必须了解配件库内是否有所需配件，否则将引起诸多麻烦。如果库内暂时无所需配件，应及时与客户协商，另行约定时间，同时尽快订购所需配件，修复车辆。

四、达成协议的准则

1. 仔细记录客户有关资料

记录须绝对正确。掌握客户的姓名、地址和所有与客户车辆有关的信息，以便查询和跟踪服务。

2. 仔细记录客户要求

为确保工作无误，应该保证将客户的具体修理要求记录在任务委托书上，并让客户审阅一遍，以免今后发生争议。

3. 主动提供服务，提高企业效益

当车辆修完以后，交车时应主动向客户提供某些有偿服务项目。如添加防冻液，调整各机构等（不属约定修理项目），从而为企业增加利润。但须经客户同意，同时，收费须合理。

4. 为客户估算需支付的费用

修理费用和零件价格均会发生变化，因此，在确定修理项目后，应正确估算出所有费用，并向客户报价；如在修理过程中发现其他部件也需要修理，则应立即通知客户，避免事后发生争议。

5. 预先告诉客户付款方式，可省去很多麻烦

打电话请客户来取车时，顺便告诉客户付款方式，客户就可按付款方式准备费用。

6. 为发车做必要的安排

应确定并让客户知晓取车时间，以便客户安排取车时间。确定约定时间后，应请客户在任务委托书上签字。

五、诊断故障的准则

1. 修理前务必正确诊断故障

修理前，有关人员必须正确诊断故障，切勿遗漏任何修理项目，这是保证修理质量的必要前提。若在交车时仍留有未修项目，会招致客户抱怨，影响服务站的信誉。

2. 切勿让修理工判断故障

修理工的职责是保证按时优质修复车辆，无权决定修理项目。修理项目应由业务接待员或班组长决定，如有必要，可由修理工协助诊断。

3. 在任务委托书上明确写清应修理的指令

一旦确定修理项目，有关人员必须在任务委托书上仔细填写修理指令，保证修理工收到任务委托书时知道修理项目，同时应让客户知晓修理项目并认可，以免事后发生争议。

4. 在判断故障时经常查阅手册

必须仔细判断故障，切勿遗漏任何小故障，以免影响使用效果，甚至酿成重大事故。大众公司已意识到这一点，从世界范围内搜集到有关这方面的大量资料，为使工作简便，编制了一系列有助于查找故障原因的手册（《维修手册》），利用这些手册，可准确诊断故障。

六、进行修理工作的准则

1. 对待客户的车辆就像对待自己的车辆一样

修理工必须像对待自己的车辆一样对待客户的车辆，以保证客户满意。

2. 修理工必须使用正确的设备、工具，采用正确的修理方法

使用专用工具、设备和设施以便每个修理工更有效地工作。作为班组长，必须保证修理工使用正确的工具、设备，采用正确的修理的方法。每个修理工必须配备一套完好的通用工具。

3. 必须向修理工提供所需要的指导

作为班组长，不应该在修理工需要你帮助时不理睬，而应该创造一种气氛，让修理工在求援和帮助时感到放心。

七、控制质量的准则

1. 保证要修理的项目均已修好

即使一件小事令客户不满，也表明服务站工作未达到预期目的，同时也表明服务站未完全履行修理合同，因此客户不满是理所当然的。

2. 严格检查修理质量

低劣的修理质量不仅有损服务站的声誉，同时也是发生事故的隐患，因此千万勿

存侥幸心理，修理后应仔细检查修理质量。

3. 保证修理工在工作单上写下的记录与所做的工作有关

因为修理费用将以修理工的记录为准，修理工必须保证记录内容的准确合理。但决不可让修理工决定什么该收费什么不该收费，如果允许修理工这样做，难免会产生过失，这将最终引起客户的抱怨。

4. 应该把换下的零件让客户过目

由于客户不允许进入修理现场，目睹修理过程，因此可能对服务站存有不信任。车辆修复后，可将更换下来的零件让客户过目，使其放心，同时也提高了服务站的信誉。

5. 交车时应把车辆清洗干净

清洗一辆车花费不多，但是清洗过的车辆会给客户一个很好的印象。洗干净的车看上去肯定比修理前好，请想象一下客户看到洗得干净漂亮的车的感觉吧。

八、结算费用的准则

1. 保证所用材料的记录单附在任务委托书上

亏本的最简单的方法之一是对修理中装上的配件不收费。作为班组长，必须保证所在小组已用掉的零件应在发票或索赔表上结算出来，应仔细核对材料记录单，并将其附在任务委托书上。

2. 检查一下是否有索赔的情况

车修好了，要防止出现小错误，这些与索赔有关的问题很重要。不要企图把这些费用推到客户头上，不要乱填索赔单，这两件事情不处理好，服务站就会落个坏名声。

3. 使用修理工时定额表并明码标价

作为班组长，应对结算费用负责。为使工作方便简单，公司可编制用于保养或小修的标价表（或其他常规修理的价格）和修理工时定额。使用这些资料可节省很多时间并保证结算费用始终正确。

4. 保证报价与最后结算一致

应保证客户来取车结算时不发生争议。首先在接待时必须报过价，修理过程中增加修理项目时也已通知过客户。因此，报价与结算不应该出现差别，如果出现差别，则是工作的失误。

九、交付车辆的准则

1. 确保客户取车时一切准备就绪

作为专业人员，应该根据故障情况，准确优质迅速完成修理工作，保证客户取车前，一切准备就绪。在未交完车以前，（接待室）工作人员不要离去。

2. 确保客户来取车时不耽误时间

任何人都不愿意浪费时间，应该保证客户来取车时，几分钟内即可将修复车交给客户。如果不存在特殊原因，应努力做到这一点。

3. 确保客户取车时，仍然由原来的接待员交付车辆

努力与客户建立一种积极的关系。每次都由同一人与客户联系是一种有效手段。因为当事人熟知修理情况，能告诉客户实际修理项目。

4. 向客户解释发票上的项目

应详细向客户解释发票上的项目，如实介绍修理项目及修理过程，使客户放心。同时，还需告诉客户哪些方面还需修理，并与客户另约时间来厂修理。

十、跟踪服务的准则

1. 制订跟踪服务计划，通过电话了解使用状况

制订严密、有效的跟踪服务计划，并严格按计划跟踪服务是取得售后市场第一手资料，提高售后服务质量的有效手段。服务站应安排专人通过电话与客户联系，取得信息，有效实施跟踪服务。

2. 建立电话记录制度

设立专用电话记录本，记录客户电话及跟踪服务电话，全面掌握跟踪服务进展状况。

3. 有效解决跟踪服务中出现的问题

作为一个负责人，服务经理必须与客户保持联系，他的职责之一就是发现跟踪服务中存在的问题。假使属下没有能力处理客户申诉，服务经理应该直接处理，并做出必要的决定。

学习单元五：服务礼仪

知识目标

1. 理解服务礼仪的重要性；
2. 掌握业务接待仪容仪表及主要事项；
3. 熟悉迎接客户的各种礼仪。

技能目标

1. 注重自己在日常工作中的仪容仪表；
2. 掌握电话礼仪；
3. 掌握握手与名片礼仪的运用。

基础知识

一、服务礼仪的重要意义

大家都了解讲究礼仪的重要性，如果我们平时多一点温馨的微笑、多一句热情的问候、多一个友善的举动、多一副真诚的态度……也许能使我们的生活、工作增添更多的乐趣，使人与人之间更容易交往、沟通。我们作为社会生活中的一员，有义务、也有必要把讲求礼仪作为维护公共秩序、遵守社会公德的一个准则，通过自律，不断地提高个人自身修养，使我们成为真正社会公德的维护者。

“客户至止、服务至上”，作为汽车售后服务企业的服务宗旨，它充分地反映了企业对每位员工的期望。汽车售后服务企业的员工的一言一行都代表着企业的形象，员工对客户能否进行优质服务直接影响到企业的声誉。即使企业有再好的商品和维修技术，但却对客户服务不周、态度不佳，也会导致企业的信誉下降、业绩不振。总之，讲求礼仪是任何一家企业对每位员工的基本要求，也是企业服务宗旨的具体表现。

二、仪容仪表和仪态的礼仪

（一）仪容仪表

个人形象是企业的第一张名片，良好的第一印象是吸引客户和赢得客户信任的开始。第一次留下的好印象会给客户带来积极的影响，从而有利于营造积极的交流氛围。

如图 2-4 所示为汽车售后服务过程中容易出现的仪容仪表问题，不良的礼仪会使客户产生消极的消费体验，对企业的形象产生负面影响。

图 2-4　不良礼仪

个人的仪容仪表代表企业的形象，必须按照仪容仪表的规范要求自己。

1. 发型（图 2-5）

（1）不彩染、不怪异。

（2）无头屑、无异味。

（3）男士头发前不覆额，侧发不遮耳，后发不触领。

（4）女士头发不过于个性化，不遮盖面部。发型以干练利落为佳，刘海切勿遮挡眉眼。

2. 面容（图 2-6）

（1）面容整洁。

（2）牙齿清洁、口腔无异味。

（3）女士应淡妆上岗，色彩以暖色调为主，眼影、眼线、唇膏不宜过浓，香水清新淡雅。

（4）男士不留胡须。

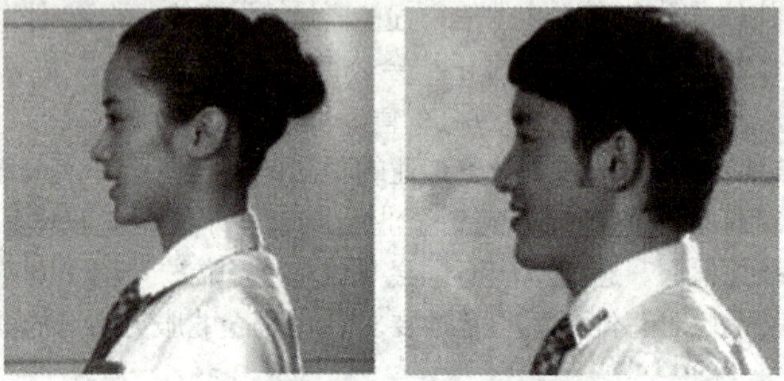

图 2-5　发型规范

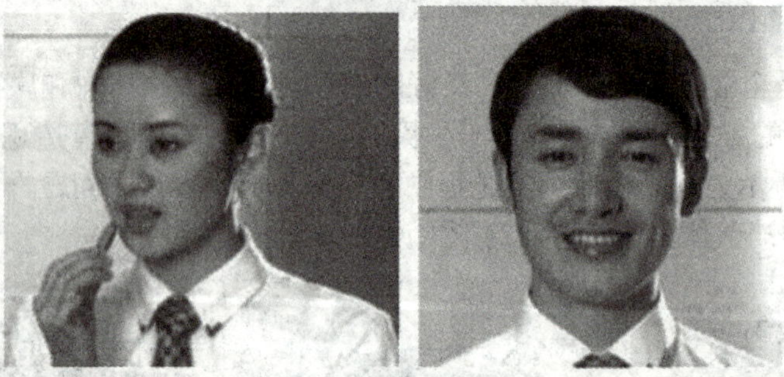

图 2-6　面容规范

3. 手部（图 2-7）

（1）双手保持清洁，干燥季节每天早晨或洗手后涂润肤霜，保持手部滋润。

（2）指甲前端白色部分不得超过 1 毫米，每天早晨检查，及时修剪。

（3）指甲缝隙保持干净无脏污，每天早晨检查，及时清洁指甲缝。

（4）女士可以涂透明或无色的指甲油。

4. 着装

男士在着装时要注意西装平整、清洁，领带紧贴领口，系得美观大方，衬衫要选择白色或浅色单色，领口、袖口无污迹，西装口袋里不放物品，西裤平整有裤线，皮鞋光亮、无尘灰，选择黑色或深色袜子。

女士在着装要正规（图 2-8），大方得体、扣好衣扣，裤子长度合适，肤色丝袜，无洞，鞋子光亮清洁。

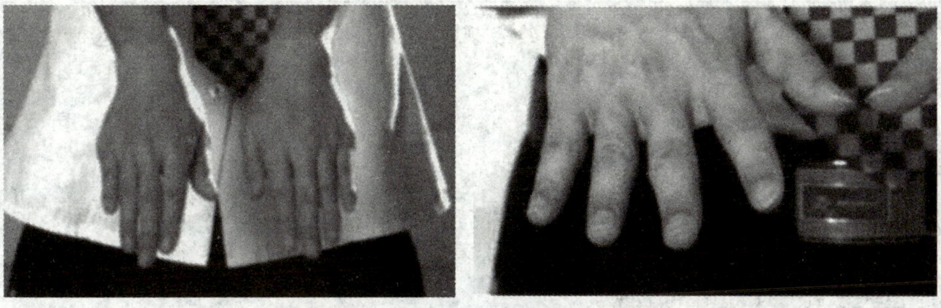

图 2-7 手部规范

图 2-8 女士着装标准

学习案例2-5

一外商考察团来某企业考察投资事宜，企业领导高度重视，亲自挑选了庆典公司的几位漂亮女模特来做接待工作，并特别指示她们身着紧身上衣，黑色的皮裙，领导说这样才显得对外商的重视。但上午见了面，还没有座谈，外商考察团就找借口匆匆走了，工作人员被搞得一头雾水。后来通过翻译才知道，他们说通过接待人员的着装，认为这是个工作以及管理极不严谨的企业，完全没有合作的必要。原来，该企业接待人员在着装上犯了大忌。根据着装礼仪的要求，工作场合女性穿着紧、薄的服装是工作极不严谨的表现；另外，国际公认的是，黑色的皮裙只有妓女才穿。

案例分析

着装是一种无声的语言，它显示着一个人的个性、身份、角色、涵养、阅历及心理状态等多种信息。在人际交往中，着装直接影响别人对你个人形象的评价，同时也关系到一个企业的形象。

（二）仪态

仪态，是人的姿势、举止和动作形象。不同国家、不同民族以及不同的社会历史背景，对不同阶层、不同群体的仪态有不同的标准或要求。资本主义国家的贵族阶层和统治集团的上层人物的仪态讲究绅士风度，不同宗教对其教徒也讲究具有宗教特征的仪态。我国几千年的封建社会历史，也逐渐形成很多对皇家宫室，对儒雅学士，对民间妇女等很多方面的仪态标准和要求。在社会主义社会，提倡讲文明、讲礼貌，每个人的仪态应当力求美化。

1. 站姿礼仪

站姿是人的一种本能，是一个人站立的姿势，它是人们平时所采用的一种静态的身体造型，同时又是其他动态身体造型的基础和起点。常言道："站如松，坐如钟"，这是中国传统的有关形象的标准。人们在描述一个人生机勃勃、充满活力的时候，经常使用"身姿挺拔"这类词语。站姿是衡量一个人外表乃至精神的重要标准。优美的站姿是保持良好体型的秘诀。从一个人的站姿，可以看出他的精神状态、品质和修养及健康状况。

（1）标准站姿。

标准的站姿应该是这样的。从正面观看，全身笔直，精神饱满，两眼平视，表情自然。两肩平齐，两臂自然下垂，两脚跟并拢，两脚尖张开 60°，身体重心落于两腿正中。从侧面看，两眼平视，下颌微收，挺胸收腹，腰背挺直，手中指贴裤缝，整个身体庄重挺拔。采取这种站姿，不仅会使人看起来稳重、大方、俊美、挺拔，它还可以帮助呼吸，改善血液循环，并在一定程度上缓解身体的疲劳。两脚跟相靠，脚尖展开 45° ~ 60°，身体重心主要支撑于脚掌、脚弓之上。两腿并拢直立，腿部肌肉收紧，大腿内侧夹紧，髋部上提。腹部、臀大肌微收缩并上提，臀、腹部前后相夹，髋部两侧略向中间用力。脊柱、后背挺直，胸略向前上方提起。两肩放松下沉，气沉于胸腹之间，自然呼吸。两手臂放松，自然下垂于体侧。脖颈挺直，头向上顶。下颌微收，双目平视前方。

站立的时间过长时，站姿的脚姿可以有一些变化：一是两脚分开，两脚外展宽度以不超过两肩的宽度站立；二是以一只脚为重心支撑站立，另一只脚稍息，然后轮换。在日常的公关与社交活动场所，良好的站姿是非常重要的。一般来说，标准的站姿关键要看三个部位：一是髋部向上提，脚趾抓地；二是腹肌、臀肌收缩上提，前后形成夹力；三是头顶上悬，肩向下沉。只有这三个部位的肌肉力量相互制约，才能保持标准站姿。针对不同的群体，标准站姿的侧重点也不一样。

（2）男女标准站姿。

根据以上标准站姿的要求，男性的标准站姿应该是身体立直、挺胸抬头、下颌微收、双目平视、两膝并严、脚跟靠紧，脚掌分开呈“V”字形。挺髋立腰、吸腹收臀、双手置于身体两侧自然下垂；或者是两腿分开，两脚平行，双腿分开的距离不能超过肩宽，双手在身后交叉，右手搭在左手上，贴在臀部。同样，女性的标准站姿应该是双脚呈“V”字形，并且膝和脚后跟尽量靠拢；或一只脚略向前，一只脚略向后，前脚的脚后跟稍稍向后脚的脚内侧靠拢，后腿的膝盖向前腿靠拢。

这些站姿都是规范的，但要避免僵直硬化，肌肉不能太紧张。在站立的同时可以适宜地变换姿态，追求动感美。还要注意，站立时不要躬腰驼背或挺肚后仰，也不要东倒西歪地将身体倚在其他物体上。两手不要插在裤袋里或叉在腰间，也不要抱臂于胸前。

对于女士，上体姿态基本不变，只是两脚的摆放可以略加调整，如小丁字步。对于男士，两手可以搭放在背后，两脚可以略微分开，与肩同宽。

（3）几种常见的站姿。

① 肃立。身体立直，双手置于身体两侧，双腿自然并拢，脚跟靠紧，脚掌分开呈“V”字形；面部表情严肃、庄重、自然。参加升降国旗仪式或庄重严肃的场合，参加遗体告别仪式应该用肃立站姿。

② 直立。身体立直，右手搭在左手上，自然贴在腹部，或两手背后相搭在臀部，两腿并拢，脚跟靠紧，脚掌分开呈“V”字形。

2. 走姿礼仪

走姿，也就是行走的姿态。在行走时应既优雅稳重，又保持正确的节奏，这样才能体现动态美。

标准的走姿：双眼平视，双臂放松，以胸带动肩轴摆，提髋提膝小腿迈，跟落掌接趾推送。

标准的走姿为：上身基本保持站立的标准姿势，挺胸收腹，腰背笔直；两臂以身体为中心，前后自然摆动。前摆约 35°，后摆约 15°，手掌朝向体内；起步时身子稍向前倾，身体重心在前脚掌，膝盖伸直；脚尖向正前方伸出，行走时双脚踩在一条线上。

正确的行走，上体的稳定与下肢的频繁规律运动形成对比和谐，干净利落、鲜明均匀的脚步，形成节奏感，前后、左右行走动作的平衡对称，都会呈现行走时的形式美。

协调稳健、轻松敏捷的走姿给人动态之美，表现朝气蓬勃、积极向上的精神状态。

基本规范是起步时，上身略向前倾，身体重心落在脚掌前部，两脚跟走在一条直线上，脚尖偏离中心线约 10°。

行走时，面带微笑，目光平视，下颌微收，双肩平稳。手臂伸直放松，手指自然弯曲，手臂自然摆动，摆动幅度不宜过大，以 30° ~ 35° 为佳。

行走速度要适中，不能过慢，否则显得没有时间观念，精神状态不佳。

小提示

（1）保持体态优美，上身摆动和臂部扭动幅度不可过大。

（2）避免含胸、歪脖、斜腰及挺腹等现象发生。

（3）男士脚步应稳重、大方、有力。

（4）女士行走时，走直线交叉步，上身不要晃动，尽量保持双肩水平。

3. 坐姿礼仪

良好的坐姿能传达出自信干练、积极热情、尊重他人的信息和良好的风范。

坐姿的要点：

（1）入座时要轻而稳，走到座位前，转身后，轻稳地坐下。女士入座时，若是裙装，应用手将裙摆稍稍拢一下，不要坐下后再站起来整理衣服。

（2）面带笑容，双目平视，嘴唇微闭，微收下颌。

（3）双肩平正放松，两臂自然弯曲放在膝上，也可放在椅子或沙发扶手上。

（4）立腰、挺胸、上体自然挺直。

（5）双膝自然并拢，双腿正放或侧放。

（6）至少坐满椅子的 2/3，脊背轻靠椅背。

（7）起立时，右脚向后收半步而后起立。

（8）谈话时，可以侧坐，此时上体与腿同时转向一侧。

坐，作为一种举止，同样有美与丑、优雅与粗俗之分。正确的坐姿能给人一种安详庄重的印象。

坐是举止的主要内容之一，生活中无论是学习、参加会议、会客交谈、娱乐休息都离不开坐。

男士坐姿：双腿并拢，上身挺直坐正，两脚略向前伸，两手分别放在双膝上。

女士坐姿：坐正，上身挺直，两腿并拢，两脚同时向左或向右放，两手叠放，置于左腿或右腿上。

知识链接

1. 女士的八种优美坐姿：

（1）标准式：轻缓地走到座位前，转身后两脚成小丁字步，左前右后，两膝并拢的同时上身前倾，向下落座。

（2）前伸式：在标准坐姿的基础上，两小腿向前伸出一脚的距离，脚尖不要翘起。

（3）前交叉式：在前伸式坐姿的基础上，右脚后缩，与左脚交叉，两踝关节重叠，两脚尖着地。

（4）屈直式：右脚前伸，左小腿屈回，大腿靠紧，两脚前脚掌着地，并在一条直线上。

（5）后点式：两小腿后屈，脚尖着地，双膝并拢。

（6）侧点式。

（7）侧挂式。
（8）重叠式。
2. 男士的六种良好坐姿：
（1）标准式：上身正直上挺，双肩平正，两手放在两腿或扶手上，双膝并拢，小腿垂直地落在地面，两脚自然分开45°。
（2）前伸式：在标准式的基础上，两脚前伸一脚的长度，左脚向前半脚，脚尖不要翘起。
（3）前交叉式：小腿前伸，两脚踝部交叉。
（4）屈直式：左小腿回屈，前脚掌着地，右脚前伸，双膝并拢。
（5）斜身交叉式：两小腿交叉向左斜出，上体向右倾，右肘放在扶手上，左手扶把手。
（6）重叠式：右腿叠在左腿膝上部，右小腿内收，贴向左腿，脚尖自然地向下垂。
3. 坐姿注意事项：
（1）入座轻缓，起座稳重。
（2）女士落座双膝必须并拢，双手自然弯曲放在膝盖和大腿上。
（3）不要坐满椅子。
（4）切忌脚尖朝天。
（5）切忌在座位上前俯后仰、东倒西歪。
（6）不可摇腿、抖脚。
（7）忌双脚直伸出去。
（8）忌以手触摸脚部。
（9）忌以脚自脱鞋袜。
（10）忌脚放上桌椅。
（11）忌手置于桌下。双手应在身侧，有桌时置于其上。

小提示

（1）引导客户入座用手指示座位，并为客户扶住座椅（遵循女士优先、长者优先的原则）。
（2）入座动作应自然大方，温文尔雅。
（3）入座后下半身前部与桌子保持一个拳头左右的距离，坐满椅子的2/3，不要只坐一个边或深陷椅中，不要完全倚靠椅背。
（4）双手不要叉腰或交叉在胸前，腿脚不要不停地晃动。
（5）不要摆弄手中的茶杯或将手中的物品不停地晃动。

4. 蹲姿礼仪

在日常生活中，人们对掉在地上的东西，一般是习惯弯腰或蹲下将其捡起，而身为业务接待，对掉在地上的东西，也像普通人一样采用一般随意弯腰蹲下捡起的姿势是不合适的。

（1）下蹲拾物时，应自然、得体、大方，不遮遮掩掩。
（2）下蹲时，两腿合力支撑身体，避免滑倒。

（3）下蹲时，应使头、胸、膝关节在一个角度上，使蹲姿优美。

（4）女士无论采用哪种蹲姿，都要将腿靠紧，臀部向下。

下蹲三要点：迅速、美观、大方。若用右手捡东西，可以先走到东西的左边，右脚向后退半步后再蹲下来。脊背保持挺直，臀部一定要蹲下来，避免弯腰翘臀的姿势。

知识链接

蹲姿实例

（1）交叉式蹲姿

在实际生活中常常会用到蹲姿，如集体合影前排需要蹲下时，女士可采用交叉式蹲姿，下蹲时右脚在前，左脚在后，右小腿垂直于地面，全脚着地。左膝由后面伸向右侧，左脚跟抬起，脚掌着地。两腿靠紧，合力支撑身体。臀部向下，上身稍前倾（图 2-9）。

（2）高低式蹲姿

下蹲时右脚在前，左脚稍后，两腿靠紧向下蹲。右脚全脚着地，小腿基本垂直于地面，左脚脚跟提起，脚掌着地。左膝低于右膝，左膝内侧靠于右（图 2-10）。

图 2-9　交叉式蹲姿

图 2-10　高低式蹲姿

女士和男士差异：

女士：女士下蹲时，右脚在前，左脚稍后，两腿靠紧，向下蹲。因为女士多穿裙子，所以两腿要靠紧。穿旗袍或短裙时需更加留意，以免尴尬。

男士：下蹲时无论采取哪种蹲姿，都应掌握好身体的重心避免在客人面前滑倒的尴尬场面出现。

蹲姿禁忌（图 2-11）：

（1）弯腰捡拾物品时，两腿叉开，臀部向后撅起，是不雅观的姿态。两腿展开平衡下蹲，其姿态也不优雅。

（2）下蹲时注意内衣“不可以露，不可以透”。

图 2-11 蹲姿禁忌

（三）微笑

人与人相识，第一印象往往是在前几秒钟形成的，而要改变它，却需付出很长时间的努力。良好的第一印象来源于人的仪表谈吐，但更重要的是取决于他的表情。微笑则是表情中最能赋予人好感、增加友善和沟通、愉悦心情的表现方式。一个对你微笑的人，必能体现出他的热情、修养和他的魅力，从而得到人的信任和尊重。那么，大家在日常的生活、工作中是否能面带微笑呢？

1. 掌握微笑的要领

主要特征：面含笑意，但笑容不甚显著（图 2-12）。

基本方法：先放松自己的面部肌肉，然后使自己的嘴角微微向上翘起，让嘴唇略呈弧形。最后在不牵动鼻子、不发出笑声、不露出牙齿尤其是牙根的前提下，微微地一笑。

图 2-12 微笑

chapter 01
chapter 02
chapter 03
chapter 04
chapter 05
chapter 06
chapter 07

2. 微笑必须发自内心

调整心态：观察自己笑的表现形式，注意进行心理调整，想象对方是自己的兄弟姐妹或多年不见的朋友。

注意整体配合："眉开眼笑"，即目光柔和发亮，双眼略为睁大，眉头自然舒展，眉毛微微向上扬起。

力求表里如一：渗透着一定情感的微笑，才真正具有感染力。"笑中有情，以笑传情"。

三、电话礼仪

（一）常说"请""谢谢"和"对不起"等礼仪常用语

一般生活中我们常常忽视简单的礼仪用语，如"请""谢谢""对不起"等。

这些简单的用语，不一定在大的场合才可使用。在客户休息室，服务人员帮客户倒杯水，客户也可能对你说"谢谢你"。如果客户因你的服务而答谢你时，你应如何回答呢？

范例：

（1）客户："谢谢你"，服务人员："不客气"。

（2）客户："谢谢你"，服务人员："这是我们应该做的事"。

（3）客户："对不起"，服务人员："您不要客气"。

（4）客户："请先走"，服务人员："不，您先请"。

（二）打电话

（1）打电话前应事先准备笔和纸，切勿打电话中要求对方等待，才开始寻找笔和纸，这是非常不礼貌的。

（2）通话后首先问候并自我介绍（自己的名字，自己的公司以及想要寻找的人）。

用语："您好，我是 ××× 售后服务部，我是 ×××，请转接 ××× 部门，××× 先生。"

（3）如果欲寻找的对方接听电话后，先自我介绍，并说明来意。

用语："××× 先生，您好，我是 ××× 店售后服务部，我是服务顾问 ×××，我来向你报告有关您车子保养的状况，不知您是否有 5 分钟时间让我来说明？"

（4）如果欲寻找的对象不在，可留下自己的相关信息，包括姓名、公司名称和联络电话号码。

用语："请问您能帮忙留言吗？我的姓名是 ×××，××× 店售后服务部，联络电话是 ×××。"

（5）打电话最容易犯的错误，就是未通报自己让对方不了解来意，浪费了许多时间询问你的信息。

（三）接电话

接听电话首先应清楚报上姓名及公司名，让对方马上识别，不要花费许多时间在"喂……喂……喂"上。

用语："××× 店售后服务部，您好，我是服务顾问 ×××"，客户希望与一个真实的人在进行交谈，而非无名氏，最好的方法是通报全名：姓与名。

电话用语应文明、礼貌，态度应热情、谦和、诚恳，语调应平和，音量要适中。

接听电话最不礼貌的行为就是未通报公司名称及姓名，就质问客人"你是谁……你找谁……找他干什么"。

对方如果打错电话，应婉转地说"对不起，您打错电话了"，"对不起，我们公司没这人，请再确认"，待对方确信打错电话才挂断电话。

（四）转接电话

（1）如果对方请你代传电话，应弄明白对方是谁，要找什么人，以便与接话人联系。

用语："请问哪里找"，"请问哪一位"。

（2）确认转接后，请告知对方"稍等片刻"，并迅速找人。如果不放下听筒呼喊距离较远的人，可用手轻捂话筒或保留按钮，然后再呼喊接话人。

用语："马上为您转接，请稍候。"

（3）转接电话，必须确认电话完成转接无误。如果转接一段时间后，指定接话人仍无法应答电话，应立即重复接听，并询问对方是否继续等待。

用语："×× 先生，对不起，××× 可能不在或在忙，是否由我为您服务。"

（五）电话留言

（1）客户来电所寻找的同事不在，务必请客户留下信息。

（2）有的客户，可能职位较高，如果你未要求他留言，他可能会认为你的公司非常没有礼仪。

（3）可以使用下列话术，来替代服务或取得留言。

"对不起，××× 他现在不在，我是服务顾问 ×××，请问可以让我来服务吗？"

"对不起，××× 他目前在开会，是否可以留言，我会转告他。"

"请问您的大名，您的公司名称，您的电话，何时回电较妥？"

（4）将电话摆放在办公桌上以利回电。

（六）打电话注意事项

（1）保持微笑，微笑会影响你说话的语调，让说话气氛变得温馨从而传染给客户。

（2）让客户感到舒适、轻松，没有压迫感。

（3）如果无意间打喷嚏或咳嗽，赶快跟客户说"对不起"。

（4）切勿在打电话时一边吃零食、抽烟或嚼口香糖，这是非常不礼貌的。

四、握手礼仪

握手礼仪（图 2-13）是日常交往中的一般礼节，多用于见面时的问候和致意，也多用于告别时的致谢和祝愿，是世界各国通行的礼节。

握手可以传递出许多信息。在短暂的握手一刻，可以传达出热情的问候、真诚的祝福和由衷的感谢，也可以表达出虚情假意、敷衍应付、冷漠与轻视。

chapter 01
chapter 02
chapter 03
chapter 04
chapter 05
chapter 06
chapter 07

图 2-13　握手礼仪

（一）握手的顺序

长辈与晚辈之间，长辈伸出手后，晚辈才能伸手相握；男女之间，女士伸出手后，男士才能伸手相握；上下级之间，上级伸手后，下级才能伸手相握。

在正式商务社交场合，握手时伸手的先后顺序主要取决于职位、身份。在休闲社交场合则主要取决于年龄、性别、婚否。

总的来说遵循以下的原则：

（1）职位、身份高者与职位、身份低者握手，应由职位、身份高者首先伸出手来。

（2）女士与男士握手，应由女士首先伸出手来。

（3）已婚者与未婚者握手，应由已婚者首先伸出手来。

（4）年长者与年幼者握手，应由年长者首先伸出手来。

（5）长辈与晚辈握手，应由长辈首先伸出手来。

（6）社交场合的先至者与后来者握手，应由先至者首先伸出手来。

（7）主人应先伸出手来，与到访的客人相握。

（8）客人告辞时，应首先伸出手来与主人相握。

（二）握手的力度

稍紧表示热情，但是不可太用力，也不可太轻。正确的做法是不轻不重地用手掌和手指全部握住对方的手，然后微微向下晃动。

男士与女士握手时，往往只握一下女士的手指部分或者轻轻地贴一下；女士与男士握手时，只需轻轻伸出手掌即可。

（三）握手的时间

握手的时间通常是 3~5 秒钟。匆匆握一下就松手，是在敷衍；长久地握着不放，又未免让人尴尬。

（四）握手禁忌

（1）不按顺序，争先恐后。

（2）男士戴手套（社交场合女士可戴薄手套）。

（3）戴墨镜（有眼疾病或眼有缺陷者除外）。

（4）用左手或用双手与异性握手。

（5）交叉握手（与西方人握手视为十字架，不敬）。

（6）拉来、推去或上下左右抖个不停。

（7）长篇大论、点头哈腰、过度客套。

（8）只握指尖或只递指尖（女士除外）。

（9）三心二意、面无表情、目光游移或旁观。

（10）不平等握手（一般应每个人都握到）。

五、名片礼仪

（一）名片的用途

名片礼仪（图 2-14）在社交中至关重要，通常有如下用途。

（1）宣传自己：一张小小的名片上记录了持有者的姓名、职业、工作单位、联络方式（电话、手机、E-mail）等，是让别人了解持有者的媒介。

（2）宣传企业：名片除标注个人信息资料外，还标注了企业资料，如：企业的名称、地址及企业的业务领域等。把具有 CI 形象规划的企业名牌纳入办公用品策划中，这种类型的名片企业信息最为重要、个人信息是次要的。在名片中要有企业的标志、标准色、标准字等，使其成为企业整体形象的一部分。

（3）信息时代的联系卡：在数字化信息时代，每个人的生活、工作、学习都离不开各种类型的信息，名片以其特有的形式传递企业、人及业务等信息，很大程度上方便了我们的生活。

图 2-14　名片礼仪

（二）名片的放置

一般来说，把自己的名片放于容易拿出的地方，不要将它与杂物混在一起，以免用时手忙脚乱，甚至拿不出来；若穿西装，宜将名片置于左上方口袋；若有手提包，可放于包内伸手可得的部位。不要把名片放在皮夹、工作证，甚至裤袋内，这是一种很失礼的行为。另外，不要把别人的名片与自己的名片放在一起，否则，一旦慌乱中误将他人的名片当作自己的名片送给对方是非常糟糕的。

（三）名片的递送

名片的使用范围很广，使用场合也很多。在商务交际中、初次会面时、自我介绍或分别时可以递上名片；对方询问你的姓名、地址时可以递上名片；发表意见或讲话之前可以分发名片，以帮助他人认识自己。但切忌在用餐、运动、娱乐时发名片，因为此时进行的是非商业性的活动。另外，递送名片要建立在双方均有结识意愿并想保持联系的前提下，如果在对方并没有意愿的情况下递送名片，则有故意炫耀之嫌。在与多人互换名片时，必须看清名片上是否是自己的姓名，切勿弄错。递交名片时应起身站立，名片举至胸前，上身前倾 15° 左右，注视对方，面带微笑，以双手（有些国家用右手，但切不可用左手）拇指和食指执名片两角递给对方；名片正面朝上，文字方向是对方能顺着读出内容的方向；递出名片的同时顺带说一句："我叫 ×××，这是我的名片""我的名片，请您收下""请多多关照"之类的客气话。此外，自己的名字中如有生僻字或特别读法的字，在递送名片时不妨加以说明，也顺便把自己"推销"一番，使人有亲切感。递出名片后要给对方留足读名片的时间，之后再问对方："我能拥有一张您的名片吗？"

与多人交换名片应讲究先后次序，或由近而远，或由尊而卑，一定要依次进行，切忌挑三拣四和"跳跃式"，以免引起误解。

（四）名片的接受和索要

1. 名片的接受

名片代表主人，所以应该像其主人一样得到尊重。当他人表示要递名片给你或和你交换名片时，应立即停止手中所做的事情，起身站立或欠身，面含微笑，目视对方，用双手的拇指和食指接住名片下方两角，并说"谢谢"之类的客气话。接受名片后应认真阅读用半分钟左右的时间从头至尾认真默读一遍。遇有显示对方荣耀的职务、头衔时可轻轻读出声，以示敬仰。若遇到不会读的字，可当场请教对方。在阅读名片时最好依此程序：看名片一看对方一再看名片，把名片与人对应起来，表示对对方的重视和尊重。名片阅读后，切勿将其随意放置，尤其不能装进裤袋或拿在手中摆弄。如果交换名片后需要坐下来交谈，先将名片放在桌上最显眼的位置，十分钟左右再自然地收好。切忌用物品压住名片；不要当着对方的面在名片上做谈话笔记，这些都是很失礼的做法。接受他人的名片后，一般应当即刻回送对方一张自己的名片，但应先收好对方的名片，不要一来一往同时进行。若对方递出了名片，而自己没有名片或没带名片，应当先向对方表示歉意，再如实说明原因。

2. 名片的索要

交易法。这是一种很常见的方法。先把自己的名片递给对方，并说："× 先生，这是我的名片。"根据礼节上"有来有往"的原则，对方也会回递。

谦恭法。当自己与对方之间的地位有落差时，可以用激将法，但是一定要注意说话的语气，做到委婉、谦虚。比如可以说："尊敬的 × 先生，很高兴认识您，不知是否有幸跟您交换一下名片？"出于礼貌，对方一般会递送名片。

联络法。就是以保持联络为由向对方索要名片，比如可以说："认识您很高兴，不知道怎么跟您联系比较方便？"对方明白用意，自然会递送名片。

（五）交换名片应注意的地方

（1）与西方、中东、印度等外国人交换名片只用右手就可以了，与日本人交换用双手。

（2）当对方递给你名片之后，如果自己没有名片或没带名片，应当对对方表示歉意，再如实说明理由。如"很抱歉，我没有名片""对不起，今天我带的名片用完了，过几天我会亲自寄一张给您的"。

（3）向他人索要名片最好不要直来直去，可委婉索要。

① 积极进取。可主动提议："× 先生，我们交换一下名片吧"，而不是只要别人的。

② 投石问路。即先将自己的名片递给对方，以求得其予以"呼应"。

③ 虚心请教。比如说："今后怎样向您求教"，以暗示对方拿出自己的名片来交换。

④ 呼吁合作。可以说："以后如何与您联系？"这也是要对方留下名片。

（4）如对方向你索要名片，你倘若实在不想满足对方的要求，也不应直言相告，为让对方不失面子，你可以表达得委婉一点。通常可以这样说："对不起，我忘了带名片"，或是"不好意思，我的名片刚刚用完了"。

（六）使用名片的禁忌

（1）不要将名片当作传单随意乱发。

（2）不要随意地将他人给你的名片塞在口袋里或丢在包里。

如果暂时放在桌上，切忌在名片上放其他物品，也不要漫不经心地放置在一边，更不要忘记带走。

（3）不要随意摆弄他人的名片。

拓展实训 1：训练售后服务核心流程

实训目的

1. 掌握售后服务核心流程的工作内容；
2. 熟练掌握预约服务流程及工作内容，熟练运用关键步骤与技巧；
3. 熟练掌握接待服务流程及工作内容，熟练运用关键步骤与技巧。

实训内容

1. 熟练表述汽车售后服务核心流程的工作内容；

2. 训练预约服务流程，按照电话预约与网络预约，两人一组，分别扮演服务顾问与客户，按照预约关键步骤和技巧，进行预约，并填写预约登记表；

3. 训练接待服务流程，两人一组，分别扮演服务顾问与客户，按照接待关键步骤

chapter 01
chapter 02
chapter 03
chapter 04
chapter 05
chapter 06
chapter 07

和技巧，进行业务接待，业务完成后模拟送别客户的场景。

实训结果

总结分析

教师评分

拓展实训 2：服务礼仪

实训目的

1. 了解日常服务工作中仪容仪表知识，并注重个人仪容仪表；
2. 掌握电话礼仪，合理利用标准话术；
3. 掌握握手礼仪；
4. 掌握名片礼仪。

实训内容

1. 注重仪容仪表，分别从发型、手部、面容、着装方面进行训练，要求能够准确描述仪容仪表的注意事项；

2. 训练电话礼仪，两人一组，模拟对话，分别扮演接打电话角色，并注意利用标准话术；

3. 握手礼仪，两人一组互相训练，并注意相应的握手礼仪；

4. 名片礼仪，两人一组或多人一组，分别扮演不同场合不同角色，训练送接名片礼仪，注意相关礼仪的运用。

实训结果

总结分析

教师评分

教学检测

选择题

1. 下列属于接待流程工作内容的有哪些？（　　）
   A. 等候客户　　B. 迎接客户
   C. 电话预约客户　　D. 服务顾问问诊制单
2. 合适的握手时间通常是（　　）
   A. 3~5 秒　　B. 5~8 秒　　C. 8~10 秒　　D. 10 秒以上
3. 接待人员准备有（　　）
   A. 仪容整洁　　B. 举止优雅　　C. 恪守职责　　D. ABC

简答题

1. 简述服务接待人员的工作职责。
2. 简述售后服务核心流程的工作内容。
3. 作为一名服务顾问，你怎样看待预约服务和接待服务？

4. 优质服务的准则有哪些？

5. 女士在着装时的具体要求有哪些？

6. 蹲姿一般分为几种？分别是什么？

7. 如果你是一名客户，请说明在业务接待上，你需要怎样的服务？

案例分析题

1. 某公司的毛先生是杭州某 4S 店的客户，他经常为公司到杭州买车，并且每次光顾都会提出一些意见和建议。可以说，毛先生是一位既忠实友好又苛刻挑剔的客人。

某天早晨 7 点半，再次来杭州的毛先生打电话到该 4S 店，询问该 4S 店服务经理王总在不在。总机李小姐接到电话后，请毛先生“稍等”，然后在电脑上进行查询。查到王总住在公司休息室，而且并未要求电话免打扰服务，便对毛先生说“我帮您转过去”，说完就把电话转到了休息室。此时休息室里的王总因昨晚旅途劳累还在休息，接到电话就抱怨客户毛先生不该这么早吵醒他，并为此很生气。

问题：总机李小姐的做法是否妥当？

2. 王先生来洗车，下车后，美容工小刘请他到客户休息室。王先生说，我站在这里等一会儿就可以了，洗完后，把钱直接交给小刘，要小刘帮他取车钥匙。

问题：根据我们的工作流程，如果是你，你会怎样操作？

学习情境三

技术与质量管理

情境导入

近年来，各类新闻大量报道了关于某家 4S 店保养维修存在的诸多问题，成都车界也给予了积极的回应。不少车商表示，好口碑是 4S 店生存发展的必备条件，如果哪一家 4S 店不重视维修质量，等待它的只有关门这条路。抓好维修质量并控制维修价格，是维护成都汽车 4S 店尊严的唯一途径。

建国汽车：保证维修质量合格、价格透明

建国汽车非常重视维修质量、维修速度以及员工服务态度。建国汽车相关负责人表示，为了抓维修质量，集团专门将原来隶属于 4S 店售后管理的质检员岗位独立出来，成立集团质检部，由质检部派人驻点对每家 4S 店的维修质量进行监督、检查。这样，质检员不归站上管理后，他才会毫无顾忌地开展质检工作，哪怕客户认可了的质量，只要质检认为不合格都不予出厂；如果因此延误了交车，客户提出赔钱公司都认，但就是不能把质检不合格的车辆放出去。

如何保证维修价格的透明度？这位负责人表示，对于每家 4S 店，厂商配件、工时费都是全国统一价，除了个别特殊地区，允许工时费部分上调；而且厂商要求每家店常用配件及工时价格都是必须向客户公示的，禁止乱收费。“现在都讲诚信，如果客户到你那里收费高，到另一家收费低，服务、维修质量都一样，你说客户流失不流失？客户流失了，4S 店还会有生存空间吗？”

申蓉汽车：严控高维修费用车辆产生

首先，申蓉汽车严格控制高维修费用车辆的产生，对于超出控制标准的，维修小组不能自行决定，必须通过技术总监确定。在维修时，调度在接到服务顾问传递的委托书时，首先要确定维修项目、客户对本次维修的特殊需求等 5 项内容。调度确认后，根据维修项目及维修班组的实际维修工作量和维修技术能级快速分派车辆进行维修作业。维修过程中，若维修车辆有增添的检修或更换项目，调度应严格根据各维修车型对应的单车费用标准对补充单内容进行审核。对于重点故障解决、维修单项配件更换价格偏高（2000 元）、保修期内索赔换件确认项目由车间技术总监进行审核确认。这样就防止了多余费用的产生。

申蓉汽车还完善了的内部质检流程，保证出厂返修率低于千分之二。车间维修技师完工后必须按照严格的自检流程进行自检。自检完成后，还要接受小组组长质量总检，自检、组长签字盖章确认后方可交车进行终检。如果终检时发现车辆存在问题，车间维修技师和小组长都将受到企业内部处罚。而一旦车辆出现返修的情况，车间的维修技师和小组长以及终检人员就会受到更严厉的处罚。

学习导航

维修质量是客户对汽车售后服务最核心、最根本、最基础的需求，只有高质量地完成维修作业，才能提高客户的满意度。维修质量也是售后服务中心最根本的职能。维修质量不能保证，无论售后服务中心的其他表现有多好，都无法获取客户的信任。案例中的两家汽车公司，非常重视汽车的维修质量，严格控制维修费用，严把质量关。车辆维修完成后，必须通过内部质检的检测，包括自检与互检，巡检和终检，并设定严格的负责机制，只有符合维修质量标准的车辆才能交付到客户手里，使客户的满意变为可能。

学习单元一：维修质量管理概述

知识目标

1. 了解质量控制理念及影响维修质量的因素；
2. 了解全面质量管理的含义及工作程序；
3. 掌握维修质量控制的基本要求及工作流程。

技能目标

1. 培养质量控制理念，提高客户的满意度；
2. 熟练掌握维修质量检验的工作流程，并具备制订标准工作流程的能力。

基础知识

一、质量控制理念

维修质量是客户对汽车售后服务最核心、最根本、最基础的需求，只有高质量地完成维修作业，才能使客户满意变为可能。维修质量也是售后服务中心最根本的职能，维修质量不能保证，无论售后服务中心的其他表现有多好，都无法获取客户的信任。客户对售后服务中心失去信任，则意味着他将选择其他的渠道进行维修保养，或者重购车时将选择其他品牌，这不单单是失去一名客户，汽车品牌也会受到影响。

汽车售后服务越来越成为赢得市场，吸引客户的主要竞争力之一。研究发现，100 个满意的客户会带来 25 个新客户；企业每收到 1 次客户投诉则意味着有 20 个客户有同感；企业获得 1 个新客户的成本是保持 1 个满意客户成本的 5 倍。因此，为了提高客户满意度，保持老客户，主机厂和售后服务中心争取更高的维修质量就非常重要。而主要承担售后服务工作的售后服务中心更应该以提高维修质量为己任，使每次维修都能得到客户的认可，从而带来更多的客源。

影响维修质量的因素较多，主要可以分为技术因素、管理因素、经济因素和外部环境因素。

1. 技术因素分析

影响汽车维修质量的技术因素有以下几点：

（1）配件因素。配件因素是指用于车辆维修或更换的配件以及其他材料的品种、规格、形状等能否满足维修需要。配件因素是汽车维修工作按步骤展开的辅助条件，也是保障汽车维修质量的重要前提。

（2）设备因素。设备因素是指维修机具设备的数量、品种、规格及先进程度，还包括机具设备的精度和维护保养情况等。维修设备是维修工作的基础，也是保证维修质量不断提高的前提。

（3）维修技术水平。维修人员的技术水平对汽车维修质量的影响较大，虽然由于汽车技术的进步使得许多维修工作是以换代修，但还是存在对故障判断正误的以及换配件的操作人员技术水平高低的问题，因此，作业人员的专业素质水平直接影响着车辆的维修质量。

2. 管理因素分析

影响汽车维修质量的管理因素有两个层面：

（1）政府行政管理层面。市场规则是由行政管理机构按照行业运行的客观要求制定的，其目的是为了防止市场失灵，促进行业有序发展。因此，行业管理机构监督和完善市场规则是提高汽车维修质量管理的重要保证。目前，汽车维修市场已经形成了一个多种经济成分并存，多渠道、多形式、多层次的相对独立的行业。但是由于企业隶属关系复杂，管理模式多样化，如果行业管理部门不加强质量监督，工商、质检、运管等各个管理部门不加强沟通协作，势必会造成行政管理滞后、市场秩序混乱，使行业发展目标难以实现。

（2）企业管理层面。企业管理方面的因素主要包括有关维修质量管理制度的落实、质量管理机构的建设、人员的管理等。任何一项因素发生了变化均会影响企业的质量管理水平。维修制度的完善及落实会直接影响到维修服务过程的质量；组织机构设置合理与否会直接影响到生产经营。维修人员是整个维修过程中的主观因素，对维修质量的影响非同一般。提高维修人员的专业技能和质量意识，对提升维修质量有着巨大的推动作用。

3. 经济因素分析

经济因素主要是指汽修市场的供求关系和企业布局对汽车维修服务质量的影响。据调查表明，二类以上汽车维修企业大部分集中在大中城市，三类维修企业一般处在小城镇或城市的偏远地区，企业开厂设点布局的不均衡致使部分地区汽车维修市场供求关系失调。因此，有的汽修企业由于业务量过大，超过其负担能力，使得维修质量管理制度和措施落不到实处。而一些汽修企业生产任务不足，经济效益滑坡，因此铤而走险，采取违规经营的手段获取利润。

知识链接

根据我国交通运输部2010年道路运输统计资料汇编统计，2010年末我国汽车维修经营业户数量达到了319759户，其中一类维修经营业户为11727户，二类维修经营业户达到了57642户，三类维修经营业户增长到了250390户。可以看出，我国维修经营业户以三类企业为主，占到了企业总数的78%，即中小型维修企业占据着我国绝大多数汽车维修市场。

4. 外部环境因素分析

外部环境的变化主要涉及以下几方面问题：

（1）市场规范性。一方面，一些有实力的汽车生产企业在国内建立了4S店或生产车型的定点修理网点，从而带动了汽车维修行业整体水平的提高；另一方面，市场上还有不少设备简陋、仅靠简单工具和经验从事汽车维修业务的汽车维修企业。4S店或大型维修企业由于其按照政府相关部门要求进行规范经营，但在经营过程中受一些维修企业违法经营的影响，可能致使合法经营的企业利润下降，造成市场秩序混乱。

（2）行业的管理信息化水平。从维修企业质量管理方面来讲，维修企业内部通过采用计算机管理系统，并在业务部、零件部、财务部、市场部、车间等所属各部门之间建立局域网进行联网操作，来提高效率，减少作业环节之间的等待问题。从行业管理方面来讲，行业管理部门通过建立与维修企业联系的信息化平台，来实时掌握全行业生产经营、企业维修质量和服务动态等情况，以此来监督和引导企业规范经营行为。此外，行业管理部门还可以利用互联网网站对外宣传有关管理规定和标准，在条件允许的情况下构建配件追溯平台，解决行业质量管理中信息不对称的问题，减少维修质量纠纷。

小提示

同学们在理解以上影响维修质量的因素的同时，重点理解技术方面的因素。

图3-1是某汽车修理厂实际维修过程的影响因素。

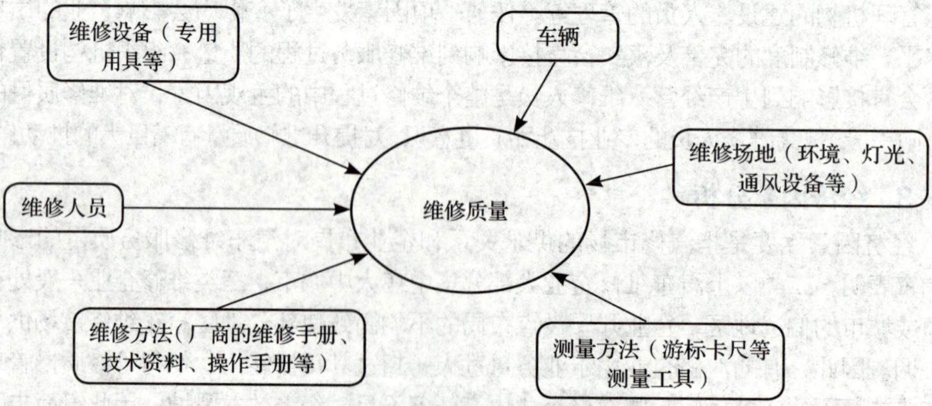

图3-1 影响维修质量的因素

二、全面质量管理

在长期的质量管理实践中，人们探索、总结出许多质量管理的科学理论和方法。全面质量管理就是科学的、先进的质量管理方法之一，长期以来在世界和我国各类企业中得到广泛的应用。

（一）全面质量管理的含义

全面质量管理就是指企业以提高产品（或服务）的质量为目的，组织企业的所有部门、全体员工共同参与，从产品设计、生产制造到产品售后服务的全过程，对影响产品质量的专业技术、生产条件、经营业务、工作流程以至员工的思想与技术素质等各个方面的因素，进行系统地、全面地管理。

全面质量管理的核心是管理的全员性、全过程性和全方位性，即“三全管理”。

（1）全员管理，就是企业全体员工都参与质量管理。

（2）全过程管理，就是从产品设计、生产制造到产品售后服务的全过程都进行质量控制。

（3）全方位管理，就是对影响产品质量的方方面面的因素进行全方位的管理。

全面质量管理的基本特点是从过去的事后检验、把关为主，转变为以预防、改进为主；从管结果变为管因素，把影响质量的各种因素查出来，发动全员，针对主要矛盾，依靠科学的管理程序和方法，使生产经营的全过程处于受控状态。全面质量管理既注重对机械、材料、方法和环境等工程质量因素的管理，同时也更注重对人的工作质量的管理。

全面质量管理要求建立健全完善的质量保证体系，通过一定的组织机构、规章制度、工作程序，把质量管理活动系统化、标准化、制度化。

（二）全面质量管理的工作程序

全面质量管理强调科学的管理工作程序，通过计划（Plan）、执行（Do）、检查（Check）、处理（Action）循环式的工作方式，即PDCA工作循环，分阶段、按步骤开展质量管理活动，促进质量管理水平循环不断地提高。

PDCA工作循环包括四个阶段，共分为八个工作步骤。

1. 计划阶段（P），分为四个步骤

第一步，分析质量现状，找出质量问题。

第二步，分析产生质量问题的原因。

第三步，从各种原因中找出影响质量的关键原因。

第四步，制订工作计划和措施。

2. 执行阶段（D），一个步骤

第五步，执行计划，落实措施。

3. 检查阶段（C），一个步骤

第六步，检查计划执行的情况和措施实施的效果。

4. 处理阶段（A），分为两个步骤

第七步，把有效措施纳入各种标准或规程中加以巩固，无效措施下再实施；

第八步，将遗留问题转入下一个循环继续处理。

课堂讨论

思考并讨论PDCA工作循环怎样应用在汽车维修质量管理中，分阶段进行说明。

知识链接

PDCA工作循环的特点是：

1. 每一个阶段本身也是按PDCA方式运转并循环的，即所谓大循环套小循环。

2. 整个企业、各个科室、车间、班组和个人都有自己的PDCA工作循环，并且相互协调，相互促进。

3. 工作循环的四个阶段之间是紧密衔接的，不能间断。

4. 工作循环的四个阶段是周而复始的，不能停顿。

5. 每一个循环结束后，下一轮循环又在更高的水平上进行，即每转动一圈就上升一步，就实现一个新的目标。如此反复不断地循环，质量问题不断得到解决，管理水平、工作质量和产品质量就得到步步提高。

三、维修质量控制的基本要求及工作流程

（一）维修质量控制的基本要求

（1）所有入站维修保养的车辆。都要实施二级检验制度（维修工人的自检、维修班组长的检验、总检人员的终检）。

（2）终检时按照“委托书”“定期保养检查项目表”，进行检查每一项维修项目；每一个完工的维修项目都要完成客户的要求及符合维修技术要求。

（3）将终检的结果记录在“委托书”“定期保养检查项目表”上并签字。

（4）若检查完工的维修项目不符合维修技术标准，则必须返工。

（5）所有最终质量检查报告单的返工记录，必须向服务经理汇报。

（二）维修质量检验的工作流程

维修质量检验的工作流程如图3-2所示。

（三）检验的基本内容

1. 自检／互检

（1）对车辆进行维修、保养操作过程中，同班组维修技师之间互相检查、提醒、指导督促。

① 操作结束之后，维修技师自检。

② 检查更换上去的零部件是否有效。

③ 检查更换下来的零部件是否确实损坏。

④ 反思更换下来的零部件损坏是否会导致该故障。

（2）自检之后，维修技师之间互检。

① 检查该故障是否再现。

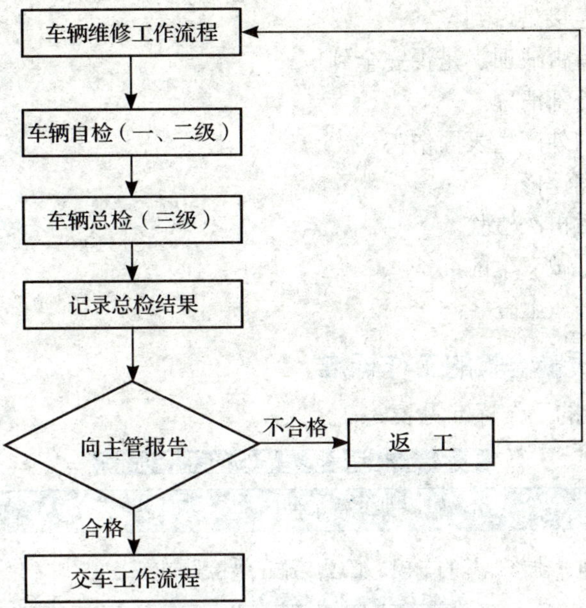

图 3-2 维修质量检验的工作流程

② 检查被拆装部位接口是否完好。

③ 检查被拆装线路连接是否完好。

④ 检查被拆装部件的力矩（车轮、发动机、转向机、悬置等）是否准确。

（3）发现还存在没有完全解决的问题则需再检修。

2. 巡检

（1）技术总监在车间巡视，观察各维修班组的工作表现。

（2）每日定量间隔抽查 10~30 台在修车辆，重点是互检异常较多和较少的班组所作业的车辆。

（3）对疑难故障，重点询问维修技师的诊断，理清思路。

（4）对一般故障或简单拆装，重点询问维修技师相关拆装参数及方法。

（5）使用关键仪器时，重点观察维修技师的操作正确性。

（6）在维修技师不清楚时给予指导、纠正。

3. 终检

（1）维修技师维修、保养车辆完工后。将车辆交质量检验员检验，层面有三：

① 粗检：对所竣工车辆进行故障的粗略检查和内外部清洁的检查。

② 抽检：每日定量抽取 5~10 辆保养车辆和维修项目较多的车辆进行全面检验，对《机动车维修管理规定》要求的二级维护、总成修理、整车修理的竣工质量检验。

③ 全检：对所有安全部位、总成零部件发生故障的车辆进行相关故障的检验。

（2）检验操作包括：

① 试车判断故障是否再现。

② 检查是否产生新的故障。

③ 拆装部位连接是否到位。
④ 保养操作有否缺项、是否完全到位。
⑤ 车辆的内外部清理。
⑥ 是否对车内外产生表面伤害。
⑦ 不合格则需返修。
⑧ 返修结束后再次检验。
⑨ 合格后方可做交车前准备。
⑩ 在“委托书”上签字。

（四）维修质量检验的工作标准

维修质量检验的工作标准见表 3-1。

表 3-1　维修质量检验的工作标准

操作步骤	服务内容和标准	管理工具	责任人
车辆检验制度（三级检验）	对所有进站维修保养的车辆，必须实施三级检验制度		质检员 维修技师
	总检：按照“委托书”及“定期保养检查项目表”指示的每一项维修项目，进行检查 一般维修（除钣喷以外）：“委托书” 定期保养：“委托书”及“定期保养检查项目表”	委托书 定期保养检查项目表	质检员
	检查客户要求的维修项目或故障是否完成（是否有必要进行路试）		质检员
	每一个完工的维修项目都要完成符合《维修手册》的技术要求	维修手册	质检员
记录车辆检验结果	将总检结果的内容完整无缺地记录在“委托书”及“定期保养检查项目表”上并签名	委托书 定期保养检查项目表	质检员
	检查完工的维修项目结果不符合维修技术标准，返工时应在“最终质量检查报告单”中记录返工原因及必要措施	维修手册 最终质量检查报告单	质检员
	如果维修技师填写的“委托书”及“定期保养检查项目表”的内容不完全，则要求补充完全	委托书 定期保养检查项目表	质检员
向车间主管报告	将总检结束的竣工车辆“委托书”及“定期保养检查项目表”向车间主管汇报	委托书	质检员 车间主管
	需要返工的“委托书”，应向车间主管详细汇报	委托书	车间主管
返工	由车间主管重新分配工作	委托书	车间主管
	每天发生的返工及“最终质量检查报告单”向服务经理报告	最终质量检查报告单	服务经理

（五）一次修复率

1. 一次修复业务流程

① 接车（记录工单时应忠实于客户描述的原意）。

② 诊断（明确判断故障后，进行维修）。

③ 维修（作业时，技术人员应在完全了解车辆故障原因的基础上，严格按《维修手册》进行维修，无工单的车辆一律不准进入车间）。

④ 质检（维修完成后，严格执行三级质检工作）。

⑤ 返工（发现故障未解决或未达到质量要求）。

⑥ 返修（车辆出车间后，如再次发生故障，查阅上次维修记录，确认是否为返修项目）。

（1）接车。

① 必须充分记录客户关心的问题重点与要求。

② 接车时业务接待员应详细询问客户车辆故障发生时的现象、发生频率及条件等重要信息，并做好相应记录。

（2）诊断。

① 业务接待员应陪同客户进行检查，分析故障原因，制订维修方案。

② 业务接待员应有条件查阅维修档案、维修通信，以便尽可能准确制订维修方案和预估修理工时。

③ 对新问题、疑难杂症或暂时难以准确判断的故障应予以记录，并及时反馈，申请技术支持。

（3）维修施工前。

① 无派工单的车辆一律不准进入车间。

② 维修工人应在维修前完全了解车辆故障信息（故障内容、故障发生的条件、维修方案等）。

③ 维修工人应在确认备件仓库有相应配件，专用工具和诊断检验设备完好的前提下实施诊断维修作业。

（4）维修施工中。

① 维修工人需严格按照维修手册的要求来完成维修。

② 维修工人应重视修理的质量，必须采用上下道工序互检的方式。树立质量第一的思想，争取在第一时间内将客户的车修好。

③ 如有多工种维修，在本人负责项目结束后，完成上下道工序的交接。

④ 在维修过程中发现维修方案有偏差或有其他故障隐患，应及时与车间主管联系，以便及时纠正方案以及对未被发现的故障隐患进行及时的修理。

⑤ 在完成每一步维修作业后，须对该维修结果进行功能检查。

⑥ 完成维修后，必须将更换下的零件按原始状态保存，以便技术经理分析故障原因。

（5）质检。

① 应严格按三级质检流程进行质量检验。

② 对疑难杂症较多的车辆及一次未能修复的车辆，除了按照正常的质检规范进行外，车间主管还应组织技术骨干对车辆进行最终检验。

（6）返工。

① 对于在质检中发现问题的车辆，质检人员应填写“返工处理表”（标明返工车辆），随同原始派工单退回维修工人进行返工，重新进行维修质检流程。

② 技术经理应针对一些维修质检中发现的疑难杂症或新问题进行故障原因分析、记录并及时反馈。

（7）返修。

① 车辆出车间后，如再次发生故障，应查阅上次维修记录，确认是否为返修项目。

② 返修车应由技术经理、车间主管重新实施故障判断，了解不良情形及原因。

③ 返修项目应开具“维修工单”（标注返修标志）和“返修车处理记录表”交车间维修，优先安排维修。

④ 检修时若有技术或质量问题无法克服，请及时反映给相应部门要求协助处理，以免造成客户重大抱怨的事情发生。

⑤ 维修完成后，“维修工单”（标注返修标志）和“返修车处理记录表”交车间主管审核后方可交车。

（8）交车。

① 返修车于交车时应由业务接待员或业务主管以上员工亲自向客户说明发生故障的原因及处理对策，向客户道歉并目送客户离厂，若情况需要，应提供送车等服务。

② 返修后的 3 天内，业务主管直接对客户进行追踪、确认。

2. 一次修复率的控制

① 对不良故障检修项目必须利用次日早会时向全体人员说明并要求切实改善。

② 车间主管和服务经理共同召集所有服务体系员工开会，讨论一次修复与准时完工的绩效、管理、技术通报、返修及改善的措施。

③ 车辆一次修复率应作为工作人员考核的重要依据，奖励维修质量优良的维修工人及服务质量优良的业务接待员。

④ 填写“返修车处理记录表”。

学习单元二：工具设备和安全生产管理

知识目标

1. 了解工具设备的种类及工具设备的管理内容；
2. 掌握安全生产的概念，并理解维修生产中的不安全因素；
3. 掌握安全生产的保障措施。

技能目标

1. 具备区分工具设备种类的能力；
2. 树立安全生产理念，规避车辆维修过程中的危险因素。

基础知识

一、工具设备管理

在汽车售后服务市场，不管是汽车生产厂商还是维修服务中心，能为客户提供高质量和高效率的维修服务都是其追求的目标，而良好的设备管理水平、有序的维修设备管理和安全的维修作业是实现这一愿景的基础保障。保持设备工具良好的使用状态是开展维修作业的基础前提，也是提高维修水平和维修技术的先决条件。因此，有必要对维修专用工具、设备和资料的安全和管理给予关注。

（一）设备与工具的种类

按照设备与工具的特点划分为：固定式设备、移动式设备、专用工具和个人工具四类。

汽车维修设备一般可以分为：汽车诊断设备、检测分析设备、养护清洗设备、钣金烤漆设备、保养用品、维修工具、轮胎设备、机械设备等。由于汽车维修设备种类繁多，严格分类比较困难，但以上基本上是行业主流的分类方法。

1. 汽车诊断设备

主要包括汽车解码器、读码卡、数据流分析、专用电脑等。

2. 检测分析设备

主要包括试验台、检测线、定位仪、检测仪、检漏仪、检测台、制动台、分析仪、内窥镜、传感器、示波器、烟度计以及其他检测设备。

3. 养护清洗设备

主要包括自动变速箱清洗换油机、动力转向换油机、黄油加注机、冷媒回收加注机、喷油嘴清洗检测设备、抛光机、打蜡机、吸尘机、吸水机等。

4. 钣金烤漆设备

主要包括烤漆房、烤漆灯、调漆房、大梁校正、喷枪等。

5. 轮胎设备

主要包括平衡机、拆胎机、充氮机、补胎机等。

6. 保养用品

主要包括修补漆、制冷剂、制动液、防冻液、润滑油、修复剂、玻璃水、密封胶、原子灰、防锈剂、水箱宝、车蜡、车釉、冷媒、汽摩用清洗剂、轮胎上光剂、汽车用黏合剂、其他保养用品。从广义上讲，汽车保养用品也可以归纳为汽车维修设备。

7. 维修工具

主要指用于手工操作的各类维修工具，如扳手、螺丝刀、组套、工具车、工具箱、工作台等。

8. 机械设备

还有些汽车维修设备不便分类，符合机械设备属性，特归纳为此类，如举升机、千斤顶、吊机、吊车等。

> 小提示
>
> 同学们重点记忆设备与工具按照特点的划分。

（二）工具设备管理的工作内容

工具设备管理工作的具体内容主要有以下几个方面：

1. 建立健全工具设备管理机构

企业领导要抓好工具设备管理，并要根据企业规模，配备一定数量的专职工具设备管理人员，负责工具设备的规划、选购、日常管理、维护修理以及操作人员技术培训工作。

2. 建立健全工具设备管理制度

规定工具设备安装、使用、维修等技术操作规程，明确工具设备配置、领用、变更、报废等活动的管理程序，明确工具设备使用与管理的岗位责任制度与奖罚规定等，使工具设备管理有章可循，全员参与，各负其责。

3. 认真做好工具设备管理的基础工作

工具设备管理的基础工作主要包括：

（1）建立工具设备台账，记录工具设备的购进、数量、金额、工具设备分布及变动等情况。

（2）建立工具设备档案，记录工具设备从购置、安装、调试、使用、维修、改造、更新至报废的全过程中的技术图样、文字说明、凭证、记录等技术文件和资料。

（3）建立工具设备资产卡，登记工具设备的资产编号、主要技术参数及变更情况等。

4. 加强工具设备日常使用管理

对精密的、贵重的、操作难度大的工具设备，要指定专人操作使用和管理，严格执行操作规程，保证工具设备安全使用，充分发挥工具设备的利用效率。

（三）工具与设备的管理要求

设备及工具的种类不同，则管理要求也不同，具体如下：

1. 固定式设备

固定式设备包括：两柱举升机、刹车试验器、侧滑试验器、轮胎平衡机、空气压缩机、特殊电脑诊断器、示波器、车身校正器、烤漆房、润滑设备等。其管理要求如下：

（1）售后服务中心站长要指派专人负责固定式设备的维护保养，负责人要将铭牌挂于每个设备的明显之处，详细标注设备名称与编码、保管人员姓名，以区分保管责任。如果服务中心是汽车生产厂商的特约服务站，则这些设备信息以及这些设备的周期性维护保养的时间及具体内容等信息将按汽车生产厂商的要求被填列在 DMS 系统中，同时要求维修主管必须核阅。

（2）设备需要保持清洁、润滑，如果设备有生锈、漆面脱落、褪色等情况，则应视情重新予以油漆保护。

（3）售后服务中心应依据设备制造厂商提供的技术手册或保养手册规定，指定专人定期检查其性能，并依照手册规定实施定期保养及维护事宜。

（4）设备发生故障，应迅速进行修护，服务中心无法修护的，通知生产厂商修护。

2. 移动式设备

移动式设备包括废气排放分析仪、变速箱千斤顶、四轮千斤顶、钣金二氧化碳焊接机、气动研磨机组等。其管理要求如下：

（1）服务中心要指派专人负责移动式设备的管理。

（2）移动式设备使用后，应放置于指定的存放地点，妥善保管。

> 小提示
>
> 同学们在学习工具设备管理要求时，需结合不同种类的工具进行区分。

二、安全生产管理

（一）安全生产的基本概念

安全生产指生产经营活动中的人身安全和财产安全。人身安全指保障人的安全、健康和舒适的工作；财产安全指消除损坏设备、产品等一切财产的危害因素，保证生产正常进行。安全生产是对任何一个维修企业最基本的要求，如果没有安全保障，企业的维修质量、客户满意度、企业的经济效益就无法得到保障。

（二）维修生产中的不安全因素

企业维修生产要求在一定的维修场地，由专门的维修人员，借助相关维修设备，按照一定维修流程对故障车辆进行修理。这就说明，维修场地的安全性，维修人员操作的规范性，以及设备质量均对汽车维修安全产生一定影响，每个因素中所暗藏的不安全因素均会产生严重安全问题。具体来看有以下几点。

1. 与维修场地有关的不安全因素

维修场地是企业维修的工作环境，包括维修车间、喷漆车间以及钣金车间等。维修场地安全性直接影响着车辆维修正常进程以及维修人员的安全，但是，从现实中我们发现，维修场地暗藏着许多危险因素。

（1）一些汽车维修企业将维修车辆集中放置在维修场地中，或随便放置维修车辆，这不仅使维修场地表现出脏乱差的现象，而且大量无序车辆集中放置可能引发一系列问题。如当对某一车辆进行蓄电池充电时，会产生大量氢气，而氢气易燃，若遇到蓄电池电极柱上产生的火花，则会发生火灾或爆炸。而车辆集中放置，造成维修场地温度升高，当某一车辆出现氢气爆炸时，则会殃及其他维修车辆，进而造成巨大损失。

（2）面积狭窄、光线暗淡、通风条件差、物品随地摆放是很多维修场地存在的问题。这些问题的存在严重威胁了维修安全。如在机电维修车间，汽车发动机在工位上长时间怠速运转而产生大量废气，废气中含有 CO_2、NO_x、HC 等危害物质，这些物质严重危及工作人员的生命安全，若通风不畅，则会导致维修人员窒息、中毒，甚至死亡。再如，物品随地摆放，尤其是一些危险品，如易燃易爆物品、放射性物品、危险化学物品等，没有安放到应当放置的地方，当遇到火星、水、电流等刺激时，常会发生爆炸、着火、化学侵蚀、辐射等现象，这不仅影响了维修生产的正常进程，而且危及维修人员的生命安全。

课堂讨论

请同学们讨论还有哪些与维修场地相关的不安全因素。

学习案例3-1

某修理厂厂房面积很大，但没有划分作业区域。一天，一位维修工躺在车间通道内修车，一位检验员倒车时没注意到躺在地上的修理工，结果车轮压在修理工的一条腿上，造成修理工粉碎性骨折。像这种通道维修造成事故的例子在全国有很多，应引起每一位修理厂管理人员的注意。

案例分析

案例中的修理厂，维修车间的平面布局不合理，并没有划分作业区域。因此，维修工位和车辆通道搭配不合理，导致出现维修车辆轧到修理工的状况。所以，按照要求布置维修车间是进行安全维修作业的前提。

2. 与维修人员有关的不安全因素

（1）维修企业的特种作业人员，必须按国家的有关规定进行专门的安全作业培训，取得特种作业操作资格证书，方可上岗作业。

（2）维修企业应当教育和督促全体人员严格执行本单位的安全生产规章制度和安全操作规程，并向全体员工如实告知作业场所和工作岗位存在的危险因素、防范措施以及事故应急措施。

（3）维修企业与维修人员订立的劳动合同，应当写明有关保障从业人员劳动安全、防止职业危害的事项，以及依法为从业人员办理工伤社会保险的事项。

（4）维修人员应了解其作业场所和工作岗位存在的危险因素、防范措施以及事故应急措施，及时对维修企业的安全生产工作提出建议。

（5）维修人员在维修作业过程中，应严格遵守本企业的安全生产规章制度和操作规程，服从管理，正确使用劳动防护用品。

（6）维修人员应接受安全生产教育和培训，掌握安全生产知识，提高安全意识，增强事故预防和应急处理能力。

（7）维修人员发现事故隐患或不安全因素，应及时向现场管理人员汇报，接到报告的人员应及时处理。

（8）企业管理人员不得违章指挥，不能违反安全生产法律、法规，侵犯维修人员的合法利益。

学习案例3-2

某汽车修理厂是当地一家很有名的汽修厂，经营业绩很好。一天，一个员工在使用汽油检验汽油泵时，由于油泵接线柱产生火花，引起油盆里的汽油燃烧，而现场没有放置灭火器，等员工到远处拿来灭火器时，火势已不可控制，当场将一辆凯迪拉克轿车烧毁，大半厂房化为灰烬。从此，这个企业一蹶不振。

案例分析

案例中的修理工在维修作业过程中，出现了油盆起火的危险情况，因附近没有放置灭火设备而给企业造成巨大的损失。这种惨重教训值得每一个企业牢记。

3. 与维修工具设备有关的不安全因素

汽车维修时必须借助千斤顶、黄油枪、火花塞套筒、气门弹簧装卸钳等设备或工具，只有这些设备的质量得以保证，才能够使汽车维修顺利进行。因此，必须对这些设备进行定期检查，以防因设备故障导致事故发生。如千斤顶是汽车维修中必需的设备，维修中常用液压千斤顶，千斤顶有将汽车或其他重物举升的作用，在完成举升工作后，需要操作人员在车下作业，若千斤顶出现质量问题，则直接危及维修人员的生命安全。一些维修企业考虑到自身的经济条件，或是受“设备能用就行”观念的影响，对一些老化、失灵、陈旧的设备不予更换，而是继续使用，而这些设备往往存在严重的故障隐患，常引发一些设备安全问题。

4. 与维修操作过程有关的不安全因素

汽车维修必须按照维修手册或指导书中的流程操作，不得擅自进行更改，但是，一些工作人员在维修中没有细读、理解操作要求，没按照维修流程操作，这就会造成维修不当。另一方面，汽车维修服务流程涉及业务接待、诊断、估价、签订合同、派工、施工、检验、结算、交车以及跟踪回访，可见要做好汽车维修服务，保证安全维修，必须做到维修各个流程安全作业。但是，由于汽车维修流程较多，使得维修企业往往出现顾此失彼的现象。如一些维修企业仅关注估价、签合同、施工、结算这种与维修企业具有直接经济关系的环节，而忽视交车、跟踪回访等环节，这就不利于全面保证汽车维修质量。

5. 与维修车辆试车或移动有关的不安全因素

（1）维修车辆试车或移动应有专门的规定，从制度上消除不安全因素。

（2）维修车辆试车或移动应由安全意识和驾驶技术好的人员担任，不允许未经批准的人员随意试车或移动车辆。

（3）维修车间进行规划设计时应考虑车辆的专用通道、车辆的移动路线并设置必要的限速牌、转弯反光镜等交通设施。

学习案例3-3

企业里都有规章制度，未经允许不得私自驾车。可B企业里的维修工小王，刚参加工作，对开车很感兴趣，经常偷偷摸摸地学开车。这天，大客户张老板的保时捷轿车来厂维修。修理完毕后，车停在车库。小王又趁人不备，钻进驾驶室开车就跑。这时，对面突然驶来一辆汽车，他急忙制动，谁知由于紧张，竟把加速踏板当成制动踏板，结果车速急剧提升，小王忙打方向盘躲过了来车，保时捷却重重撞在墙上，损失3万多元。

大客户张老板暴跳如雷，非让维修厂赔他一辆新车。小王苦苦哀求，最后修理厂花钱将车修好，并赔付张经理2万元。最后小王被开除，大客户张老板再也不愿将车开到这个管理不善的厂来修了。

案例分析

案例中的小王违反维修车间安全生产管理要求，偷偷驾驶车辆，没有能及时规避维修车间的不安全因素，给维修厂造成了重大经济损失，自己也丢掉了工作。

6. 与危险品有关的不安全因素

（1）汽车维修企业的危险品主要有汽油、柴油、燃油添加剂、发动机油、变速器油、制动液、油漆、稀料、乙炔气等。

（2）危险品应存放于专用的危险品库，且有专人负责管理。危险品库内应有消防器材。

（3）危险品在运输、使用、存放时应注意密封良好、轻拿轻放，避免强光照射，避免高温，远离火源。

（4）每次用不完的危险品应及时回收，不得临时存放于车间。

7. 其他的不安全因素

影响汽车维修生产安全的因素众多，除以上所述因素外，还有汽车维修生产的外部环境。如夏季气温高，高温对维修生产会产生一定影响；维修车间内车辆进出无序，造成车间内部发生交通故障；移动车辆或试车时没有专门的人员指导；危险品不定量发放或没有及时收回，造成车间大量存放危险品；维修场地电路线路老化，当进行电焊作业时，产生不良现象，出现电磁感应或出现联电，或将汽车电控单元烧毁等。

（三）安全生产的保障措施

在汽车服务中心，安全生产管理主要通过安全制度保障、培训教育保障、防护及环境保障、作业流程保障四个方面开展，以确保服务中心的生产作业安全和服务人员安全。汽车服务中心安全生产系统如图 3-3 所示，以下重点介绍前三个方面保障。

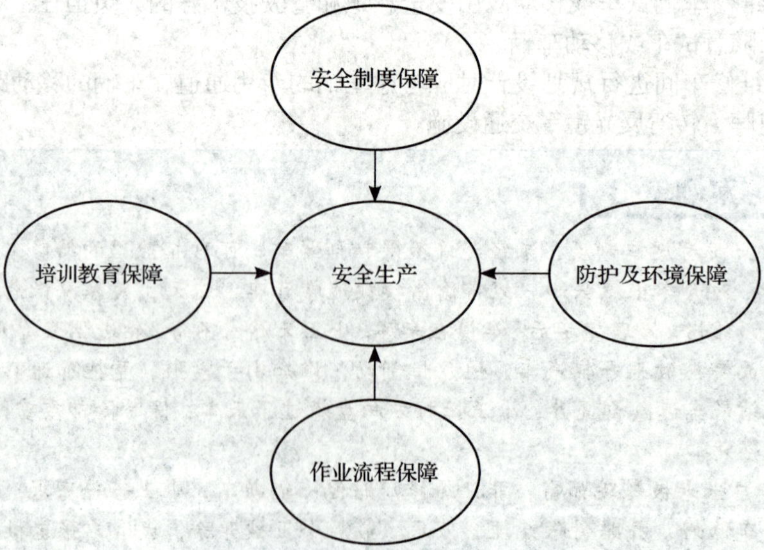

图 3-3　汽车服务中心安全生产系统

1. 安全制度保障

（1）健全安全制度，发挥强制性作用。完善的制度是汽车维修生产顺利进行的基础保障。汽车维修企业要建立健全各项维修制度以及与维修生产相关的一系列制度，如操作人员维修标准、维修人员上岗制度、维修责任制度、设备检查与管理制度等，保证每一个影响汽车维修生产安全的因素都能得到预防。

（2）建立监督制度。汽车维修生产中存在诸多不安全性因素，要预防各种不安全因素发生，必须要以全方位的监督管理为保证。因此，必须建立健全监督制度，设置专门的安全维修与生产监督部门，并配置专门的监督人员和技术人员，对施工人员操作行为、设备运行情况、危险品放置、维修场地环境等因素进行检查监督，及时发现存在的问题与隐患，进而将安全问题消除。

（3）落实责任制度。汽车维修生产流程较多，且每个流程涉及的人员、工作内容较多。要落实各个维修生产流程规范作业，保证安全维修生产，必须以责任制来规定各个部门、责任人的权责。这不仅利于安全问题出现后的问题解决，而且利于提升操作人员、管理人员的责任感，将安全隐患控制到最小。

2. 培训教育保障

维修人员的安全素质是保证汽车安全维修生产的根本，汽车维修企业一方面要通过制度约束操作人员的行为，另一方面要面向员工，提升操作人员的安全技能与素质。首先，向操作人员全面介绍维修场所、工作岗位存在的危险因素，并通过教育、培训等方式，提升操作人员的安全意识，并通过演示、实际训练等途径，提升操作人员的安全技能和逃生技能。其次，加强维修专业培训，促使操作人员掌握专业的维修知识与技能，并熟悉维修生产流程，按照流程标准进行操作。最后，将专业性操作、安全技能与操作人员的个人利益挂钩，促使操作人员规范作业。

3. 防护及环境保障

（1）防护装备要求。

① 车间工作人员须穿戴符合安全生产的劳动保障工作服，方可进入车间工作。

② 每天早晨，进行劳防用品的自检、互检，由车间主管进行监督。

③ 进行油漆、电焊作业时，须佩戴防毒面具、防护罩等保护用具。

④ 防护装备按照产品规定定期进行检查，发现不能满足防护要求时，及时更换。

（2）车间环境要求。

① 客户进入车间需有工作人员陪同，严禁儿童进入车间。

② 车间工作必须严格执行 5S 管理，并以其为中心开展工作。

（3）维修车间的整体布局和要求。

① 车间的外观形象符合环境设施要求。

② 车间保证明亮有序、布局合理、清洁整齐。

③ 车间应考虑尽量多的自然采光，并布置足够的人工照明。

④ 车间内设置限速警示标志。

（4）车间场地要求。

① 车间入口处的地面设置单行道指示箭头，大门上方标明“入口”或“ENTRANCE”等标志，并设置栏杆，由专人负责升降，非服务中心的人员和车辆不得入内。

② 钣金车间和喷漆车间互相独立分隔，把维修车间分为快修区和一般维修区两大部分。另外在可能的情况下，快修车间最好有绿化带。

③ 在维修场地上做好维修区域和通道的标记，保持通道畅通，标志规范清晰，并使所修车辆总是正确地置于维修工位内进行维修。

（四）维修企业安全生产操作规程

1. 修理工安全操作规程

（1）操作前先检查前后桥架置情况，车辆未垫稳及未使用保险架时，严禁操作。

（2）就地作业时，需将手刹车拉起或将前后轮用三角木塞住，确定不会溜动后才进行。

（3）不准在发动机运转的汽车下工作或调整风扇皮带。

（4）不准用手指拨动变速器内的齿轮，禁止把手指伸进钢板弹簧孔里，以免手指被挤伤或切断。

（5）为防范火灾发生，严禁在化油器口倒注汽油启动发动机。不准在化油器和易燃物上试验高压跳火。

（6）维修离合器或连杆轴承等部件时，作业者和摇车者一定要配合好，严禁正在操作时摇转曲轴。

（7）用摇手柄启动发动机时，人应站稳，握紧摇把，五个指头应放在同一面，运用上提力量，防止曲柄反转而伤人。

（8）必须正确使用工具。如錾子头部有明显毛刺，应及时磨掉；手锤柄不得沾油、松动或损坏；严禁用榔头打榔头的操作法。

（9）应将机件、工具放置在定位架或零件盘上，不准搁置在车顶、车架上，以防掉下摔坏或碰伤人。

（10）在发动机热状态，打开水箱盖时，应严防蒸汽冒出烫伤人体，绝不允许脸部对着水箱盖口。

（11）选用千斤顶应符合起重吨位，不能用小吨位的千斤顶顶起大吨位的车辆，以免损坏千斤顶或造成事故。安置千斤顶时，应使其中线垂直于工作物表面，避免滑动。

（12）必须与其他工种配合好，避免互相干扰，注意防火工作。

2. 钣金工安全技术操作规程

（1）每天工作应按规定穿戴好防护用品，工作时应经常对压力表、安全阀开关进行检查，如有发现失灵应及时修复，确保使用安全。

（2）电焊、气焊设备应由经过专门训练的人员操作和保管，非同工种人员不得擅自动用。

（3）乙炔瓶、氧气瓶周围严禁烟火，严禁堆放易燃易爆物品。乙炔、氧气应由专人保管，其他人不得擅自动用。

（4）工作时应注意周围是否有人，若有人应劝其离开一定距离，以防被工作时爆溅的火花烫伤。

（5）不能在水泥地上进行切割，必要时应在工作物下垫入铁板，以防水泥飞溅伤人。

（6）氧气瓶及配套工具严禁油脂沾污，在接装氧气表之前，应先开启1/4转，吹去接头外的污物。

（7）氧气瓶安装应牢固可靠，放置合理，防止烟火、曝晒，氧气瓶与乙炔瓶相隔5米以上，以确保安全。

（8）在焊接过程中，如发现回火现象，应首先关闭乙炔开关再关闭氧气开关。

（9）当焊补盛放过各种易燃物的容器时（如油箱），焊前必须彻底清洁干净，确认无残油及燃气，并敞开器具谨慎施焊。

（10）上车焊接时，必须慎重检查，并将易燃品移开或用隔热物隔离，确认安全后方准操作。

（11）对有压力、易燃、易爆以及油脂浸染的工件，未经特殊处理前不准施焊。封闭工件焊前必须开通风口。

（12）下班时应将氧气管、乙炔管、焊枪等整理清楚，并关闭所有开关和阀门。

3. 汽车电工（空调工）安全技术操作规程

（1）严格遵守安全操作规程，以确保安全生产。

（2）在工作时，应按规定穿戴好劳保用品。

（3）对汽车上各种电器设备和安全装置，应符合安全操作规定。

（4）对各种电器设备的使用，应按安全操作规程进行，并经常检查，如有故障应及时报修。

（5）对科技含量较高的各电器设备的检修，应严格按手册和说明书的规定进行，严禁各种违规操作。

（6）严禁使用不符合规定的替代元件。

（7）空调工检修空调时要严格按手册和说明书上的规定进行，严禁违规测试；添加制冷剂要按说明严格区分种类，严禁违规混用。禁止用汽油清洗压缩机和空调部件，防止发生意外。

（8）进行空调系统作业时，应在通风良好处。排放制冷剂时应缓慢，防止压缩机油一起冲出。同时不能与烟火及灼热的金属接触，否则制冷剂会分解成有毒气体。

（9）添加制冷剂应戴防护眼镜和规定的劳保用品，防止制冷剂溅入眼睛和溅到皮肤上。

（10）爱护并正确使用各种设备和工具，应经常进行保养和维修，使各种设备工具处于良好的技术状况。

（11）下班时应关闭一切电源开关，并做好维修工具及工作环境的清洁卫生工作。

4. 胎工安全技术操作规程

（1）工作时应按要求穿戴好劳保防护用品，检查工具、设备，发现问题要及时报告。

（2）开工前应检查车辆是否已经停稳，车辆未停稳严禁开始工作。顶车前要在车轮的前后垫好三角木。

（3）用千斤顶顶车时要选择合理的部位，要从未垫三角木的轮位开始顶，车辆顶起后要按要求使用顶车架和保险凳。

（4）使用空气扳手要严格按照说明书的要求操作，严禁违规操作。

（5）解体轮胎时要先确保周围无安全隐患，拆装轮胎和钢圈时应按要求使用专用工具并严禁盲目大力敲打，以免损伤轮胎或伤人。

（6）在组装轮胎前，一定要仔细检查锁环、挡圈等的完好情况，如有损伤和变形不得勉强使用。

（7）充气时，要严格遵守安全操作规程，在轮辋眼孔中必须横一根足够强度和长度的铁棍（保险销）。

（8）火补要有专用地点，并远离一切可燃物品。温度和时间要按规定严格确定。

（9）子午线轮胎及其他新型轮胎的拆装应使用新的工艺和设备，并按规定使用润滑、保护等措施。正确拆装轮胎，避免损坏轮胎。

（10）轮胎维修、维护作业结束后，应对轮胎进行动平衡调整。

（11）工作结束后应按要求整理、保养工具，下班后关闭一切电源和阀门。

5. 漆工安全技术操作规程

（1）油漆材料属于挥发性易燃品，且有爆炸危险，必须做好防火工作。

① 包装桶应随时盖紧密封，开桶时严禁用榔头、铁器敲击，以免产生火花。

② 调漆时绝对禁止靠近火源。

③ 油漆、汽油、香蕉水须随时盖紧并远离火源，避免太阳曝晒。室内应采用安全照明设施，并应备有泡沫灭火器和消防设施，在醒目处书写“严禁烟火”标志。

④ 浸擦过油、漆的破布等不得随便乱扔，更不可长期堆放在墙角，以防其自燃造成火灾。

（2）油漆材料含有毒性物质，应做好防毒工作。

① 各种常用的工业溶剂均有毒，作业时必须戴好口罩和防护帽，戴好手套，穿好工作服和胶靴。

② 喷漆间应通风良好，以排除漆雾和溶剂气体。

③ 清洗喷枪及工具时，尽量不使溶剂接触皮肤，完工后应用温水和肥皂洗手或淋浴。

（3）油漆作业安全措施。

使用空压机或其他喷漆设备时，应严格执行设备的安全操作规程和用电知识。

① 在离地 3 米以上的高空作业时应系安全带，脚手架应安全坚固。

② 清除操作场所的所有火源和易燃物。

③ 必须穿戴安全防护用具。

④ 随时注意和检查电源开关，地线应接地良好。

⑤ 在梯子上操作时，梯子的竖立角度为 60° 左右，不得站在梯子最高处操作。

⑥ 操作完毕后应封闭漆桶、清理棉纱布条等并妥善存放，以防其自燃。

6. 钳工安全技术操作规程

（1）严格遵守安全生产制度，确保生产安全，工作时应穿戴好劳动保护用品。

（2）操作钻床时，严禁操作者戴手套，女工要戴安全帽。

（3）钻孔时，装卡工作物必须牢固可靠，由小钻大，并控制好力量。

（4）钻帽必须使用专用扳手拧紧，不得用扳手或金属棒敲击代替。钻孔时不得将钻头接触工作面时启动开关。

（5）钳床平口及导轨应无裂纹，扳手柄头尾帽应齐全，严禁将工件放在钳床平口、导轨上敲击。

（6）各种工具应清洁，排列整齐，严禁用其他工具代替手锤使用。

（7）使用錾子时，必须戴平光眼镜并配合防护网，两人以上同时加工一个工件时，应站在不同角度操作，不得相对工作。

（8）使用手锤时，手锤与柄不得松动。使用螺丝攻四角头要与扳手四角孔座贴合。

（9）使用砂轮时，应戴好平光眼镜，工作物与砂轮应保持 45°。短件应夹紧，大件不碰撞（机体），注意磨削力得当。离开岗位应切断电源。

（10）使用机电设备（钻床、手电钻、空压机等），要按原厂规定与安全操作进行使用，不得带病运转。

7. 车工安全技术操作规程

（1）严格遵守安全生产制度，确保生产安全。

（2）操作者必须熟悉设备的结构和性能，严禁超规格使用设备。

（3）操作者必须严格遵守使用设备的“三好”“四会”和按照设备维护保养“四项要求”使用和维护设备。

（4）工作前要戴好劳动保护用品，女工要戴好安全帽。

（5）开动机床前，应详细检查各部螺栓是否牢固；润滑系统是否清洁，油量是否充足；电气开关、电源接地是否正常；传动部分的安全防护装置是否完好牢固。

（6）严禁在机床上放工具、材料及其他物件，装卸表面有油和较重大的工件时，在机床上先要放好木板，以防止工件滑掉打伤机床。

（7）机床不准超负荷使用，在工作中需要变换速度时应停机变换。离开机床要关闭电源，发现机床有故障应立即停机进行检查和修理。

（8）高速切削时，应戴防护镜。切削铸铜和铸铁等脆性材料时，除了戴防护镜以外，还应戴口罩。在切削过程中，操作者的面部不正对刀口并且不要在刀架行程内检查切削面。

（9）机床在运转中，严禁用手摸刀具、工件、工具或强制使机床停止运转。

（10）工作完毕后，要切断电源，退出刀架，各部手柄要放在空挡位置，并将机床擦拭干净，配合面和轴承面加好润滑油。

8. 铁工安全技术操作规程

（1）严格遵守安全生产制度，确保生产安全，工作时应穿戴好劳动保护用品。

（2）严格执行各种安全操作规程，开工前必须检查手工具（手锤、撑钳）等是否牢固可靠。

（3）生火炉时必须检查鼓风机支架是否稳定、牢固，接地是否良好，运转是否正常，否则应停机检修。

（4）木炭不得存放在炉边，应远离火源，在指定地点存放，以防火灾发生。

（5）使用机械操作时，严禁在机械运转时，用手检查工件或样板核对尺寸。

（6）机械在工作时只能用扫把或木棍清除边角料，禁止用手直接清除。

（7）工作时，如发现机械有异常响声或电动机温升超过规定，应立即停机，排除故障或冷却后，方可继续开机工作。

（8）工作场地及机械设备周围必须整洁，工具应放在工具箱内，半成品要很整齐地放在规定的地点，以免影响安全生产。

（9）每班工作完毕后，应切断电源，清、擦机械，做好保养工作，并把周围场地打扫干净后，才能离开工作岗位。

学习单元三：交车前 PDI 检查

知识目标

1. 了解 PDI 的概念及管理流程；
2. 检查 PDI 车辆检查操作流程。

技能目标

1. 能够绘制 PDI 检验流程图；
2. 培养接车检查流程和交车检查流程的能力。

基础知识

一、PDI 的概述

PDI（Pre-Delivery Inspection）检测是一项售前检测证明，是新车在交车前必须通过的检查，也是对于商品车辆的最后一次检查，以使车辆状态达到质量要求。

因为新车从生产厂到达经销商处经历了上千公里的运输路途和长时间的停放，为了向客户保证新车的安全性和原厂性能，PDI 检查必不可少。越是高档车辆，其电子自动化程度越高，PDI 项目的检查也就越多。例如，未做 PDI 的新车，会始终在运输模式运行，这种模式只能简单行驶，很多系统没有被激活。强行使用会导致功能不全，甚至会严重损害车辆，给车辆及驾驶员的安全造成极大的危害。正常情况下，各种车辆在使用过程中都要进行正规的维护保养。PDI 检查项目范围很广，其中一些细微的检查也许车主连想都没有想过，如电池是否充放电正常，钥匙记忆功能是否匹配，舒适系统是否激活，仪表灯光功能是否设置到原厂要求等。技术人员所做的一切，为的是向客户确保车辆的安全性和驾驶的舒适性。

PDI 质量审核的一个重要功能是确保出厂车辆能满足国家法规及安全标准，是为了加强车辆质量水平，降低和减少客户对产品质量的抱怨，实现产品零公里无缺陷的目标。

PDI 过程应负责对即将销售的成品车进行检查和整理，保证产品应有的配置齐全，功能有效，产品总体质量符合客户购车需求。对于检查发现的轻微缺陷，应及时调整解决，对于现场不能解决的缺陷，应协调生产部门及时处理。对于检查合格的车辆粘贴 PDI 合格标签。

PDI 过程出现的质量问题应详细记录在案，包括车型号、颜色、车架号、PDI 检验员姓名、检验日期和生产日期，在故障现象描述里应详细填写车辆故障及缺陷。每日质量问题应进行汇总处理：第一，按照不同车型进行分类统计，应包括出入库检验数量、出入库量、一次性合格率、返修合格率、退库数量等；第二，按照故障现象描述进行逐项统计汇总；第三，应上报相关领导及部门。

PDI 检验流程图如图 3-4 所示。

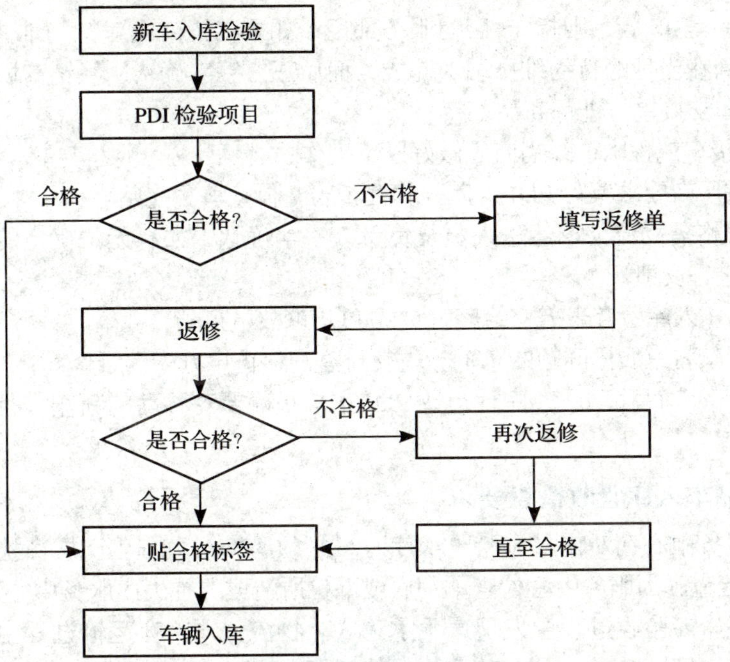

图 3-4 PDI 检验流程图

PDI 质量检测的方法主要依赖于设备及视觉检测。

（1）视觉检测：依赖于工程师检测经验的质量问题检测，检测内容一般为可见质量检测。表达方式多为主观定性的质量评价。

（2）设备检测：依赖于机械、电子设备的质量问题检测，检测内容包括可见质量和不可见质量，能够以数据的方式、定量的形式表达。

二、PDI 管理流程

PDI 管理流程共包含四个部分，即接车检查流程、库存车维护检查流程、交车检查流程和 PDI 问题调查和处理流程。

此流程需要经销商售后与销售部门共同配合完成。

（一）接车检查流程

主要是对到站车辆进行检查，对有缺陷车辆，判断其为物流质损或非物流质损，然后按照相应的规定进行处理。

车辆在特约店保存时也可能遇到极端恶劣的情况：如保存过程中的高温、性能的退化等。因此，在交付给客户以前，应由售后服务部的维修人员对车辆进行检查。需要根据检查单正确完成检查并防止漏检任何项目。即使对检查单了如指掌，若不使用此单，也有漏查项目的风险。切记不要遗漏项目，否则会使客户产生不快，严重的可能导致产品责任赔偿。

1. 接车检查流程应注意的问题

物流公司将商品车从厂商运送到经销商处，双方按汽车厂商规定进行商品车交接，需按规定进行 PDI 检查，并填写相关单据，进行验收。而进行 PDI 检查工作主要由服务中心（如果是 4S 店，则指 4S 店的服务部门；如果经销商没有特约维修服务功能，则指汽车厂商在当地的特约维修站）完成，而后三方签字确认，经销商填写 PDI 入库验收表及送车交接单，进行商品入库。

在新车接车流程中，经销商应做好以下工作：

（1）按厂商要求填写 PDI 入库验收检查表，信息填写完整。

（2）表格需物流公司运送人员及负责人签字确认，如有无法确定的问题需向厂商相关部门进行反馈。

（3）PDI 入库检查表需交给库管员或 PDI 审核员存档。

（4）严禁将有质量问题的车辆，先交付客户，再申办索赔维修。

（5）库存车辆移动后，库管员或 PDI 审核员需要对移动的新车进行重新入库检查及备案。

2. 商品车入库验收检查要求

（1）服务中心在对商品车验收入库时，必须严格按汽车生产厂商检查的规定对每辆车逐项检查，因服务中心检查不彻底或漏检所造成的损失由服务中心自行承担。

（2）在入库验收过程中发现属于承运人（物流公司）在运输过程中发生丢失、损坏情况的，按照汽车生产厂商的质损车管理规定处理。

（3）商品车入库验收过程中发现的一般缺陷、故障都应汇总反馈给汽车生产厂商的区域服务经理。对于重大的或批量性的缺陷和故障应立刻填写“质量信息卡”反馈给厂商的区域服务经理及客户服务部门相关人员。

（4）商品车入库验收时发现的缺陷或故障（除严重质损外）均应由当地服务中心负责维修。当地无服务中心则采取就近（距离最近的服务中心）维修原则。

（5）入库验收合格后的车辆必须在宽敞、安全、通风良好的场地存放，竖起雨刮臂，拆下电瓶负极桩头，拉紧手刹，挡位放在空挡位置，锁好门窗。

（二）库存车辆 PDI 检查

（1）新车的库存必须在安全、宽敞、空气流通且没有易落物品的场所保管。

（2）车辆必须在以下状况下进行保管：保持适当的轮胎气压、拆除蓄电池的负极端子、拉上手刹、雨刮杆立起。

（3）手动变速的车辆换挡杆需放在空挡，自动变速车须放在 P 挡，关闭车窗。

（4）对存放超过 3 个月的库存车辆需重新进行车辆 PDI 专项检查。

（5）库存检查发现的质量问题要在 PDI 检查卡上记录，并及时反馈填报维修申请单，转交至售后服务经理处进行处理。

小提示

同学们要重点掌握 PDI 检查卡的填写。

（三）交车检查流程

新车交车流程主要指客户选购好新车后，由经销商和客户共同验车，并将新车经由经销商交与客户的过程。交车原则为销售的前一天进行检测，或提前向售后服务经理预约车辆交车 PDI，在新车交车过程中应做好以下工作：

1. 检查资料保存要求

（1）在交车时，客户确认车辆完好后，请客户在“PDI 检查表”销售联上签字，以明确车辆在交付时状态完好，避免因责任不清而产生纠纷。

（2）“PDI 检查表”销售联在客户签字后，由销售顾问负责存档。

（3）“PDI 检查表”存档联由 PDI 审核员负责存档。

（4）严禁向客户交付未实施 PDI 检查的车辆，经重大维修的车辆务必告知客户实际情况。

2. 商品车临卖状态检查要求

（1）应每天检查临卖车辆的清洁和电瓶的充电量。

（2）临卖车辆的检查必须使用“××× 汽车商品车临卖状态检查表”来实施检查作业，检查表留存以备查开具 PDI 任务委托书，严格按照 PDI 项目对车辆进行交车检查，并在交车的同时向客户进行讲解。

（四）PDI 问题调查和处理流程

商品车售出后短时间内，出现明显的生产缺陷和质量问题，此问题在 PDI 检查中应该可以被查出，但没有查出时启动此流程。对于 PDI 追查中发现经销商未按照要求执行并造成严重后果的，将给予经销商“全网络通报”。

学习案例3-4

PDI 过度收费案例

近日，王先生在买车时遭遇不合理收费的情况。据王先生表示，日前，他在某品牌经销商处订购了一辆轿车，在支付了全款准备提车时却被要求支付新车“800 元 PDI 检测费”。这让王先生感到非常气愤，新车在交付客户前所做的检测是经销商的责任，为什么还要消费者来买单呢？

从事汽车售后服务多年的一位业内人士王工表示，虽然 PDI 检测涉及的项目众多，但多数项目的检测并不需要花费很长时间，类似外观配置等方面都只需要确认完整即可，基本花不了多长时间。“整个 PDI 检测的过程一般都在 1 个小时左右，即使计算人工的话，整个检测的工时基本在 1.5 ~ 2 个左右。”

所以根据王工的说法，且不说多数经销商并不计算这一工时费用，即使的确需要收取一定的人工费用，按照经销商处工时单价一般都在 30 ~ 50 元不等，如果以 50 元 / 工时、两个工时来计算，PDI 检测的人工费用也仅在 100 元左右，与比经销商动辄几百元的“报价”，差距甚远。

案例分析

在国内众多汽车品牌经销商中，的确存在部分向消费者收取“PDI 检测费”的情况，且收费标准不一，但大多都在 500 ~ 600 元左右。然而，更多的经销商则表示，收取 PDI 检测费的做法并不合理。

对于 PDI 检测的解释并非是厂商的硬性要求，而是经销商额外的“贴心服务”。“为新车进行交车前的检测，本就是厂商对于经销商的一项要求，不应该向消费者收取这笔费用。”上海地区某品牌经销商对此表示，为新车所做的售前检查应属于经销商的义务。

知识链接

PDI 作业指导书

PDI 始于车辆被运到特约店时

一、当着运输者在场检查下列项目

1. 确认车辆的车架编号、型号、颜色等。
2. 总体检查破损情况。
3. 车体（特别是底部和保险杠）。
4. 玻璃。
5. 车辆内部。
6. 检查是否所有的部件、工具或应具备的设备齐全。

车辆状况良好，可以签字接收，否则便时确认发生损坏的责任者和修理费用。

二、PDI 检查程序（填写 PDI 检查单）

外部与内部

1. 外观与内部缺陷。
2. 喷漆、电镀部件和车内装饰。
3. 随车物品、工具、备胎、千斤顶、随车资料、随车钥匙。

发动机部分

1. 发动机盖锁扣及铰链。
2. 电瓶电极。
3. 电解液高度。
4. 主地线。
5. 主保险及备用件。
6. 制动液及缺油警告灯。
7. 液压离合器的液位。
8. 发动机油位。
9. 冷却液位及水质。
10. 助力转向液位。
11. A/T 油位。
12. 车窗清洗液位。
13. 传动皮带的松紧状况。
14. 油门控制拉线。

操作与控制

1. 离合器踏板高度与自由行程。
2. 制动器踏板高度与自由行程。
3. 油门踏板。
4. 检查室内保险及备用件。

把点火开关转到位置Ⅰ

1. 收音机调节。
2. 收音机 / 录音机 /CD 机与电动天线。

把点火开关转到位置Ⅱ

1. 所有警告灯的检查、ABS、手刹、油压 / 液位。
2. A/T 启动保护器。

启动发动机

1. 电瓶和启动机的工作及各警告灯显示情况。
2. 怠速。
3. 前部与后部清洗器工作。
4. 前后雨刮器的工作。
5. 方向指示灯与自动解除。
6. 危险警告灯。
7. 侧灯和车牌灯。
8. 大灯及远光灯。
9. 雾灯开关。
10. 制动灯和倒车灯。
11. 仪表灯与调光器。
12. 烟缸及杂物箱照明灯。
13. 喇叭。
14. 点烟器。
15. 天窗的操作。
16. 后窗除雾器与指示灯。
17. 各种档位下空调系统性能。
18. 循环开关。
19. 电动车窗、主控制板、各车门开关、分控开关及自动开关。
20. 电动及电热后视镜。
21. 时钟的设定及检查。

关闭发动机

是否有“未关灯”警告。

关闭各灯

1. 方向盘自锁功能。
2. 手刹调节。
3. 方向盘角度调整。
4. 遮阳板。
5. 昼／夜后视镜。
6. 中央门锁及遥控装置。
7. 室内照明灯。
8. 阅读照明灯。
9. 前后座椅安全带。
10. 座椅扶手。
11. 座椅、靠背角度及头枕调整。
12. 行李箱盖的开启。
13. 行李箱灯。
14. 加油盖的开启及燃油牌号。
15. 后座椅的收放调整。
16. 行李箱盖的关闭及锁定。

打开所有的车门

1. 门灯。
2. 手动车窗。
3. 后门儿童锁。
4. 给锁、铰链加注润滑剂。
5. 仪表板车门安全警告等。
6. 关闭车门检查安装情况。
7. 一次性闭锁系统。

把车辆完全升起

1. 底部、发动机、制动器、燃油管路是否泄露或破损。
2. 悬架、螺栓的固定。
3. M/T 油位。
4. 差速器的油位。
5. 4WD 后部差速器的油位。

降下汽车

1. 确认所有车轮螺母扭矩。
2. 轮胎压力标签。
3. 轮胎压力（包括备胎）。
4. 工具与千斤顶。

行驶试验

1. 驾驶性能。
2. 从内部、悬架、制动器发出的噪音。
3. 制动器及手刹。
4. 方向盘自动回正。
5. 方向盘振动与位置。
6. A/T 挡位变换。
7. 里程表读数及取消。
8. 巡航控制系统。

最终检查

1. 故障自诊。
2. 冷却风扇。
3. 怠速及 CO。
4. 燃油、发动机油、冷却液及废气的渗漏。
5. 热启动性能。
6. ABS 性能。
7. 制冷剂观测窗。
8. 清洗车辆。
9. 检查车内、行李箱是否有水渗漏。

学习单元四：技术培训管理

知识目标

1. 理解培训对于汽车售后服务企业的重要作用；
2. 掌握培训管理的流程。

技能目标

按照新进员工培训管理的要求，提升自身的综合技能。

基础知识

一、培训的意义

培训员工既是企业的责任，也是企业的义务。培训工作是服务站持续发展的重要保证，是实施管理的重要补充。服务站对员工进行培训是一种投资行为，而不能单纯认为是一种成本支出，员工培训提高了员工素质，增强了服务站的竞争力。培训的意义可以区分为以下几点：

（1）培训能增强员工对企业的归属感和主人翁责任感。就企业而言，员工培训越充分，企业对员工就越具有吸引力，就越能发挥人力资源的高增值性，从而为企业创造更多的效益。

（2）培训能促进企业与员工、管理层与员工层的双向沟通，增强企业向心力和凝聚力。文化是企业的灵魂，它是一种以价值观为核心对全体职工进行企业意识教育的微观文化体系。

（3）培训能提高员工综合素质，提高生产效率和服务水平，树立企业良好形象，增强企业盈利能力。

（4）适应市场变化、增强竞争优势，培养企业的后备力量，保持企业永久经营的生命力。企业竞争说穿了是人才的竞争。明智的企业家愈发清醒地认识到培训是企业发展不可忽视的“人本投资”，是提高企业“造血功能”的根本途径。

二、培训管理的流程

（一）站内员工培训

1. 培训内容

培训主要分为岗前培训、日常培训、定向培训。

（1）岗前培训。主要包括职业道德、厂规厂纪培训，另外还应有工作流程、岗位职责培训。

（2）日常培训。根据不同岗位、工种、级别分别进行培训。服务站管理人员培训政策法规、服务站管理、市场动态及维修基础知识。维修人员的培训可分为初级工、中级工、高级工培训。初级工培训汽车构造、汽车维修的基本知识、通用工具的使用、安全操作规程。中级工在初级工培训的基础上，学习汽车的结构原理、汽车故障排除、常修车辆的技术参数、零配件的使用标准、专用工具专用仪器的使用。高级工在中级工培训的基础上，培训汽车零部件质量鉴定、维修质量检验、维修所用原材料的质量鉴定、金属磨损原理、机械制图、电路图阅读等。

（3）定向培训。根据维修服务站工作的需要，选择有培养前途的员工到专业学校或同行业的优秀服务站进行培训。

2. 培训形式

培训采用理论和实践相结合的方式，以调动参训人员的兴趣。

3. 考试

考试是检验培训效果的一种有效方式，考试可分为笔试和实践操作。对考试优秀者，进行一定的物质和精神奖励，以调动全体人员的学习热情。

（1）笔试。维修人员考核基础理论、维修常识、故障排除方法等。业务接待考核汽车构造、维修基本常识、服务规范等。

（2）实践操作。维修人员考核仪器、工具的使用及故障排除等，考试时可在车上设计几个故障，考核维修人员排除故障的能力及排除故障的思路是否正确。业务接待考核接待规范、突发事件的处理能力等，考试时可由一人扮成挑剔的客户，提出一些挑剔的问题，考核业务接待语言、行为技巧等。

（二）汽车生产商培训

汽车生产商培训是指汽车生产商对服务站员工进行的培训。

1. 培训内容

培训主要分为岗位培训、新技术培训和服务活动培训等。

（1）岗位培训。主要对不同工种、不同岗位进行培训，包括服务经理、配件经理、技术总监、服务顾问、索赔员、维修技师等。服务顾问和维修技师的培训又分为不同等级，有的汽车生产厂商分为一、二、三级，有的分为初级工、中级工和高级工。

（2）新技术培训。根据车辆出现的新技术进行培训，这种培训一般在新车型上市前进行。培训新车型的结构原理、技术参数、专用工具专用仪器的使用和汽车故障排除等。

（3）服务活动培训。在汽车生产商统一组织的全国服务活动前对服务站进行培训。

2. 培训考核

汽车生产商把培训作为对服务站考核的一项重要内容，希望通过培训提高服务站人员素质，更好地为客户服务，提高客户满意度。汽车生产商的培训考试一般也分为笔试和实践操作两种形式。

（1）笔试考核培训人员对培训内容的掌握程度。

（2）实践操作考核培训人员的实际操作能力。

3. 转训

参加汽车生产商培训的人员应在服务站内进行转训，即以培训的内容对服务站其他人员进行培训，以达到共同提高的目的。

三、新进员工的培训

新员工培训的目的在于帮助新员工尽快熟悉工作环境，认识公司文化，帮助员工提高个人素质，培养职业道德、敬业精神和团队意识，使员工由社会人成为公司职业人。新员工的培训内容一般首先要介绍公司概况，让新员工全面了解、认识公司，减少陌生感，增加亲切感和使命感。另一个重要的培训内容是新员工的职位说明及职业守则，并在规定的时间内让新员工掌握工作方法和工作技能，接受新员工提出的问题并给予必要指导。

新员工培训内容主要由培训课程体现，一般分为通识类课程和专业类课程两部分。通识类课程主要涉及本公司企业文化、组织结构、业务流程的介绍，还涉及基础的汽车专业知识和人际沟通及礼仪等方面的介绍。主要是为了提高新员工对公司的认识和提高新员工的综合技能。而专业类培训主要针对具体的工作岗位及工作职责，以让新员工具备胜任该岗位的技能和知识为目的。

知识链接

以下是某4S店新进员工的培训课程大纲。

第一讲　礼仪概述

一、礼仪的含义、实质及其渊源

二、商务礼仪的含义及其功能

三、如何践履商务礼仪

第二讲　汽车4S店工作人员职业形象的塑造

一、仪容礼仪

二、着装礼仪

三、仪态规范

四、表情礼仪

第三讲　汽车4S店服务用语的规范

一、服务人员语言规范意识的培养

二、服务接待文明用语

三、服务忌语

第四讲　汽车4S店工作人员日常交际礼仪

一、谋面致意礼仪

二、言谈礼仪

三、名片礼仪

四、介绍与被介绍礼仪

第五讲　汽车4S店工作人员处理异议的技巧

一、正确认识异议：客户是最好的老师

二、产生异议的原因

三、处理客户异议应遵循的原则

四、处理客户异议的方法与步骤

第六讲　汽车4S店工作人员的沟通技巧

一、商农－威佛传播理论模型

二、倾听技巧

三、个人风格分析

四、响应风格与方式

五、四类人际风格的特征与沟通技巧

整个培训课程，从业务接待礼仪以及处理问题的标准话术方面展开，涉及基础的汽车专业知识和人际沟通及礼仪等方面的介绍，具有很强的实际指导意义。

学习案例3-5

迪士尼新员工培训

对于迪士尼来说，员工培训的首要目的是认同企业价值，传递它的“企业宗教”。不管是新聘任的副总裁还是入口处售票的业余兼职短工，每一个员工都要接受企业的文化训练，充分了解迪士尼的历史传统、成就、经营宗旨与方法、管理理念和风格。

在几天的培训中，所有新聘员工需要马上学会下列新的迪士尼语言：员工是“演员”；客户是“客人”；一群人是“观众”；一班工作是一场“表演”；一个职位是一个“角色”；一个工作说明是一个“脚本”；一套制服是一套“表演服装”；人事部是“制作部”；上班是“上台表演”；下班是“下台休息”等。新员工培训一般安排在特别设计的、贴满创始人沃特·迪士尼肖像和他最出名的角色（例如米老鼠、白雪公主和七个小矮人等）招贴画的训练室里进行。经过精心挑选的培训导师用认真编写的脚本和特殊语言，通过反复提问及回答的方式来使新员工加深对迪士尼的认识。

案例分析

迪士尼新员工的培训是一种自上而下的全范围的培训，无论职位高低，都需要通过培训来培养员工对企业的认同感，这是首要的。员工必须理解企业的语言，通过培训导师的反复提问及回答的联系，强化新员工对企业的认识。

拓展实训：工具设备管理及安全生产管理

实训目的

1. 了解设备与工具的种类；
2. 掌握工具设备管理工作的具体内容；
3. 了解安全生产的基本概念；
4. 掌握维修生产中的不安全因素及安全措施的相关知识。

实训内容

（1）选择附近的4S店进行调研，运用设备与工具种类的知识，区分维修车间设备与工具，并分类区分。

（2）每一类设备与工具选择一种，两人一组，互相考核该设备与工具的管理要求。

（3）两人一组，通过网络或实地调研，搜集关于安全生产的案例，并与其他小组分享。

（4）选择 4S 店进行调研，记录维修生产中可能存在的安全隐患，并提出安全改善措施。

实训结果

总结分析

教师评分

教学检测

选择题

1. 全面质量管理强调科学的管理工作程序，通过（　　）循环式的工作方式，即 PDCA 工作循环。

A. 计划　　B. 执行　　C. 检查　　D. 处理

2. 返修后的 3 天内，（　　）直接对客户进行追踪、确认。

A. 服务经理　　B. 业务主管　　C. 车间主管　　D. 维修技师

3. 站内员工培训主要分为（　　）。

A. 岗前培训　　B. 日常培训　　C. 定向培训　　D. 单人培训

4. 在汽车服务中心，安全生产管理主要通过（　　）方面开展，以确保服务中心的生产作业安全和服务人员安全。

A. 安全制度保障　　B. 培训教育保障
C. 防护及环境保障　　D. 作业流程保障

5. 越是高档车辆，其电子自动化程度越（　　），PDI 项目的检查也就越（　　）

A. 低；少　　B. 低；多　　C. 高；少　　D. 高；多

填空题

1. 全面质量管理的核心是管理的 ________、________ 和 ________，即“三全管理”。

2. 按照设备与工具的特点划分为：________、________、________、________ 四类。

3. 安全生产工作是指在生产过程中保障 ________ 和 ________ 安全。

4. 每个维修工位要有足够的面积和高度，一般轿车维修工位的面积不小于 ________ 平方米，高度不小于 ________ 米。

5. PDI（Pre-Delivery Inspection）检测是一项 ________ 检测证明，是新车在交车前必须通过的检查，也就是对于商品车辆的 ________ 检查，并使车辆状态达到质量要求。

简答题

1. 简述一次修复业务流程。
2. 简述与危险品有关的不安全因素及安全措施。
3. 在新车接车流程中，经销商应做好什么工作？
4. 简述商品车临卖状态检查要求。

学习情境四

客户关系管理与维护

情境导入

客户关系管理——赢得心的营销

上海通用汽车公司 CRM 系统

上海通用汽车公司把客户关系管理作为公司整理管理战略的重要组成部分，公司借助 mySAP CRM 与后台 ERP 系统的高度集成，实现对客户关系管理环节的管理。

在上海通用汽车公司的管理理念中，CRM 管理系统并不是简单的折扣销售或优惠券营销等。因为这些只是对客户实施的昂贵的贿赂行动，而它并不能买来客户的忠诚。现在面临的真正挑战是通过长期引导客户行为，强化公司与客户的关系。这种关系不是优惠卡，而是从客户利益与公司利益两个方面实现价值最大化。是客户与公司的双赢。

从客户角度增加客户关系的价值，是 CRM 的根本。成功并不在于拥有怎样的工具，而在于为客户做了些什么，从而真正显示了对客户的关怀。目前上海通用汽车公司 CRM 系统已经实现对客户关系管理的各个业务环节的把控包括：

1. 通过电话、传真、E-mail、手机短信和互联网等多种方式处理客户。
2. 处理客户问题，向相关部门分派任务及获取反馈，跟踪客户问题的解决情况。
3. 执行市场活动，跟踪潜在客户，提高潜在客户转化率。
4. 分析各类数据，考核所涉及人员及部门。

在 CRM 系统的帮助下，目前上海通用汽车公司客服中心职员在 CRM 系统中对于客户沟通的全程进行管理的同时，可以随时查阅该客户的详细信息、历史记录，并在解决方案数据库的帮助下回答客户的问题，这极大地提高了对客户问题的处理速度和处理质量。

对于上海通用汽车公司来讲，实施 CRM 是势在必行，而对于整个汽车行业来讲，更是一种大势所趋。在可预计的未来，汽车行业的竞争将会由市场竞争转化为售后服务的竞争，继而可能会引发一场变革。

学习导航

服务营销是指一种以客户价值为导向的营销策略，通过客户满意和忠诚来促进价值的交换，最终实现营销绩效的增长和企业的持续发展。而客户关系管理正是实现这一营销组合策略的重要手段。它的最终目的就是将每项服务措施转化成为对客户的实惠，让客户切实感受到企业的差异化服务特征。

学习单元一：客户关系管理

知识目标

1. 了解客户关系管理的概念及实施客户关系管理的必要性；
2. 了解汽车企业实施客户关系管理存在的问题及完善措施。

技能目标

1. 掌握客户关系管理的本质，并运用到实践中；
2. 理解企业实施客户关系管理的主要内容。

基础知识

汽车服务企业传统的服务程序已经渐渐转化为以客户为中心的服务程序。在客户预约、服务后回访以及问题的解决和预防上，客户关系管理将起到关键的作用，在落实各项程序以后，它将会确定问题的根源，并帮助服务部门改进。这样，汽车服务企业可以得到客户的信任，增强客户的忠诚度，避免客户寻求其他企业的服务。

一、客户关系管理的概念

客户关系管理（Customer Relationship Management，CRM）是一个不断加强与客户交流，不断了解客户需求，并不断对产品及服务进行改进和提高，以满足客户的需求的连续的过程。企业通过一种互动的交流来进行沟通，理解并影响客户行为，改善服务的方式和质量，最终实现提高客户获得、客户保留、客户忠诚和客户创利。

客户关系管理的内涵是企业利用信息技术（IT）和互联网技术实现对客户的整合营销，是以客户为核心的企业营销的技术实现和管理实现。客户关系管理注重的是与客户的交流。

企业的销售、市场、服务等部门和人员掌握全面及个性化的客户资料，并对信息进行分析，与客户保持沟通交流并实施个性化的跟踪服务；使他们能够协同建立和维护与客户之间有效的“一对一关系”，从而使企业得以提供更快捷和周到的优质服务，提高客户满意度，吸引和保持更多的客户。从而增加企业的利润，并通过信息共享和优化商业流程有效地降低企业经营成本。

二、客户关系管理的必要性

随着我国经济的发展和汽车制造技术的提高，消费者面临着越来越多的选择。差异化需求使客户对企业的要求也日益提高，使企业面临着多方面的竞争压力。如何提高客户的满意度与忠诚度，并最终提高企业竞争力，已经成为企业亟待解决的发展问题，客户关系管理正是基于这种需求而产生的。如今市场竞争的焦点已从产品竞争转向品牌竞争、服务竞争。企业之间为客户资源、客户价值而战，如果不能有效实施客户关系管理就将面对客户资源的流失、盈利能力的萎缩等难题。企业实施客户关系管理能够提升汽车企业的竞争优势，主要体现在以下几个方面。

1. 实施客户关系管理有利于提高客户满意度和忠诚度

从某种意义上说，汽车售后服务企业的生存和发展是由客户满意度和忠诚度决定的。客户关系管理作为一种先进的管理理念和理论，在提高客户满意度和忠诚度方面可以起到至关重要的作用。

学习案例4-1

一项客户关系管理的微观营销原则是：把目标指向最佳的客户，并与这些客户建立关系。

当今生活中，信用卡已成为一种简单便捷的信贷服务。持卡人持信用卡消费时无需支付现金，待账单日时再进行还款。银行向客户提供高附加值的服务，通过关注不同客户群体的差异性需求，从而进行准确的市场定位。因此，完善的信用基本服务和高附加值的服务是发卡行吸引和稳定客户的重要手段。当竞争发展到一定程度后，服务策略就转到增加信用卡附加服务上来。以客户为中心，根据客户的需求产生有效的沟通，如信用卡附带购物折扣、免费购物及旅游保障、飞行里程积分、长途电话费折扣、全球紧急支援服务、道路救援服务等；满足群体的特殊需求，如人寿保险折扣、加油卡折扣、女性服装、美容、健身等。增加信用卡的各种服务功能，不仅能使持卡人得到方便、快捷的消费感受，还能使持卡人获得信用卡带来的诸多优惠和安全保障。

要赢得客户的心，必须深谙面向客户之道，并与之便利地沟通和交易。思科公司在这一方面颇有心得。“思科在线联络”是该公司向客户提供的全天候服务与技术支持资源系统。只有思科现实客户才能进入该网络，可在网上查询订单、了解产品和价格信息、重新检查合同、下载软件。思科还可就其软件瑕疵在第一时间向客户公告。

案例分析

实行 CRM 的全部内涵在于与客户建立互动的关系——与客户开展形式多样的“一对一”对话。通过对话实现销售，并且是长期的、有利润保证的销售。只有和客户共同参与的互动的对话，方能赢得客户的“心”。

2. 实施客户关系管理有利于客户价值的开发

获取客户价值是售后服务企业的盈利方式。实施客户关系管理可以更好地开发潜在客户，了解客户的需求并推出相应的产品与服务，最大限度地挖掘客户价值，实现持续稳定的获利。

3. 实施客户关系管理有利于提高品牌的专业形象和价值

客户关系管理在企业运营的各个环节，都提出了规范的标准化作业流程。在提供服务的同时，客户感受到了专业服务，企业的品牌价值也随之提升。

客户关系管理是与客户联系的中心点，是客户与各个部门联系的纽带，也是保持良好客户关系以及赢得潜在客户的有效策略。它能帮助企业提供高质量的销售和维修服务，从而建立较高的客户忠诚度和良好的客户口碑，产生回头客。

三、客户关系管理部门的工作内容及主要职责

1. 客户关系管理部门的工作内容

（1）通过提供新车销售信息、服务回访、总结分析等，支持其他各部门的功能。

（2）处理客户的咨询和反映的问题。

（3）与客户联系进行回访。

（4）保持良好的客户关系。

2. 客户关系管理部门的职责

（1）设立直拨电话专线（最好是400热线），供客户预约维修和咨询新车销售、维修及零件促销活动。

（2）新车销售和维修服务后，进行客户满意度的回访。

（3）处理所有客户关注和反映的问题，并力求获得圆满的解决。

（4）探寻和分析客户关注的问题，并提出预防问题再次发生的方案和建议。

（5）科学地管理客户和潜在客户数据，通过持续更新信息，确保信息的准确。

四、企业实施客户关系管理存在的问题

（1）观念落后。与国外形成客户关系管理（CRM）的情况不同，我国是先引进产品，而不是管理思想，因此，好多汽车企业把客户关系管理仅仅看作是信息技术，而非管理理念，不能引起汽车企业的高度重视。汽车企业在系统规划和实施时仅由技术主管负责，缺少高层领导和营销、客户支持、生产等业务部门的参与。项目经理多由技术部门的领导担任，高级管理人员未能亲自关心负责系统的规划和实施。

（2）信息技术不成熟。CRM的运行离不开信息技术的支撑，目前比较常用的技术包括：数据仓库、资料采集、销售自动化、市场营销自动化、服务自动化以及呼叫中心或多媒体客户服务中心等，而在计算机技术、通信技术、存储技术等方面我国与发达国家还存在很大的差距。所以，当CRM系统在使用过程中出现问题时，企业就不能及时有效地进行处理，完不成预期的任务。久而久之，CRM系统便成了汽车企业的摆设，不能发挥它的使用价值。

（3）数据采集认识不够。目前，我国汽车企业对如何搜集数据、如何保证数据质量、如何对数据进行处理等问题缺少足够的认识，致使汽车企业在实施CRM过程

中难以产生所需要的结果。客户数据通常存储在公司不同技术平台上的多个系统中，汽车企业没有集成企业内不同系统上存储的有关客户的数据，这样就造成了不同部门对客户发出的产品信息不同，让客户产生误解。

（4）CRM 未能融入汽车企业文化。汽车企业文化是汽车企业在长期发展过程中形成的，是汽车企业的灵魂，指引着汽车企业的发展方向，是汽车企业的无形资产。CRM 的核心思想是以客户为中心，那么实施 CRM 的汽车企业就要求从以往的以生产为中心、以产品为中心向以客户为中心转变。文化的产生和形成是一个漫长的过程，文化变革更非易事。因此，在实施 CRM 的过程中就容易使 CRM 的理念与汽车企业的文化相矛盾，使 CRM 很难融入汽车企业文化。

五、企业实施完善的客户关系管理系统

通过客户关系管理的方式来实施提高客户满意度策略，提升客户价值，才能够实现服务营销的最终目的。

1. 我国汽车企业实施 CRM 系统分析

CRM 系统已在国外众多企业中得到应用并取得良好的效果，但国内汽车企业实施 CRM 系统却会遇到许多困难。这是由于：第一，自动销售系统在我国汽车行业并未普及；第二，企业在如何从客户数据中分析其购买习惯并针对不同消费者采用有针对性的营销策略方面没有积累起有效的经验，甚至没有建立起完整的客户数据库；第三，汽车企业中真正运用了 CTI（计算机网与通信网集成）呼叫中心的厂商屈指可数，网上商城尚处于萌芽阶段。

基于以上原因，目前在我国汽车企业实施 CRM 系统，实际上是跨越了国外十几年的发展过程，要在基本上是人工操作的传统销售与售后的基础上一步达到与客户进行友好的、多渠道持续交流的目标，显然有一定难度。所以，我国汽车企业实施 CRM 系统，合理地进行规划就十分必要。

2. 汽车制造企业的组织再造

汽车企业实施客户关系管理，首先要进行组织再造和业务流程重组。通过组织再造，整合内部资源，建立起以客户为导向的职能完备、运行高效的组织机构；同时以挖掘和满足客户需求为基点，来实现业务流程的重构，加强基于客户互动关系的营销和产品销售、服务工作，统一客户联系渠道，针对客户的需求及时推出创新的产品和服务。

根据 MIT 的研究，IT 技术的应用对企业信息化的影响可分为局部应用、集成化应用、业务流程重构、业务网络重构和业务范围重新定义五个层次。汽车企业实施 CRM 系统的最终目标，就是要借助于对客户关系的管理，来实现对企业组织结构、业务流程、企业与客户关系的重新设计，从而实现业务和工作方式的创新。

知识链接

MIT 即麻省理工学院。麻省理工学院无论是在美国还是全世界都有非常重要的影响力，培养了众多对世界产生影响的人士，是全球高科技和高等研究的先驱领导大学。

基于客户关系管理的汽车企业组织再造，必须强调以服务的全过程为中心，以关心和满足客户个性化需求为目的，对现有组织体系和经营过程进行根本性的再思考和彻底的重新设计。利用先进信息技术及现代化的管理手段，最大限度地实现技术上和管理上的职能集成；打破传统的职能型组织结构，改善服务功能与整个外部环境的关系，最终实现企业在服务质量、效率等方面的提升。汽车企业的组织再造应注意以下几项：

（1）组织的扁平化。面对客户的个性化服务要求，企业应对客户驱动的市场变化反应灵活并能够做出快速的反应。因此，应对原有的多等级的金字塔式组织结构进行变革，建立扁平化的组织结构，削减企业内部层次，促进信息传递与沟通的速度，增强企业的服务灵捷性。

（2）企业的组织再造，要求以服务工作的流程为中心，重新梳理工作程序，而非将组织机械地按企业的需要分为多个部门。

（3）以数据信息资源的共享和技术优势为依托，按照开放性、实时性、主动性，适于实施与客户交互式的原则来设计全员参与的组织结构。此外，再造组织结构时，除了需符合客户关系管理的流程需求外，还应与企业的经营规模、所处的竞争环境、企业员工的综合素质、经营活动的地理分布等因素相匹配。

（4）客户服务中心。结合客户关系管理的需要，汽车企业在再造组织构架时，都通常加设客户服务中心，客户服务中心已经成为汽车企业客户关系管理的重要实施平台。汽车制造企业的客户服务中心一般包含呼叫中心、数据管理部、客户服务部和网络系统部。国内各大汽车企业基本都已建立各具特色的客户服务中心，它们是集电话、直邮、传真、电子邮件、短信及互联网等多样化的客户沟通渠道于一体的客户互动平台。在销售、售后、公关、网发、财务等各部门的全力协作下，客户服务中心结合经销商管理系统，初步形成了整合性的关系营销架构，为构建汽车企业的服务营销模式打下了良好的基础。

学习单元二：客户满意与客户关怀

知识目标

1. 了解客户满意和客户关怀的概念；
2. 了解提高客户满意度的重要意义，并掌握提高客户满意度的技巧；
3. 了解实施客户关怀的原则及实施要点。

技能目标

1. 掌握客户满意相关概念，培养分析客户满意度的能力；
2. 培养与客户有效沟通的能力。

基础知识

一、客户满意度的概述

客户满意是指客户对其需求或期望已被满足的程度的感受。为了评价和衡量感受状态的水平，营销学家引入了“客户满意度”这一指标对“客户满意”做出定量描述。客户满意度也叫客户满意指数，是通过对服务性行业的客户进行期望值和体验结果进行对比评测后，得出的一个相对概念数据或系统，即依据客户期望值与体验结果的匹配程度得出的总体和细分化指数。“客户满意度”也可简单定义为：“客户接受产品和服务的预期绩效或产出与其期望值差异的函数。”即客户在购买商品和服务时，会与期望值相比较而表露出对商品和服务的感受。绩效大于期望，很满意；绩效等于期望，满意；绩效小于期望，不满意。

客户在购买和使用汽车产品时，总是希望把如货币、时间、精神和体力的成本降低到最低限度，而同时又期望从中获得更多的实际利益，以使自身的需要得到最大限度的满足。因此，客户在选购汽车产品和服务时，往往从价值与成本两个方面进行比较和衡量，从所有待选的汽车产品中选择出价值最高、成本最低，即自我利益最大的车型作为优选对象，以满足自己对产品和服务的需求。企业为在竞争中战胜对手，就必须向客户提供比竞争对手具有更多客户利益的产品和服务，才能使消费者持续消费其产品和服务。

美国管理学家菲利普·科特勒认为，客户满意度的内涵通常包含以下三点：

（1）客户满意度受多种因素的影响，是一种对所提供的产品或服务的预期与实际的比较。这些产品和服务由很多因素组成，任何一种因素不到位就会形成预期落差，造成客户不满意。

（2）能够使一个客户满意的产品或服务，未必会使另外一个客户满意。不同的客户由于性格、人生经历、审美观、价值观等的不同，对所提供产品和服务的预期也就不一样。因此，对所提供的相同的产品或服务，就有可能产生不同的落差，等于或高于预期就会满意，低于预期则会不满意。

（3）能使得客户在一种情况下满意的服务，在另一种情况下未必能使其感到满意。客户的预期会随着时间变化而变化，对变化了的预期如果还用原来的服务应对，就可能造成客户不满意。

（一）影响客户满意的因素

每位客户在寻求服务之前都有一种期望，这种期望因个人经历、口碑和宣传信息不同而不尽相同，而期望是否得到实现及实现程度决定着客户满意度。调查表明，大多数客户在光临之前几乎总是看到缺点，例如在送修之前，会更多地考虑工时费用高、配件费用高、送车和取车费时以及修车时无车可开等。所有这一切都是客户满意度的负面条件。因此，一方面汽车售后服务的目的是保证提供有质量的服务，真正帮助客户解决实际问题，保证服务水准；另一方面要考虑到客户内心所期望能够获得产品或服务的情境，在服务过程中使客户感受到自己被理解，受欢迎，环境舒适，并认为自己很重要。

客户满意或不满意的感觉极其程度，受到以下四方面因素的影响。

1. 产品和服务让渡价值的高低

客户对产品或服务的满意会受到产品或服务让渡价值高低的重大影响。若客户得到的让渡价值高于期望值，他就倾向于满意，差额越大越满意；反之亦然。

2. 客户的情感

客户的情感同样可以影响其对产品和服务满意的感知。这些情感可能是稳定的，事先存在的，比如情绪状态和对生活的态度等。非常愉快的时刻、健康的身心和积极的思考方式，都会对所体验服务的感觉有正面的影响。反之，当客户正处在一种恶劣、消极的情绪当中，消沉的情感将被他带入对服务的评价，并导致他对任何小小的问题都不放过或感觉失望。消费过程本身引起的一些特定情感也会影响客户对服务的满意。例如，汽车销售过程中，客户在看车、试车和与销售顾问沟通过程中所表现出来对成功事业、较高的地位或较好的生活水平的满足感，是一种正向的情感。这种正向情感是销售成功的润滑剂。从让渡价值的角度来看，这类客户对形象价值的认定水平比一般客户要高出许多。

3. 对服务成功或失败的归因

这里的服务包括与有形产品结合的售前、售中和售后服务。归因是指一个事件感觉上的原因。当客户被一种结果（服务比预期好得太多或坏得太多）而震惊时，他们总是试图寻找原因，而他们对原因的评定能够影响其满意度。例如，一辆车虽已修复，但没能在客户期望的时间内修好，客户认为的原因是什么（这有时和实际的原因不一致）将会影响到他的满意度。若客户认为原因是汽车 4S 店因这次修理赚钱不多而没有尽力，那么他就会不满意甚至很不满意；若客户认为原因是自己没有将车况描述清楚，而且配件的确不易采购到的话，他的不满程度就会轻一些，甚至认为汽车 4S 店是完全可以原谅的。相反，对于一次超乎想象的好服务，若客户将原因归为“汽车 4S 店的分内事”或“现在的服务质量普遍提高了”，那么这项好服务对提升这位客户的满意度并没有贡献；若客户将原因归为“他们因特别重视我才这样做的”或“这个品牌是因为特别讲究与客户的感情才这样做的”，那么这项好服务将大大提升客户对汽车 4S 店的满意度，并进而将这种高度满意扩大到对品牌的信任。

4. 对平等或公正的感知

客户的满意还会受到对平等或公正的感知的影响。客户会问自己：我与其他的客户相比是不是被平等对待了？别的客户得到比我更好的待遇、更合理的价格、更优质的服务了吗？我为这项服务或产品花的钱合理吗？以我所花费的金钱和精力，我所得到的比人家多还是少？公正的感觉是客户对产品和服务满意感知的中心。

> **小提示**
>
> 同学们要重点记忆影响客户满意度的因素。

知识链接

1. 让渡价值

让渡价值就是客户总价值与客户总成本之差。其中，客户总价值包括客户在购买和消费过程中所得到的全部利益，这些利益可能来自产品价值、服务价值、人员价值或形象价值。对客户总价值的分析是客户理论研究的重点。客户总成本包括客户为购买某一产品或服务所支付的货币成本，以及购买者预期的时间、体力和精神成本。

2. 让渡价值的内涵

由于社会的不断发展，商品生产能力极大提高，从而使如今的消费者面临着繁多的商品和品牌选择，这就使企业必须关注客户是如何做出选择的。显然，从经济学的观点看，消费者既然是社会经济的参与者和商品价值的实现者，他必然按“有限理性者”行事，亦即客户是按所提供的最大价值进行估价的。因而，现代营销理论的前提是买方将从企业购买他们认为能提供最高客户让渡价值的商品或服务，而所谓客户让渡价值（customer delivered value）是指整体客户价值（total customer value）与整体客户成本（total customer cost）之间的差额部分。整体客户价值是指客户从给定产品和期望中得到的全部利益，这包括产品价值、服务价值、人员价值和形象价值。整体客户成本则是客户在购买商品和服务过程中所耗费的货币、时间、精力和精神成本。

客户让渡价值概念的提出为企业经营方向提供了一种全面的分析思路。第一，企业要让自己的商品能为客户接受，必须全方位、全过程、全纵深地改善生产管理和经营。企业经营绩效的提高不是行为的结果，而是多种行为的函数。以往我们强调营销只是侧重于产品、价格、分销、促销等一些具体的经营性的要素，而让渡价值却认为客户价值的实现不仅包含了物质的因素，还包含了非物质的因素；不仅需要有经营的改善，而且还必须在管理上适应市场的变化。第二，企业在生产经营中创造良好的整体客户价值只是企业取得竞争优势、成功经营的前提，一个企业不仅要着力创造价值，还必须关注消费者在购买商品和服务中所倾注的全部成本。由于客户在购买商品和服务时，总希望把有关成本，包括货币、时间、精力和精神降到最低限度，而同时又希望从中获得更多实际利益，因此，企业还必须通过降低生产与销售成本，减少客户购买商品的时间、精力与精神耗费从而降低货币与非货币成本。显然，充分认识客户让渡价值的含义，对于指导工商企业如何在市场经营中全面设计与评价自己产品的价值，使客户获得最大程度的满意，进而提高企业竞争力具有重要意义。

（二）客户满意度影响因素分析

汽车售后服务企业依据上游厂商指定的第三方调查公司所做的客户满意度调查，同时参照本公司所做的客户满意度调查，检讨客户满意度执行的情况，并分析销售、服务的优势及弱势，找出问题存在点，以拟订改善计划。同时以受访者对企业评估及服务满意度作为依据，适时比较企业与同业佼佼者之间的差距，作为改善参考依据。客户满意度会议讨论的内容可以记录于“客户满意会议记录表”（表 4-1）中，进行备案。客户满意度分析流程如图 4-1 所示。分析之后将所得结果、解决方案汇总于改善方案表（表 4-2）内。

表 4-1 客户满意会议记录表

主持人：
日期：　　　年　月　日（星期　）
地点：
议题：客户满意度检讨
出席人员：销售部主管、服务部主管、高层主管

项目	计划执行事项	负责人	完成日期		执行状况	备注
			计划	实际		
1						
2						
3						
4						
5						
6						
7						
8						
9						
10						

董事长：　　　部门主管：
记录：

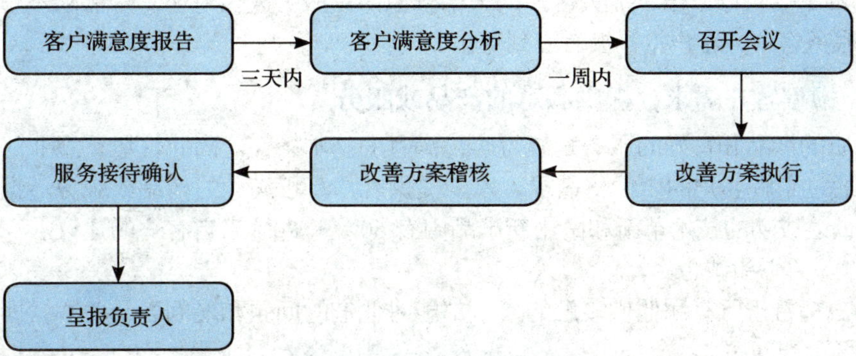

图 4-1 客户满意分析流程

表 4-2 改善方案表

待改善项目	执行方案	担当者	负责人	完成时间	评量指标	稽核人员	执行情况

董事长：　　服务接待：　　部门主管：　　负责人：　　担当者：

注：待改善项目——每季度客户满意度报告中企业急需改善的重点。

执行方案——针对待改善项目所拟定的数个执行方案。

担当者——实际参与执行方案的对象（须签名以示已知该执行方案，立即行动）。

负责人——单位主管。

完成时间——确认执行方案的改善时间。

评量指标——制订改善指标。

稽核人员——公司经理、主管。

执行状况——服务接待确认追踪。

（三）提高客户满意度

某一调研机构数据分析失去客户的原因（表 4-3）。

表 4-3 失去客户的原因比例

失去的客户的百分比（%）	原因
1	死亡
3	搬走了
4	自然地改变了喜好
5	在朋友的推荐下换了公司
9	在别处买到更便宜的产品
10	对产品不满意
68	与他打交道的人对他的需求漠不关心

由表 4-3 可以看出，流失客户的大部分原因是服务人员对客户的需求不重视，没有用心服务客户，客户觉得没有受到尊重。

1. 根据客户需求，提供满意的产品或服务

优质的产品和良好的服务是赢得客户满意的基本条件。因此，汽车企业的营销人员只有通过了解客户的个性化需求，才能提供客户真正满意的产品或服务。据美国的一项调查，成功的技术革新和民用新产品中有 60% ~ 80% 来自客户的建议。

（1）关心和诚心。

客户都希望所有和他们接触的人，都能对他们的问题和疑问表示关心，即站在客户的立场上想问题。

（2）聆听客户心声。

客户讲话时不要听一两句就插嘴，客户希望能提供舒适的环境和聆听他们的想法。

（3）熟练、负责、认真地处理事情。

客户希望服务人员聆听他们的想法，而且更希望服务人员办理任何事都很负责任，希望提供亲切的回答和满足客户的需求。

（4）快速性和完美性。

快速地处理客户提出的问题，能证明服务人员对客户有多关心，而且完美地处理客户不满的事情是最基本的要求。

2. 满足客户的需求

满足客户需求的步骤见表 4-4。

表 4-4 满足客户需求的步骤

步骤	方法
确认客户的不同要求	用不同的方法服务不同的客户
设法让承诺快速实现	先做客户马上需要办的小事
符合基本的期待	公司已有的基本服务先满足，再设法满足客户随口提起的希望事宜
让客户安心消费	带着微笑先讲清楚服务及费用，当客户不确定时要及时说明或做出心理弥补

3. 提供附加利益

在向客户提供某种产品或服务的基础上，企业若能提供客户需要的各种附加利益，一方面会使客户利益实现最大化，从而赢得客户的好感；另一方面，在产品或服务特征相近的情况下可使企业形成差别化优势，进一步加深客户的信任。

4. 提供信息通道

通过前面的分析可知，客户满意的重要组成部分是信息满意，因此，建立企业与客户之间双向的、畅通的、有效的信息沟通渠道是客户满意的保障之一。企业与客户的双向沟通体现在四个方面：一是企业能够随时与客户和潜在客户取得联系，这需要建立客户数据库以记录客户的基本资料；二是企业要为客户提供信息反馈渠道，倾听来自客户的意见和建议，并使客户能随时得到企业的帮助；三是建立与以客户为中心相应的企业组织，要求对客户的需求和意见具有快速的反应机制，养成鼓励创新的组织氛围，组织内部保持上下沟通的顺畅；四是给予员工充分的授权，这是及时完成令客户满意的服务的重要一环，如果执行工作的人员没有充分的处理决定权，什么问题都须等待上级命令，客户满意是无法保证的。

（四）提高客户满意度的措施

在买方市场逐渐形成，市场竞争日益加剧的经济背景下，越来越多的企业已经意识到，保留现有客户，提升客户满意度，并从中开发忠诚客户的重要性。同时也意识到，客户满意与客户忠诚，才是企业生存和发展的关键。在实际生活中，80% 的经销商都认为他们给客户提供了卓越的产品和服务，然而，只有 8% 的客户认可他们的观点。在客户满意度的收效上，实际上就是一个漏斗，从经销商到客户，收效甚微。所以，不论经销商对于客户满意度的认知程度有多深、重视程度有多高，一切都应该以结果为导向，最终的客户满意度结果才最为重要。有研究表明，在客户的体验中，只有 14% 的客户看中产品的品质，但却有高达 68% 的客户看中服务品质。在客户满意度的提升上，如何提高员工的满意度，是首先应该考虑和解决的问题。只有高度满意的员工，才能创造出令客户高度满意的服务，客户对服务认可，才有可能创造高度的客户满意，进而收获客户忠诚度。在一个高度以客户为尊的时代，客户越来越多地享有主动权，他们对产品信息、价格以及经销商竞争对手之间的信息更为了解。所以，仅仅停留在简单的客户满意度上还是远远不够的，客户需要的，是更为创新的产品、更有效持续的市场沟通。最后，也是最重要的，让客户参与其中，创造非同一般的客户体验。

1. 完善客户满意度的监督体系

设立专门的CRM部门，负责客户投诉处理，并实施对客户满意度的定期调研和监控。一方面，专业独立的CRM部门受厂商的专业培训指导，业务素质能力能得到明显提升；另一方面，独立于销售、售后和其他部门的CRM，相对独立，能够公平、公正地处理冲突。同时，CRM的回访人员在定期的客户回访中，也能够及时地了解到客户对于产品本身及经销商的服务诉求，对客户的期望了解得相对直接、正面，因此，更有利于公司整体满意度提升战略的制定和实施。

在实际日常的调查检测体系中，满意度调研一般由三个层级构成：一是厂商的月度不定期电话调查，也就是针对新车销售和售后及维修的满意度调查。二是第三方进行的年度调查，诸如知名的JD.Power所提供的调研数据。由于是独立于厂商、经销商和客户的第三方，因此数据相对公正，是可以参考的重要数据。三是经销商在店内的实施调查，一般以面谈及电话访问的方式进行，以直接获得客户评价信息。三种方式互为补充并且三者之间数据相互验证。

2. 提高员工满意度和对企业的认同感

客户对于服务的感知，是一个完整的体验流程，包括从进大门开始保安的指引停车，销售顾问或维修顾问的接待，到进店对于店内设施及服务的体验，直至最后的离店，每一个环节都深深关系着客户满意度的达成和提升。企业需要从员工的服务意识、礼仪礼貌和接待人员的业务水平这三个层次来提升。如前所述，只有满意的员工，才能给客户带来非凡的客户体验，才能有效地实现客户满意度达成的目标。客户对于服务的认知，有时往往高于产品本身，因此企业要用高度的员工满意度去创造高度的客户满意度。高度满意度的员工，会对企业产生归属感、认同感，并且认识到客户满意度对于企业提升竞争力，创造忠诚客户的重要性，进而在日常的工作行为中，时刻以创造客户满意度为自己的工作目标。

3. 改善接待环境，创造非凡的客户体验

一个优雅舒适的环境，能够创造非同一般的客户体验，这是毋庸置疑的。这一点，也是厂商非常注意的。厂商对于经销商，不仅有统一的设施、设备的标准，还对此有着专项的考核任务。只有良好的接待环境和一流的设施设备，才能给客户带来最直接的体验和最舒适的感受。同时，窗口单位，尤其是保安、前台、销售顾问和维修顾问，是直接接触客户并为客户带来最直观服务感受的人员，因此，他们在给客户创造客户满意度方面，可以说起着决定性的作用。所以，从客户进店开始，保安的询问，指引停车，接待前台的微笑接待，销售顾问和维修顾问的按需接待，每一个环节，都需要共同提升，共同配合。

4. 规范业务流程，提升服务品质

业务流程的梳理和规范，能够有效地提升服务品质，因此，越来越多的企业也意识到了流程管理的重要性。科学、有效的流程管理，对于汽车经销商而言，能够能给客户带来专业的购买和服务体验。

（五）提高客户满意度的技巧

根据客户关系管理（CRM）中的三角定律，客户满意度 = 客户体验 - 客户期望值，可知客户期望值与客户满意度成相对反比。因此需要引导客户期望值并将其维持在一个适当的水平，同时客户期望值需要与客户体验协调一致。

客户的满意对于企业的成功是至关重要的，而要使客户满意，需要向客户提供完善的服务。提升对客户的服务水平，完善服务制度有如下七种方法：

1. 避免服务不好的印象

良好的第一印象能给公司带来良好的收益，而不良的第一印象所带来的危害，远比能意识到的还要严重。现在的客户有如此多的选择机会，又有如此多的企业争抢着吸引他们的注意力。客户不但不能忍受不好的服务并因此而离开公司“另寻新欢”，而且会将对公司不好的印象向更多的人传播。所以，要提升服务质量，首先要避免给客户留下服务不好的印象。

2. 弥补服务中的不足

对服务中的不足，要及时弥补，而不是找借口推脱责任。通过“服务修整”，不但可以弥补服务中发生的问题，还可以使挑剔的客户感到满意，使你和竞争者之间产生明显差别。

3. 制订服务修整的方案

每个企业及其员工都会犯错误，客户对这点能够理解。客户关心的是你怎样改正自己的错误。对服务中出现的问题，首先是道歉，但并不仅仅如此，还需要制订出切实可行的方案，用具体的行动来解决客户的问题。假如客户提着损坏的或失效的空气滤清器来到汽车配件商店，应该做的则是当场退换，如果时间允许，客户的车又停在你店前的停车场上，那就应该帮客户把部件装到车上去。

4. 考虑客户的实际情况

在为客户提供服务的过程中，要考虑客户的实际情况，按照客户的感受来调整服务制度，也就是为客户提供个性化的、价值最高的服务。

目前，市场运作的重点已经不在于吸引更多的客户上门，而在于让上门的客户成为忠诚的客户。现今的客户要求完美的消费，除了价格合理、购买方便外，还希望能获得贴心的服务。只要重视提高客户的忠诚度，一些小小的动作或礼物，都可能让客户倍感贴心，提高其对企业的忠诚度。

学习案例4-2

在北京，有对新婚夫妇到家具店只想买套橱柜，但是并没有找到合适的。该家具店经理详细地了解了他们的需求以及家里的环境，并约定三天后给他们最好的推荐。在没有客户购买的任何保证下，这位经理竟愿意花时间和室内设计师讨论，并且为该客户绘制了三种不同的平面家具设计图，其中有几样家具还得跟同行购买。这对夫妻当然十分感动，不但多买了好几样家具，而且还把该家具店介绍给亲朋好友，并成为家具店最忠诚的客户。经理提供的便是非常服务。

案例分析

案例中经理的做法是非常服务的典型例子，非常服务是从客户的需求出发，愿意花时间、精力提供最适合客户的服务，即使偶尔无法完全利己，也在所不惜。因为也只有如此异乎寻常的贴心服务才可能使客户印象深刻，铭记在心。

想让客户满意已非易事，要进一步获得客户的忠诚度更是困难。在竞争激烈的市场上，若想要提高业绩，最好的办法莫过于获得客户的信任感。因此，需要非比寻常的思考逻辑与服务态度，处处以服务客户为企业最高指导原则，竭尽所能地去满足客户需求，时时以为客户提供最佳服务为工作目标。如此，企业才能提高业绩，迈向成功。这便是非常服务的最高价值。

5. 经常考察服务制度

企业制定服务制度的目的是更好地为客户服务，帮助客户解决问题，满足他们的需求，达到和超过他们的期望。如果因为制度问题影响了客户服务质量的提高，就要及时地修改制度。

6. 建立良好的服务制度

良好服务制度的含义基本上就是让客户满意。良好的服务制度，可以很好地指导客户，让他们知道你能向他们提供什么以及怎样提供。良好的服务制度，也可以极大地提高企业内部员工的服务意识，提升服务质量。

7. 老客户和新客户

即使做不到更好，也要把为老客户服务看得与为新客户服务同等重要。很多企业把更多的精力放在争取新客户上，为新客户提供优质的服务，却忽视了对老客户的服务，这是非常错误的。因为发展新客户的成本要大大高于保持老客户的成本，等到老客户失去了再去争取就得不偿失了。所以，重视对老客户的服务可以显著地提升服务的质量。

知识链接

六个让别人喜欢你的诀窍

1. 让你受到别人喜欢的前提——喜欢别人。
2. 建立良好第一印象的简单方法——保持微笑。
3. 若是做不到这点，就会后患无穷——记住且叫出对方的名字。
4. 如何当个好的谈话对象——做个好听众，让对方倾诉。
5. 如何引起他人的兴趣——谈对方感兴趣的话题。
6. 如何让人立即喜欢你——真心地重视对方。

学习案例4-3

临近端午节，许多超市都会推出促销活动，如果客户消费达到一定额度，便可获赠一大包粽子。而一家小型超市却反对这种做法，因为有些客户平时不到店里消费，端午节前为了得到粽子，才突然大量购物，节日过后便又恢复常态。相较之下，有些客户则是周周都到店里消费。如果这两种客户都一样得到一包免费的粽子不是很不公平吗?

这家小型超市的想法是，店里的粽子是为了忠诚客户而准备的，不能让专为促销而来的消费者拿走。从这些客户短暂大量消费所得的利润，可能还抵不上买粽子的花费。这些为粽子而来的人，若在端午节前来购物，可以得到一份小礼物。但是忠诚客户会在节日当天，可得到这家超市的新鲜粽子。除了粽子，端午节时，超市还会赠送他们葫芦、蒿草、艾叶等物品，感谢忠实客户一年四季的支持。

这家小超市给予不同忠诚度的客户不同的回馈，摒弃短期刺激购物，追求长期效应的做法，果然使业绩表现突出。在附近有六间大型连锁超市竞争下，该超市的利润仍然达业界平均水平的两倍以上。

这家小超市的十名主管已经在店中工作了许多年，他们记得许多客户的名字。很多客户对这家小超市有感情，不是因为低价格或促销才到店里消费，所以他们不只购买折价商品，也会经常性购买一般商品。相对于其他客户，忠诚客户为公司带来的利润较高，因此这家小超市力求留住这些忠诚客户。

这家小超市的运作是针对客户，而非针对产品。以夹报广告为例，许多超市全面寄送折价券，这家小超市则只发送到忠诚客户较聚集的地区，在减少一半广告费的情形下，仍然达到向目标客户宣传的效果。这家小超市甚至统计出每个食品部门的最佳客户，并且寄给他们一份奖品兑换券。当最佳客户上门时，该部门的经理会亲自送给他们一个里面装满了部门热门商品的篮子。这些感性的方法，每年替这家小超市留住 80% 的老客户。

案例分析

汽车服务企业也不例外，不管是在客户生日时送出礼品、自己店庆时邮寄出卡片，还是日常对客户的问候卡片，如果每一张卡片可以抵扣 100 元工时费或抵扣 50 元零件费，那么收到卡片的客户回厂的积极性会有很大的提升，企业的产值也会有较大的提升。

拓展阅读

错时服务

针对汽车服务企业的非常服务，汽车服务企业错时服务应该会受到朝九晚五上班一族的欢迎。如今，我国的汽车保有量与日俱增，其中白领购车者占很大的比例，错时服务亟待推行。在汽车售后服务市场的竞争中，细致的服务才会带来源源不断的客流，这已被越来越多的商家认同。

另外，汽车服务企业也要提高 24 小时救援服务的质量。24 小时救援只是企业服务的一个环节，此环节的好坏并不完全代表企业的服务水平，但如果此环节存在问题，仍将影响企业的服务质量。而 24 小时救援一般存在如下问题，建议汽车服务企业及时改正。

1. 联络不畅，求救无门。消费者拨通救援电话后，包括“无人接听”“关机”“您拨打的客户暂时未能接通”“您拨打的客户已过期”等，占调查总数的 16.7%。建议一定要有值班人员。24小时热线尽量不要使用手机，因为这样的热线很容易就处于暂时未能接通的状态。使用储值卡要保持足够的余额。尽量使用固定电话，或提供合适的能随时较好沟通的通信工具。

2. 既不解决问题，又不出车救援。建议值班人员应该经过起码的维修培训，因为有些问题其实很简单，只要给车主一些指导建议，就能解决问题，起码要备有常见问题的解决方式文本。另外，职业道德教育也非常重要。有的企业值班人员态度较差，不愿意半夜出车。

3. 完全不能在承诺的时间内到达。原因有二，一是根本没有意识到随口承诺时间内能否到达，这是不负责任的，二是不了解地形，时间花在了绕路上。建议承诺时间尽量在适度范围内，要对路程远近有一个判断。维修人员外出最好随身带有GPS导航图。

4. 随意出车，准备不足。很大一部分救援车辆在没有问清是什么问题和没有尝试让车主自救，就出车了。在路上常见的故障很多，值班人员稍有经验就能远程解决。也有对一些可能要用到的工具和零件没有充分的估计就草率上路了，到了目的地检查不彻底，也直接草率地拖车回厂，既增加了解决问题的时间，还增加了很多不必要的成本和负担。建议值班人员应先了解情况，并有针对性地提出建议，尝试解决问题。

5. 救援人员安全问题。很多维修和救援人员外出并没有多少保护措施，如果遭遇恶意暴徒会比较被动。建议最好不要一个人外出救援，在公司层面应该有这方面的制度规定，要有简单的防暴工具和畅通的通信工具。

二、客户关怀

（一）客户关怀的目的

1. 提高客户忠诚度

客户关怀能够有效提高客户消费体验，具体表现在以下几方面：① 高度满意的客户会更加持久地忠实于企业；② 主动尝试企业更多的新产品并购买价值更高的产品；③ 对企业及其产品说好话，形成良好口碑；④ 忽视竞争品牌及其广告，并对价格变化反应平淡；⑤ 由于更加熟悉与交易的程序化而降低服务成本。

2. 延长客户生命周期

所谓的客户生命周期是指一个客户对企业而言是有类似生命一样的诞生、成长、成熟、衰老、死亡的过程。成长、成熟和衰老这三个阶段往往伴随消费，尤其是成熟期，是客户消费的黄金时期。有效延长客户生命周期会提高客单价，从而提高总盈利。

3. 改进产品

忠实客户是最好的产品设计师，通过咨询客户会发现自己产品的缺陷。客户关怀其实为企业建立了聆听建议的渠道，让企业发现改进空间，设计出更符合客户要求、更有市场的产品。

4. 口碑传播

口碑传播也可以称之为品牌效应。当你的产品或服务超出了客户的期望，他们将习惯性地向周围的朋友分享。很显然，熟人传递的产品信息更加可信，成交概率也更高。

（二）客户关怀的实施要点

汽车厂商要想抢夺客户资源，一方面靠优质的产品，另一方面靠良好的服务。

1. 记录客户信息

客户关怀建立在数据库营销的基础之上，需要记录的数据包括客户的姓名、手机号码、生日、消费记录、最后一次消费距今时间等。

最快捷的方法就是将普通客户变成会员。会员就如同储蓄罐中的钱币，是一个长期积累的过程，积累得越多，商家的财富就越多。

2. 新车提醒

若客户购买新车，应做到以下几点：

（1）新车交车的三至四周内，使用电话询问新车的使用情况。

（2）主动告知服务站地点、营业时间、客户需要带的文件，并进行预约。

（3）提醒首次保养的里程与日期。

3. 维修回访

（1）维修时与客户讨论好回访的方式与时间。

（2）维修后三日内进行回访。

（3）对客户提出的意见要有反馈。

4. 关怀函、祝贺函

（1）信函种类有客户生日函、节日函。

（2）内容着重于关怀，勿出现明显的商业行为。

5. 积分管理

积分是商家评估客户价值的重要依据。根据积分对客户进行奖励，或让高额积分的客户享受更优惠的价格，可以有效提升客户黏性，同时刺激客户消费积极性。

6. 久未回厂联系

（1）久未回厂联系前应先了解客户对前次服务是否有不满。

（2）若客户有不满，应表示歉意，并征求客户意见，请客户来厂或登门访问。

7. 定期保养通知

（1）距保养日前两周发出通知函或一周前电话通知。

（2）主动进行预约。

（3）主动告知保养内容与时间。

8. 季节性关怀活动

（1）主动告知客户季节用车注意事项。

（2）提醒客户免费检测内容。

9. 车主交流会

（1）交流会内容可包括正确用车方式、服务流程讲解、简易维修处理程序、紧急事故处理等。

（2）人数 10 ~ 15 人为宜，时间一般不要超过两小时。
（3）请客户代表发言。
（4）进行客户满意度调研。

10. 信息提供

提供的信息应是与客户利益相关的，包括：
（1）客户从事产业的相关信息。
（2）新的汽车或道路法规。
（3）路况信息。
（4）客户感兴趣的相关信息。

小提示

同学们重点记忆客户关怀的实施要点。

学习案例4-4

上海通用“Buick Care 别克关怀”活动

2002 年 11 月 15 日，“Buick Care 别克关怀”正式亮相。别克宣称这是中国汽车的第一个售后服务品牌。除了寓意深刻的视觉标识外，“别克关怀”最受人瞩目是其全新的关怀式售后理念，及在此基础上推出的 6 项标准化关心服务。“别克关怀”的推出，突破了售后服务在形象上从属于销售的现状，更将汽车售后服务从传统的被动式维修服务带进主动关怀的新时代，同时加强了别克品牌的市场竞争力。“别克关怀”以“比你更关心你”为核心，强调售后服务的主动性，要求售后服务人员比你更关心你的车，主动担当你的义务汽车保养顾问，并重视你在体验整个服务过程中的心理感受。

“别克关怀”的具体内容是指上海通用汽车推出的 6 项标准化关心服务，包括：
主动提醒问候服务，主动关心。
一对一顾问式服务，贴身关心。
快速保养通道服务，效率关心。
配件价格、工时透明管理，诚信关心。
专业技术维修认证服务，专业关心。
两年或四万公里质量担保，品质关心。

案例分析

从点点滴滴的日常服务到全车免费检测活动，上海通用踏踏实实地对客户的爱车倾注无微不至的关怀，让客户的车健康，让客户行车更放心！“别克关怀”不但是中国第一个售后服务品牌，还致力于打造中国第一流的售后服务品牌。

拓展阅读

广汽丰田客户关怀方案

背景：近期，由日方侵占钓鱼岛引发的一系列闹剧，破坏了中日两国关系，导致两国的正常贸易往来受到严重影响。作为中日合资企业的广汽丰田汽车有限公司也受到了此事件牵连，对部分广汽丰田客户造成了一定影响。

目标：在事件中，有部分广汽丰田客户的车辆被人为损坏，给客户和销售店造成了困扰。广汽丰田秉承“客户第一”的宗旨，在确保“车主损失”的原则下，针对因事件导致车辆受损的客户进行特别支援。广汽丰田汽车有限公司表示将100%支援受损客户除保险公司赔付外的损失，同时向车主提供全方位的关怀，重塑客户信心。同时。太平洋保险公司也将与其携手合作，明确各自责任，减轻车主负担，与各车主建立长期友好的关系。

内容：

车辆受损程度	车主意向	支援	关怀
报废（不可以修理）	换购广丰车辆	受损前评估 + 最高 2 万元	电话、短信关怀；慰问礼品，提供代步补贴
维修	换购广丰车辆	除保险外的维修费 + 最高 2 万元	
	继续使用	除保险外的维修费	

备注：报废的认定以广汽丰田评估为准。

针对购买了保险的车主，保险公司将视情况而定，支付车主的损失。

首先由保险公司对车辆进行查勘、定损，拍摄事故照片，出具查勘报告、定损单。其次就是主动、迅速、准确、合理地对客户进行一下关怀慰问。

1. 电话关怀

通过电话与客户深入沟通，倾听客户的抱怨与不满，安抚客户情绪，解决客户疑惑，随时关注客户的新情况新需求，以便及时解决客户问题。为客户提供更多更新的功能，保持长久友好、激励的氛围。

2. 短信关怀

搜集客户车损情况的数据，在第一时间内发送短信，稳定客户情绪，并告知客户我们将尽快为其解决问题。力求和客户之间建立、保持和发展一种长期、良好的氛围，增强客户对汽车保险公司服务的满意度与信任。

定期提醒客户进行车辆保养、车险续保、驾驶证年审、车辆年审、交通违章知识普及、恶劣天气预防等。

3. 礼品慰问

以礼品和贺卡承载广汽的关怀，给予每位受损车主一份具有特殊意义的礼品和贺卡，每个年龄阶段分别给予不同的礼品，贺卡上写上不同的慰问词及祝词。

礼品：脚垫、钥匙圈、打折卡、保养 VIP 卡、车载手机充电器、擦车巾、LED 手电、手机座、印有该品牌汽车标志的皮具小件及时尚卡包等。

4. 提供代步补贴

提供车主暂时代步车辆或给予车主代步补贴，方便车主的日常出行，减少不必要的麻烦，消除客户无车的不便。如果客户要用代步车，先得和 4S 店签一份协议并交付 1000 元押金，车子使用后按 600 元 / 天的价格结算费用（油费由客户另行承担），待 4S 店查明车子在“代步期间”无违章记录后，再将押金退给客户。这样有利于提升客户对企业的忠诚度，挖掘客户的潜在价值，树立良好的产品形象。

学习单元三：客户投诉与预防机制

知识目标

1. 了解客户投诉及产生投诉的原因；
2. 掌握处理客户投诉的原则，重点掌握预防投诉的机制。

技能目标

培养应对客户投诉的能力，掌握相关话术。

基础知识

一、客户投诉的含义

客户抱怨，是指客户由于对企业产品质量或服务上的不满意，而向他人诉说企业过错的行为。

客户投诉，是指客户由于对企业产品质量或服务上的不满意，而提出的书面或口头上的异议、抗议、索赔和要求解决问题等行为。

课堂讨论

讨论一下抱怨与投诉的区别和联系。

美国对消费者研究数据显示，客户对产品或服务不满时，只有 4％的不满客户会提出抱怨或投诉，其他 96％不满的客户会不再到曾使他感到不满的地方去购买产品或服务，而到其竞争对手处购买。如图 4-2 所示。

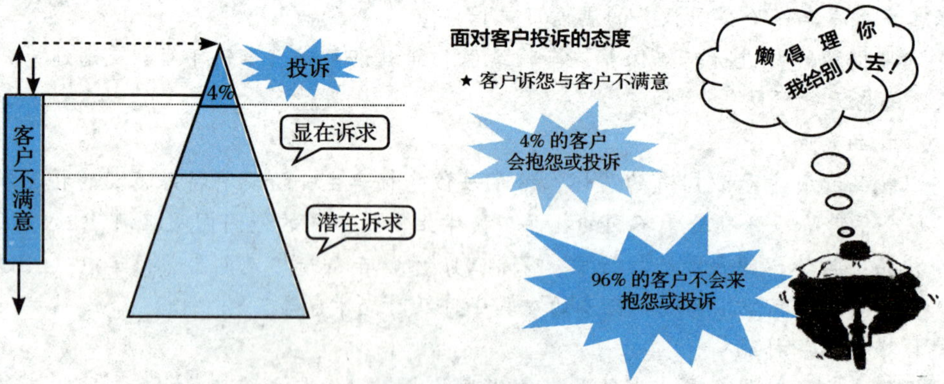

图 4-2　客户诉求

二、投诉分析

客户产生投诉的原因如图 4-3 所示。

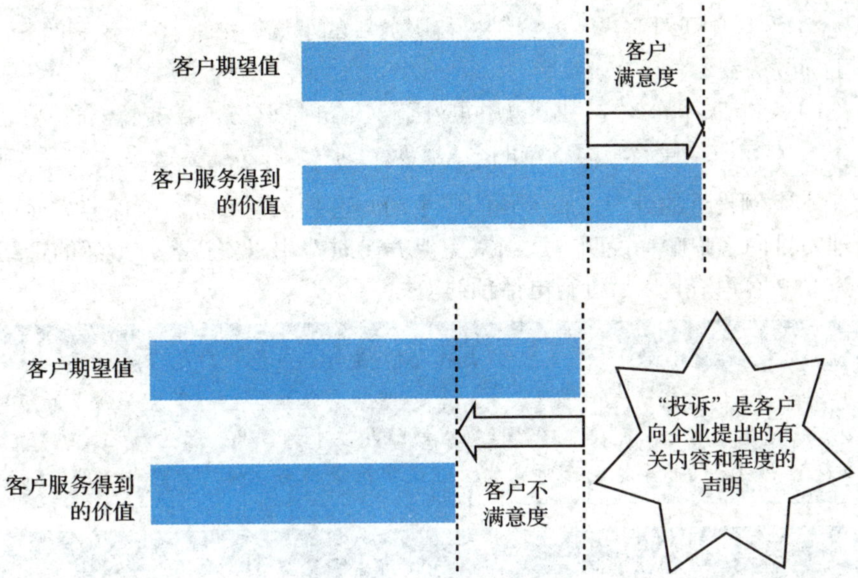

图 4-3　产生客户投诉的原因

具体来讲，在汽车售后服务工作中，引起客户投诉的原因主要可以归结为三大类：一是关于产品质量的，如制造上的缺陷、瑕疵、产品规格、索赔政策等方面的问题。二是关于服务质量的，主要涉及服务态度、维修价格、维修时间、配件供应时间等方面。如客户感觉不被尊重，每次进厂都没有人问候、每次修车登记都要等很长时间、等待登记时没有人招待等；客户感觉受到不平等待遇，有的熟客可以不用排队就能修车、有的客户可以打折优惠而他却不行；被骗的感觉，如客户行驶 15000km 刚刚按照服务顾问的建议更换完更换机油四滤、火花塞，可回家一看保养手册，上面建议行驶 30000km 的时候再换。此外，还有诸如交车时间延误、作业疏忽、等待时间长、维修及备件价格高、备件缺货等。三是关于维修质量方面的，主要有重复维修、一次性修复率低；维修质量不可靠，如做油漆之后掉漆，异响之类没修好等。四是客户本身的问题，如客户知识不足造成的误会、客户操作不当造成的误会、其他人的引导，以及服务越好，客户的期望值越被不断地满足和超越，越容易不满意，对服务也变得越来越挑剔，越挑剔就越容易发生不满和投诉等。

学习案例4-5

小王最近车子需要保养，由于平时工作很忙，所以只能周末来 4S 店做保养。但是周末客户很多，小王感觉接待得特别慢，印象非常深刻。小王只是想做一个保养，服务接待让他等候，小王无意间在墙上看到该 4S 店的一分钟接待服务。小王很气愤，如果做不到就别做这样的承诺，小王气愤之下打电话进行投诉。

案例分析

客户投诉原因分析：

（1）主要是维修站在服务准备过程中，由于安排不合理导致客户等待时间过长。

（2）没有兑现对客户“一分钟接待服务”的承诺，造成客户信任度降低。

正确做法：

（1）对于保养的客户，服务顾问应正确预估时间，并事先向客户解释说明。

（2）对于时间等待上有困难的客户，应合理安排，尽量缩短客户的等待时间。

关于本案例投诉的处理，服务顾问应主动与客户沟通致歉，就保养方面可能存在的不合理安排向客户解释说明；适当减免保养工时费用以安抚客户抱怨的情绪；把该客户作为 VIP 客户请其以后进行电话预约。

知识链接

近年来，客户对包括汽车快修、洗车、道路紧急救援、错时服务等新型的服务产品的期望有所增加；同时，随着客户对车辆常规维护要求的提高，客户对常规流程的接待、解释以及解决问题的效率抱怨有所增加，这说明维修的质量和效率问题仍然持续存在。

知识链接

常规服务流程主要包括故障诊断、保养换件问题的解释、维修质量是否达标、服务效率、预约的满意度、服务态度、服务礼遇以及其他服务。

三、投诉处理的原则

汽车销售企业对客户投诉的妥善处理程度，是检验一个企业销售机制是否健全有效，销售环节是否落实彻底到位的标准。售后服务是销售质量的保障，服务的好坏，直接影响到企业信誉的优劣和销售渠道是否畅通。

这里，就处理客户投诉过程中遵循的一些基本原则进行分析。

1. 独立权威性

设立专门独立权威的售后服务机构，有利于提高问题的处理力度。一般企业在这方面的机构设置和人员配置都比较完善，在权限上采取层层审批核实的程序，一个报告由业务、销售、生产、技术、营销和质量等五六个部门签字批示意见，最后经总经理审批生效。这样一个繁杂的程序，有任何一个环节拖延或再次核实调查，都会影响问题的处理进程，而且存在一个致命的弊端，就是各个部门都签署意见，很大程度只是走走形式，并没有真正做到一一核实。责任关系牵扯到许多部门，产生都敢对客户表态但都不能作最终决定的不负责任现象。

处理投诉，也就意味着向外赔钱，从心理上讲一般企业在接受上是有排斥情绪的。如果从生意理论的诚信角度考虑，因质量、交货和数量等原因造成合同违约，违约方就必须按实际情况给予赔偿损失。可一般在实际操作时，对第一现场进行调查核实的部门往往没有决策权，只是原始资料的搜集、整理和呈报。

这样，没有权威性的处理人员给客户造成的印象很糟糕，无法进一步取得理解和信赖。

2. 及时准确性

销售部门在接到客户以电信或书面方式投诉的通知时，采取登记事由并以最短的时间让经办人到现场取证核实，一般涉及发生问题的性质、程度、范围和客户意见等。

第一时间赶到现场很重要，不仅可以安抚客户的反感情绪，更重要的是了解实际情况，根据具体形势控制赔偿损失的范围和防止事态的扩大，并及时将情况如实汇报上级领导请求处理意见，在问题严重或牵扯到责任部门时，上级部门会派相关人员现场解决处理问题。

所以，问题性质核实的准确性就尤为重要。要求服务机构人员（有些企业由销售部门人员兼任）有迅速反应处理问题的能力和丰富的专业实践经验。

有的服务人员担心问题处理不到位而遭到领导指责或不愿面对现实，总是不负责任地拖拖拉拉，更有甚者隐瞒事实，不及时核实呈报，从而耽误了最佳时机，给企业的下一步处理带来难度和造成不必有的损失，这些做法很不可取。

3. 客观真实性

尊重客观事实，对客户投诉进行多方面的调查和区分，确因销售方原因给客户造成的直接或间接损失的，要根据具体情况按约定进行果断赔偿。

在调查核实上，为防止经办人员与客户串通谎报损失程度，坑害企业利益而谋取私利。这就要对服务人员在品行方面进行考察，同时要重视原始资料的真伪和全面的鉴别。也可采取不定时的抽查和调研，分析问题的客观与主观因素。

对事实的调查，不能浮在表面，要深入到所有和索赔有关联的方面。了解造成事故的真正原因，不要回避真相，是什么就是什么，不能扩大也不能缩小。

全面搜集造成问题的各种因素，包括时间、数量、金额和特性等都要现场确认，不能似是而非，含含糊糊，要给客户一个明确的答复。

当然，这种确认是建立在事实真相的基础上，是不偏不倚的。核实人员要达到这种水平，就要熟悉行业的基本知识，对问题的发生原因有全面的分析和认识。一个缺乏专业知识水平的人，其鉴别判断事故因素的可信度也不会很高。

4. 协调合理性

既成事实的赔偿，一般是在双方友好协商的基础上达成的共识。

企业在处理的动机方面，首先考虑的是后续业务的前景，处理问题后对业务的促进作用。如果处理了问题而业务并没有大的起色或增长，就会在协调金额和速度上有意滞后或根本不予理睬，这种现象在一些企业里非常严重。

赔偿过程中，常会遇到除自己企业原因之外，还有其他因素导致客户的损失，在责任确定方面难以区分，客户又有意把损失转嫁到自己企业时，企业如果经过权衡利弊还有信心继续合作，就需要有理有节地协调处理。

在表述理由时，要不卑不亢，不要因拒绝了对方的过分要求而怕业务受到影响。让客户明白，损失的超限赔偿是基于双方的合作关系，吃亏也吃在明处，不能让客户感到企业处理问题不严肃，可有效防止客户的过分要求。

以上基本原则在处理客户投诉时是必须而且是十分重要的。

不坚持原则，将会使销售渠道阻塞，失去客户的信任，企业的长久利益也将会受到侵害。企业不应因对一个环节的忽视，而导致企业整体利益的受损，甚者让企业毁于一旦。

chapter 01
chapter 02
chapter 03
chapter 04
chapter 05
chapter 06
chapter 07

四、投诉的处理

1. 及时处理客户的投诉

如果一个客户的投诉没有处理好，带来的后果将会是企业的损失。客户不满带来的恶果是：1=250。

知识链接

曾获“世界最伟大的推销员”称号的美国推销家乔·吉拉德说过：每位客户背后都有 250 人，推销员若得罪一个，也就是意味着得罪了 250 人。

如果客户进行投诉，那么他就有可能再回来。客户的投诉为企业提供了一个使他们满意的机会，由此企业也会赢得更多的回头客。

美国商人马歇尔·费尔德认为：那些购买我产品的人是我的支持者。那些夸奖我的人使我高兴。那些向我抱怨的人是我的老师，他们纠正我的错误，让我天天进步。只有那些一声不吭的人是伤我最深的人，他们不愿给我一丝机会。

（1）处理客户投诉的原则：预防重于治疗，不满意但是能接受。

（2）如何做到不满意但能接受。

① 客户没有完全满意的，但是至少做到对客户的问题给予合理的答复，以减少客户心里的不快。

② 用实际行动和诚恳的态度让客户感受到企业尽力了。

③ 设法用后面的服务创造客户满意，有些客户真正接受的还是企业以后的服务和表现。

④ 对于刁难的客户尽力做到最好即可。

（3）如何化危机为转机。客户的投诉往往来自误会，因此有机会解释误会有助于问题的解决。但是要透过对话找到问题的根源，如果找到是人的问题就要由当事人出面解决（但是要事先说服当事人配合）。处理好客户投诉（若客户满意）除了赢得客户外，也会同时赢得可影响到的其他客户的口碑。

2. 处理客户投诉的技巧

（1）保持冷静，避免个人情绪受困扰。

（2）向积极方面去想，并采取积极的行动。

（3）只讲客户希望知道的，而不是你想讲的。

（4）集中研究解决问题的办法，而不是运用外交辞令（熟记各种可行的办法，并向客户提出适当的建议）。

（5）避免提供过多不必要的资料与假设。

（6）要充满信心。

（7）即使客户粗鲁无礼，也要保持关注同情。

（8）多用下列类似的语句：

① 谢谢您提醒，我们会注意的。

② 谢谢您告诉我们。
③ 我们明白您的困难（问题）。
④ 如果我是您，我也可能会这么做。
⑤ 造成这样我们非常抱歉。

小提示

针对不同的客户类型，须改变应对办法。

学习案例4-6

某驾校品牌轿车购买日期为2012年7月，2013年10月因电瓶损坏到维修站要求保修。维修站告知该教练车为营运车辆，享受一年或10万公里的质量担保，要求客户自费更换零件。后来，客户咨询后得知教练车应按非营运车辆享受质量担保期，故投诉维修站并要求退还费用。维修站接到汽车企业投诉处理通知后，要求客户将旧电瓶带回来给予退还费用，但因客户无电瓶而一直没有退还费用。直到2014年5月客户仍在投诉维修站没有解决问题。

案例分析

造成本次客户投诉的主要原因是：

（1）业务人员不熟悉索赔政策，以至于没有及时履行质量担保承诺。

（2）针对客户投诉的处理，维修站没有意识到是由于自身原因造成旧电瓶无法回收，仍以没有旧件为由不退还费用，导致客户继续投诉。

所以作为维修站应采取的处理方式和态度是：

（1）及时退还多收费用；
（2）采取额外补偿措施挽回客户对维修站的不良印象；
（3）上门道歉沟通；
（4）对当事人内部教育处理。

3. 处理投诉时应有的态度及常用语句

（1）耐心聆听，让客户觉得你是关心其投诉的，并做出相应的反应或以不同的语句重复其主要论点。常用语句：

① 好的、我明白了。
② 我明白您的意思。
③ × 先生（小姐），我很明白您现在的心情。
④ 明白了，您的问题我刚详细记录下来了。

（2）投诉可能有理，也可能无理，但对方正显示不快时，你先应向对方致歉以平息其怒气，方便事件的处理。常用语句：

① 对不起。

chapter 01
chapter 02
chapter 03
chapter 04
chapter 05
chapter 06
chapter 07

② × 先生（小姐），我非常抱歉还请您原谅。

③ × 先生（小姐），我听到这件事也觉得非常抱歉，是我们做错了，让您的购买体验出现了瑕疵，对不起。

（3）假如错在公司，必须向对方道歉并保证立即采取补救行动。常用语句：

× 先生（小姐），发生这件事，我觉得十分抱歉，但我会马上尽力补救，尽力帮您解决这个问题。

（4）当有需要时，向客户保证不会发生同样错误。常用语句：

希望您能相信我，我保证不会有同样事情发生（此时可以告知客户你的工号或姓名，让客户增强信心“我是 × × 的小 ×，出现任何问题您都可以找我”）。

（5）令来电者知道你有心帮助他（她），提出各种可能解决问题的办法。常用语句：

× 先生（小姐），这其实是最好的解决方法，不过如您认为不方便的话，我建议……您看我们可不可以这样安排……

（6）当你必须拒绝对方要求时，应婉转地作出表示，有礼地解释其中理由。常用语句：

① × 先生（小姐），真对不起，这件事只可以在……情况下才可以。

② × 先生（小姐），真不好意思，请恕我们无法办到，因为……

③ × 先生（小姐），真不好意思，这件事恐怕暂时帮不了您，因为……

④ × 先生（小姐），多谢您能打电话来找我们，我很乐意向您解释这件事。

⑤ × 先生（小姐），这件事请恕我无法帮忙，希望下次可以办得到。

⑥ × 先生（小姐），您的问题我详细记录了，我会及时反映给相关部门，希望在您下次购买的时候能处理您遇到的同类问题。

（7）与客户沟通完毕之前要有礼貌地表示谢意或歉意。常用语句：

① × 先生（小姐），谢谢您的来电。

② × 先生（小姐），谢谢您通知我们。

（8）若需比你级别高的人员来处理投诉，须让对方知道会找适当人选处理有关问题。常用语句：

× 先生（小姐），这件事请恕我无法帮助您，不过我可以请我的上司 × 先生（小姐）跟您谈谈，好吗？

4. 服务态度要求

态度诚恳、热情周到、有问必答、耐心、谦和有礼、热情大方，严禁出现拖腔、态度生硬、教训、不耐烦、方言、网络用语等不礼貌的行为。

客户问到不懂或不熟悉的业务时不得不懂装懂，不得推诿、搪塞客户，应婉言向客户解释并询问相关人员后再做解答，必要时可请相关人员代答。客户需要帮助时，在不违反相关规定的前提下，应热情相助。

工作中出现差错时不得强词夺理，应诚恳接受客户批评，主动致歉并立即纠正错误。

尊重客户，不得与客户闲聊。遇到个别客户的失礼行为，要克制忍耐，不与客户争辩顶撞，用自己的良好言行与涵养感化客户。客户道谢或提出表扬时，应谦虚致谢。

5. 如何处理反对意见

客户提出反对意见是常见的问题，但是我们会把反对意见视作考验而加以克服，对于一切反对意见，均应即时加以解决。反对意见的类型及处理方法：

第一类：误会你的意见，起因在于缺乏沟通。

（1）以发问方式重复客户所提出的反对意见，等待回答。

（2）立即澄清（重复客户的意见可使对方知道你真正明白其反对理由，并唯有聆听其意见，才可帮助我们更加了解对方的反对意见及表示尊重）。

（3）加强沟通练习，提高沟通成效。

第二类：合理的反对意见。客户认为建议对本身并无效益或对建议无好感。

（1）以有技巧的反问方式重复对方所提出的反对意见，等待回答。

（2）强调适当的或对方曾经表示喜欢的效益。

（3）每次均以商议或发问作结（把你的构思或解决方法及其他的效益提出，以减低反对意见的严重性。切不可与客户争辩，只可强调对方已经认同的效益，使他们着眼于这些效益之上，让客户知道你本身的建议充满热诚及信心）。

第三类：不合理的反对意见。客户只不过喜欢无中生有或纯粹为难你。

（1）以发问方式重复客户提出的反对意见，等待回答。

（2）任由客户发表意见，切不可与对方争辩，只可重复对方已经认同的效益并加以强调。

五、投诉的预防

最好的解决投诉的办法就是不让投诉发生，只要觉察到客户细微的不满意，应该及时采取措施，把小小的不满或者抱怨扼杀在萌芽状态。

1. 预防投诉的措施和机制

（1）落实首问责任制。

（2）畅通的客户反馈与投诉通道。

（3）高效的投诉处理流程。

（4）应急预案和快速反应。

（5）定期回顾与经验总结。

2. 自行抽检

企业应从接待、实际业务服务、质检到电话跟踪，实行抽检，对发现的问题，及时查找原因，制订对策。一些汽车生产厂商对特约服务站实行的“飞行检查”很值得借鉴。生产厂商的检查人员在不通知特约服务站的情况下，在某一客户的车辆上设计几个故障，然后由客户开车到服务站检查维护，通过对服务站维护效果的检查，来考查服务站的服务规范、服务水平及故障排除能力。生产厂商的检查人员有时也假设一个需救援的车辆，打电话让服务站前去救援，以考查服务站的反应和救援能力。

3. 标准工作流程的落实

贯彻服务核心流程并控制关键点，同时提升维修质量，完善质量控制体系，进行日常工作的检查并改进。只有落实标准工作流程才能避免或减少客户投诉。

4. 建立完善的客户关怀体系

保持与客户经常性的沟通；定期组织客户活动；客户生日、节日时进行问候；进行阶段性的满意度调查；走访流失的客户。

5. 员工的能力和态度

（1）员工，让他们知道，客户抱怨是一份礼物，它可以有如下作用：

① 不断改进企业的服务系统。

② 优化企业的工作流程。

③ 完善企业评价体系。

④ 了解客户需求。

（2）不能有如下错误行为：

① 同客户争吵、争辩。

② 打断客户讲话，不了解客户关键需求。

③ 批评、讽刺客户，不尊重客户。

④ 强调自己的正确，不承认错误。

⑤ 不了解客户需求前随意答复客户要求。

⑥ 员工之间不团结，表达给客户的意见不一致。

（3）定期组织培训，提升员工处理抱怨与投诉的技巧和能力。

拓展阅读

某特约服务商服务操作细则

服务态度要求：

诚恳、热情周到、有问必答、耐心、谦和有礼、热情大方，严禁出现拖腔、态度生硬、教训、不耐烦、方言、网络用语等不礼貌的行为。

客户问到不懂或不熟悉的业务时不得不懂装懂，不得推诿、搪塞客户，应婉言向客户解释并询问相关人员后再做解答，必要时可请相关人员代答。客户需要帮助时，在不违反相关规定的前提下，应热情相助。

工作中出现差错时不得强词夺理，应诚恳接受客户批评，主动致歉并立即纠正错误。

尊重客户，不得与客户闲聊。遇到个别客户的失礼行为，要克制忍耐，不与客户争辩顶撞，用自己的良好言行与涵养感化客户。

客户道谢或提出表扬时，应谦虚致谢。

电话服务用语规范说明：

以下内容中，“√”为正确的行为或应答；“×”为错误的行为或不应答，严禁使用。

以下内容中，用“”引住的文字均为在文档指定场景中与客户沟通的示范性语句，除开头语及结束语外，其他的示范性语句，员工均可根据实际情况做适当的变通。

开头语及问候语应答规范。

开头语时间界定：

√为了提高语音服务的亲切度，早上（指 6：00 ~ 12：00）时在欢迎语前加“早上好！”若是下午和晚上则按正常“您好！”实施语音服务。

常规开头语：

√客户服务员：“您好，×× 欢迎您的来电，请问有什么可以帮您？”

√客户服务员：“您好，请问有什么可以帮您？”

√客户服务员：“您好，请问是 ×× 先生（小姐）吗？我姓 ×，是 ×× 网 ×× 客服中心打来的，感谢您对我公司的支持和信任，来电与您核对您的资料。”

× 不可以说：“喂，说话呀”或“喂，有什么事快说！不说我挂线啦”。

重要节日开头语：

如国家法定假日：元旦、春节、五一、中秋、国庆，则需要有相应节日问候语如“节日快乐”“新年好”等。

√元旦、春节，统一使用开头语为：“新年好！ ×× 客服中心，请问有什么可以帮您？”

√五一劳动节，统一使用开头语为：“劳动节快乐！ ×× 客服中心，请问有什么可以帮您？”

√中秋节，统一使用开头语为：“中秋节快乐！ ×× 客服中心，请问有什么可以帮您？”

√国庆节，统一使用开头语为：“国庆节快乐！ ×× 客服中心，请问有什么可以帮您？”

（说明：节日开头语具体使用时间统一以每次节日通知为准。）

无声电话问候语：

√客户服务员：“您好，×× 客服中心，欢迎您的来电。请问有什么可以帮您？”（第一次），稍停 5 秒还是无声，再次重复一次开头语：“您好！请问有什么可以帮您？”（第二次），再稍停 5 秒，对方无反应，则说：“非常抱歉，您的电话没有声音，请您换一部电话再打来，再见！”（第三次），再稍停 5 秒，如客户仍无反应，则可以挂机。注意，无声电话一定要做到按上述要求重复三次开头语。

× 不可以说：“喂，说话呀！再不说话我就挂机了啊！”

× 严禁未做到重复三次就挂线。

客户向我们致以问候时的回应语：

√在我们已报出开头语“您好，×× 客服中心欢迎您的来电，请问有什么可以帮您？”后，客户向我们致以问候，为体现生动、个性的服务，我们可以根据实际情况选用下列回应语。如当客户说“客服您好”或“小姐您好”等，客户服务员应礼貌回应：“小姐（先生），您好！请问有什么可以帮您？”或“先生（小姐）您好，很高兴为您服务，请问有什么可以帮您？”或“早上好（下午好，晚上好），请问有什么可以帮您？”

× 不可以说：“喂，有什么事，说吧！”或不回应，出现冷通话等候客户说话。

电话无法听清的应答规范。

遇到客户声音微弱听不清楚时：

√客户服务员在保持自己的音量不变的情况下，婉转请求客户大声一些：“非常抱歉，我这边听不清楚，请您大声一点，好吗？”应视客户的音量情况进行反复沟通，直至双方都能正常沟通为止，若多次沟通后仍听不清楚，客户服务员可以解释：“对不起！您的电话声音太小，我这边听不清楚，请您换一部电话再打过来，好吗？”然后稍停 5 秒得到客户同意后方可挂机。

× 不可以“听不到”就直接挂机。

（可能客户使用免提）无法听清客户声音时：

√客户服务员：“非常抱歉，我听不到您的声音，请问您是否已拿起话筒？”如客户表示没有拿起，则“我这边听不清楚，请您拿起话筒说话，好吗？”

× 不可以说：“喂，大声一点儿！”“拿起话筒说话！”

遇到电话杂音太大听不清楚时：

√客户服务员：“非常抱歉，您的电话杂音太大，我这边听不清，请您换一部电话再打来好吗？”稍停 5 秒，客户同意后可挂机。如无法听到客户回应，则需重复两次，每次稍停 5 秒后再挂机。

× 不可以在未得到客户认可的情况下就直接挂机。

遇到客户讲方言客户服务员听不懂时：

√如实在听不懂客户所用方言，可先向客户说明“非常抱歉，我听不明白你说的话，请您稍等，我请其他同事与您通话。请您不要挂机。”然后再向班长求助，让其他同事帮助处理。

√如实在听不懂客户所用的方言，公司又没有其他同事可以听明白客户所说的话，则用普通话向客户说明：“非常抱歉，听不明白您说的话，请您叫身边的其他人帮您说一下，好吗？”如客户仍听不明白，可重复“非常抱歉，听不明白您说的话，请您找到其他人帮您的时候再打过来，好吗？”稍后 5 秒，如客户仍是无回应，可挂机。

× “听不明白，找其他人再打过来。”就直接挂机。

遇到客户讲方言，客户能听懂客户服务员的普通话、方言时：

√在听懂客户所用方言的基础上，客服服务员可继续保持用普通话与客户沟通。

√如客户服务员会说客户所用的方言，客户不会讲且听不懂普通话时，客户服务员可采用客户所说方言与客户沟通。

× 未尝试努力与客户沟通的情况就挂机。

遇到客户抱怨客户服务员声音小或听不清楚时：

√客户服务员：“非常抱歉（稍微提高自己的音量），请问现在您可以听到吗？”注意，应循序渐进地提高音量，不可一下将音量提得过高，让客户感觉有不满情绪。

× 一下将声音提得很高，问“现在可以听到了吗？”

× 直接将音量提高，继续说业务内容。

遇到没有听清楚客户所述内容要求客户配合重复时：

√客户服务员：“非常抱歉，请您将刚才的问题重讲一遍，好吗？”或：“非常抱歉，刚才听得不太清楚，请您重复一遍，好吗？”

× 不可以说：“喂，什么？你说什么？”

关于特殊沟通内容的应答规范。

遇到客户想知道本公司其他部门电话时：

√客户服务员：“对不起，您能否将具体情况和联系电话告诉我，我帮您联系好吗？”或“请您留下联系电话，我帮您转告相关人员回复您，好吗？”

× “不清楚，你自己打他的手机！”注意，不可以直接将本公司非公开电话号码与联系方式直接告诉客户。

遇客户来电找其他客户服务员时：

√客户服务员：“先生（小姐），您好，请问您有什么问题需要咨询呢？我很乐意为您解答。”如客户强烈表示一定要找到这位同事听电话，可以再解释为：“我们每一个同事都受过专业的培训，同样可以为您提供专业的服务，请问您有什么问题需要咨询的呢？”

√如按上述解释后，客户仍不愿意，并表明只有该同事才能处理他的问题时，我们可以建议客户留下联系电话及回复时间（建议根据客户情况预留长一点的时间，避免由于轮班、休息等原因该同事无法按时回复）。

√如客户表示是由于私人原因要找这位同事，客户服务员可婉转拒绝：“非常抱歉，工作期间不方便帮您转告，请您拨打他的私人电话联系他（她），好吗？谢谢您对我们工作的配合，再见！”稍停5秒，客户同意后可挂机。如客户不同意，需重复解释两次，并稍停5秒后再挂机。

× 严禁直转接或生硬地说“公司规定上班不能听电话”就直接挂机。

遇到客户善意的约会时：

√客户服务员：“非常感谢！我现在正在工作，很多客户在等待我的服务，非常抱歉不能接受您的邀请，再次谢谢您！”

× 不可以责怪客户或不礼貌的直接挂断电话！

遇到客户打错电话时：

√客户服务员：“您好，这里是××客服中心，请您查证后再拨，感谢您的来电，再见。”（若有可能请根据客户的需求，引导客户拨打其他号码）。

× 不可以说：“喂，这里是××，你打错电话了！查清楚后再拨。”

遇到客户询问自己的工号时：

√客户服务员：“先生/小姐，您好，我的工号是×××，如我的服务有不周到的地方，欢迎您随时批评指正，我会不断改进的。”

× 不可以说：“我没有工号，有什么事你就说。”严禁故意隐瞒工号。

遇到客户询问个人信息，如：姓氏、名字、QQ号等（非工号）时：

√客户服务员：“您好，我的工号是×××，有什么问题您可以拨打××客户服务热线联系我们。”若客户坚持要求知道其他信息，可告诉客户：“您好，因工作需要，我们在工作期间规定只能通报工号，您记下我的工号后可以随时根据我的工号联系到我的，请您放心！”

× 不可以责怪客户或不礼貌地直接挂断电话！

遇到客户提出非公司服务范围的要求，我们无法提供服务时：

√客户服务员：“非常抱歉，您的需求超出了我们的服务范围，很遗憾我无法帮助到您，建议您……（根据客户的需求给予适当的建议）”或“非常抱歉，×× 暂时没有这项服务，建议您……（根据客户需求给予适当的建议）”。

√或根据客户的特殊需求提出另外一些建议或方法供客户参考。例如：客户来电咨询“请您帮我查一下我的手机话费。”可以建议客户：“您好，这个问题请您致电相应的电信服务商客服查询，好吗？”

× 不可以说：“喂，不可能的吧。”或“不可以，完全不可以！”或“我不知道，你查清再打！”或“有没有搞错，这里是 ×× 客服中心。”

遇到客户恶意的骚扰电话时：

√客户服务员：“您好，这里是 ×× 客服中心，如您有关于 ×× 客服业务或服务的问题，我很乐意为您解答。如您没有业务或服务方面的问题，请您挂机以便其他客户打进来，好吗？”若客户仍纠缠不休不肯挂线，客户服务员可以在重复三次后，再次向客户强调：“非常抱歉，您的需求超出了我们的服务范围，很遗憾无法帮助到您。还有很多客户需要我提供服务，我要挂机了。感谢您的来电，再见。”强调后稍停 5 秒就可以挂机。

× 不可以责怪客户或不礼貌地直接挂断电话。

提供的信息较长，需要善意提醒客户记录下相关内容时：

√客户服务员：“内容比较多，您需要记录吗。”如客户表示需要记录，需耐心等候客户取笔和纸。

× 不管客户是否能够记忆，只将信息重复一次，就问客户“清楚了吗？”并催促客户挂线。

客户记录完相关内容确认客户记录内容正确与否：

√“请问我刚给您提供的信息您能明白吗？我现在再给您重复一遍可以吗？”

√“×× 您能听清楚吗？我再给您重复一遍可以吗？”

×“您记下了没有，没有我再重复一遍。”

× 不顾客户能否记录完整，强制挂线。

遇到客户提出建议时：

√客户服务员：“非常感谢您提出的宝贵建议，我已记录下来并会反馈给有关负责人，再次感谢您对我们工作的关心和支持。”

×“这些意见早就有人提过了”“我们公司的规定不可以随便修改的”等。

需请求客户谅解时：

√客户服务员：“非常抱歉，请您谅解”或“非常抱歉，让您失望了”或“很抱歉给您带来不愉快”。

× 对于出现的问题不致歉或语气生硬地说：“我们也没有办法”或“这是公司规定”或“这是业务规定”等。

遇到客户致歉时：

√客户服务员：“没关系，请您不必介意，如有疑问，欢迎您随时再来电咨询。”

× 不可以没有回应。

遇到客户致谢时：

√客户服务员必须响应：“不用客气，这是我们应该做的”或“不客气，很高兴能为您服务”或“很高兴听到您的认可，我们会继续努力的，谢谢您”，若客户进一步表扬，客户服务员：“请不必客气，这是我们应该做的，感谢您对我们工作的支持，欢迎您随时再来电。”

× 不可以无动于衷，没有任何回应。

遇到无法当场答复的客户咨询：

√ 客户服务员：“先生（小姐），您的这个问题我需要进一步查询后才能回复您，请您留下您的联系电话，我们会在 ×× 小时内有专人和您联系。好吗？”注意，需严格按照承诺时间回复客户，即使在指定时间内未有处理结果，也需回复客户，并尽量取得客户的谅解。

× “这个问题我也要查了才能回复你”或“现在没办法”“没办法处理”或自以为是地根据自己的判断进行回答。

询问、记录客户资料的应对方法：

√ “您好，您的联系方式方便告诉我吗？”“请问怎么称呼您？”“您的联系电话是方便告诉我们吗？”“您的收件地址方便告诉我们吗？”“×× 先生（小姐）您的身高、体重、肩宽、胸围（身体资料）方便告诉我们吗（年龄尽量不询问）？”资料记录完毕与客户核对相关资料：“×× 先生（小姐），我重复一遍刚记录下来的资料，请您帮我核对信息是否记录错误，可以吗？”

× 不可粗暴地，未经询问就问客户的联系方式与相关资料。

客户抱怨与投诉的应答规范。

遇到客户投诉热线难拨通、应答慢时（包括电话铃响三声后才接起）：

√ 客户服务员：“非常抱歉，今天咨询的客户比较多，非常感谢您的耐心等候，请问有什么可以帮到您？”

× 不可以说：“我也没办法，刚才线路忙啊！我都忙死了，有什么事情快说。”“我也不想的，我都快忙死了。”

遇到客户情绪激烈，破口大骂：

√ 客户服务员：“先生（小姐），我非常希望能为您解决问题，请您将情况告诉我，让我帮您解决，好吗？”同时应调整好心态，尽量抚平客户的情绪，如“假如我们的工作给您带来不便，请您原谅，希望您可以告诉我具体情况，以便我们及时改进及处理。”等，若实在无法处理，应报告现场管理人员。

× 不可以说：“喂，嘴巴干净一点，这又不是我的错！”

遇到客户责怪客户服务员动作慢，操作不熟练或业务不熟悉等：

√ 客户服务员：“很抱歉给您带来不便，也非常感谢您的耐心等候，我尽快帮您处理。”

× 不可以说：“喂，不好意思，我是新手啦！”

遇到客户投诉其他客户服务员态度不好时：

√ 客户服务员：“很抱歉，我们服务不周给您添麻烦了，请您谅解并将详细情况告诉我，以便我们改进及处理，好吗？”认真记录客户的投诉内容，并请客户留下联系方式，提交管理人员处理。

× 不可以说：“喂，刚才的电话不是我接的呀！”

客户投诉其他客户服务员工作出差错：

√ 客户服务员：“很抱歉给您添麻烦了，您反映的问题我会记录下来并尽快核实处理，如有给您带来不便，请您谅解！再次感谢您对我们工作的关心与支持！”并记录下客户姓氏、电话及复述投诉内容。如客户仍不接受道歉，客户服务员：“请问您是否方便留下您的联系电话，稍后我们的管理人员与您联系处理，好吗？”迅速将情况转告管理人员，管理人员应马上与客户联系并妥善处理。

× 不可以说：“喂，这不关我的事，我不清楚，您打 ×× 电话吧。”

客户投诉自己工作出差错：

√ 客户服务员：“非常感谢您指出我的不足，请您再给我一次为您服务的机会，好吗？关于您刚才反映的……”

√ 客户服务员：“很抱歉我的服务给您带来不好的体验，感谢您的及时提醒，刚才我在问题处理上，确实没掌握好，我再帮您重新核实下这个问题，好吗？”

√ 客户服务员：“很抱歉，我的服务让您失望了，非常感谢您的指正，我会在今后的服务中不断改进的。”

× 客户服务员：“你去投诉啊，你可以投诉我，我的工号是 ×××。”

客户要求转其他管理人员接听并投诉自己工作出差错：

在向客户尝试致歉后客户仍不接受，强烈要求转接其他管理人员接听，并投诉自己的服务或工作差错，可以应答如下：

√ 客户服务员：“很抱歉让您失望了，我诚恳地向您道歉，请问您是否方便留下联系电话，我们的管理人员稍后回复您，好吗？”如客户愿意留下联系电话，则一定要谨记即时向管理人员汇报，管理人员在知悉该情况后应立即争取在最短的时间内回复客户，客户如有明确要求回复时间的则以客户要求为准。

√ 客户服务员：“很抱歉我的服务给您带来不好的体验，感谢您的及时提醒，我现在将您的电话转给管理人员，请您稍等并不要挂断电话。”

× 不可以说：“我的工号是 ×××，你如果要投诉，请你挂断电话后再拨我们公司的热线电话 ×××，按 × 号键就可以投诉了。”

× 不可以说：“我们的管理人员不处理这个问题”或“没有管理人员，我就是最终处理人”或“不能转接，请你挂断后再打”。

遇到无法当场答复的客户投诉：

√ 客户服务员：“很抱歉，× 先生（小姐），非常感谢您向我们反映意见，我们会尽快向上级部门反映，并在 ×× 小时内给您的答复。好吗？”具体回复时间根据客户投诉情况按投诉类型规定回复时间处理。

× 不可以说：“喂，我不清楚，您过两天再来电话吧。”

受理完客户投诉后的应答：

√ 客户服务员：“×× 先生（小姐），非常感谢您反映的意见，我们会尽快向上级部门反映，并在 ×× 小时内（具体回复时间根据投诉的类别和客户类别有不同），给您明确的答复，再次感谢您的来电，再见。”

× 不可以说：“喂，没事了吧，您打 ×× 电话吧。”

受理客户粗暴问题的应答：

客户问“××有存在的必要吗？什么破公司，让我消费的很不爽。”等类似的问题。

√客户服务员：“××先生（小姐），非常感谢您一直支持××，我们的成长需要大家的鼓励与指导，我们在很多地方做得不完善，做得不好，给您带来不便表示真诚的道歉。在全体××伙伴的努力下我们会做得更好，请您相信我们。您的问题我现在记录下来了，我会在第一时间将您的问题反映给相关负责人，给您一个满意的答复。”

×沉默半天不说话，引来客户语气更强硬的训斥。

×很不礼貌地责怪客户，甚至挂断电话。

问题记录完毕询问客户有无补充：

√“请问您还有其他要补充的吗？”

√“我重复一下您看就这些问题吗？”

×“还有问题吗？”

软硬件故障的应答规范。

操作反应较慢或查询反应缓较慢应答：

√客户服务员：“很抱歉，公司的线路（系统）正在调整，请您稍等片刻，好吗？”在得到客户的同意后按静音键，取消静音后，如客户等候超出 2 分钟，客户服务员需向客户致歉：“××先生（小姐），感谢您的耐心等候。”

×不可以未解释或未取得客户认可的情况下，就直接不出声或按静音键。

遇到设备故障不能操作时：

√客户服务员：“很抱歉，公司线路（系统）正在调整，请您稍后再来电，好吗？”如客户不愿意稍后来电，可以请客户留下联系方式，等设备正常后再及时与客户联系。

×不可以不道歉或语气生硬：“线路有问题，我都帮不到您！”

查询线路等待的应答规范。

为客户查询业务，查询时间较短，与客户双方在线等待应答方式：

√如果查询时间比较短暂（时间以不超过 10 ~ 30 秒为准），为了保持与客户的互动，客户服务员应向客户解释：“您的问题我正在核实（处理），请您稍等一会儿”或“我帮您查询一下，请您稍等”或“正在查询中，请您稍等”。

注意，核实完毕后再重新与客户通话前，应客气称呼客户：“××先生（小姐），您好，经核实××问题的情况……”

×不可以只顾自己操作，把客户晾在一边，双方出现冷场情况。

为客户查询业务，查询时间较长，让客户静音或播放音乐在线等待：

√如果查询时间比较长，需要静音或播放音乐让客户等候的，则应在静音（播放音乐）前提醒客户：“我正在为您核实（查询，确认）相关问题，请您稍等一会儿，不要挂线，谢谢！”注意，取得客户认可后再按静音键或播放音乐键。

√取消静音或播放音乐键后，应感谢客户等待：“××先生（小姐），非常感谢您耐心等候，关于您咨询的问题……”禁止说“不好意思，让您久等”。

×不可以取消静音或播放音乐键后就直接说查询情况，让客户感觉比较唐突。

结束语规范。

向客户解释完毕后，应确认客户是否明了：

√ 客户服务员："请问您清楚了吗？""请问我刚才的解释您是否明白（是否清楚）？"若客户不能完全明白，应将客户不明白的地方重新解释，直到客户明白为止。

× 不可以说："喂，听懂了吧？"

通话结束前，应询问客户是否还有其他方面的咨询：

√ 客户服务员："请问还有什么可以帮您？"在确认客户没有其他方面的咨询后，礼貌地说："感谢您的来电，再见！"并尽量等候客户先挂机。

× 不可以说："喂，没事了吧，您挂电话吧。"

遇客户通话完毕仍未挂机：

√ 客户服务员："请问还有什么可以帮您？"若客户仍未回应，客户服务员："如您没有其他问题需要咨询的话，我挂线了，感谢您的来电，再见！"然后过 5 秒挂机。

× 不可以直接挂机。切忌在客户未挂机的时候，就大声说其他事宜。

结束语：

√ 接听时，在确认客户没有其他问题的情况下，客户服务员应礼貌地说："感谢您的来电，再见！"并尽量等候客户先挂机。

√ 外呼时，"谢谢您的定购，我公司将尽快进行发货，敬请您留意查收。如有任何疑问，烦请您致电 ×× 客服热线 ××××××××，我公司会尽快为您处理。谢谢您的接听，祝您愉快，再见。"

√ 对于客户投诉，在受理结束时，话务员应说："很抱歉，×× 先生（小姐），多谢您反映的意见，我会尽快向上级部门反映，并在 24 小时内给您明确的答复，多谢您的来电，再见。"

√ 遇到周末（节假日），可以在"再见"前加上"祝您周末（×× 节）愉快！"

× 严禁未说结束语就挂机。

服务忌语：

严禁使用服务忌语，做到"五个不说"：有损害客户自尊心和人格的话不说；埋怨客户的话不说；顶撞、反驳、教训客人的话不说；庸俗骂人的话及口头禅不说；刺激客户、激化矛盾的话不说。如：

（1）对客户直呼：喂、嘿。

（2）责问、训斥或反问客户。

① 什么怎么样？为什么？什么？说什么？怎样？你说什么？

② 你到底在说什么？你不是要查什么吗？你到底想查什么？你到底想怎么样？你到你要不要查？你到底要不要听我说？你听不听我说？

（3）态度傲慢、厌烦。

① 不行就是不行，这是规定。

② 我就这样的态度！我态度哪里不好，你说！

③ 你问我，我问谁？

④ 你问的问题没法查，我没办法。

⑤ 有意见找领导去，要告就告去！

⑥ 用不起就别用！我让您买了吗？

⑦ 你到底想怎么样？

⑧ 你有什么了不起！你有没有搞错？
⑨ 你这人怎么这样说话！你怎么这么啰唆！你烦不烦啊！不烦我烦了！
⑩ 相关手册没介绍吗？你怎么不看啊！
⑪ 特价的就这质量，你当时为什么不看商品的资料介绍啊？
⑫ 不是我们的问题是公司的问题，有问题找公司去。
⑬ 我现在很忙，稍后你给我打过来。
⑭ 是系统问题（说客户不知道的专业名词）。
⑮ 你自己看着办吧。
⑯ 我们的产品质量就是不好，谁让你买了？
⑰ 专营店的问题找专营店去。
⑱ 你这人怎么这么奇怪？

（4）推托客户。

① 我不清楚，我不知道，你找 ×× 地方问去。
② 这不是我办理的。
③ 我们公司就是这么规定的。
④ 这不关我的事，这不是我的错，没这回事。
⑤ 我查不到，你拨 ×× 电话去查。
⑥ 我没法查，我也没办法。
⑦ 你自己先查清楚。
⑧ 这事不归我管。
⑨ 这事没办法，你自己想办法吧。
⑩ 你看看是不是你那边出了什么问题。

学习单元四：客户关系系统（CRM）简述

知识目标

1. 了解客户关系管理的概念及 4S 店客户关系管理系统的功能和模块；
2. 了解 CRM 系统在汽车行业中的应用。

技能目标

1. 了解汽车 4S 店信息系统模块；
2. 能够简单操作 CRM 系统软件。

基础知识

客户关系管理（Customer Relationship Management，简称 CRM），是指企业活动面向长期的客户关系，以求提升企业成功的管理方式，其目的之一是协助企业管理销售循环：寻找新客户、保留老客户、提供客户服务及进一步提升企业和客户的关系，并运用市场营销工具，提供创新式的个性化的客户商谈和服务，辅以相应的信息系统或信息技术如数据挖掘和数据库营销来协调所有公司与客户间在销售、营销以及服务上的交互。客户关系管理既是一种管理理念，又是一种软件技术。“以客户为中心”，提高客户满意度，培养、维持客户忠诚度，在今天这个电子商务时代显得日益重要。客户关系管理正是改善企业与客户之间关系的新型管理机制，越来越多的企业运用 CRM 来增加收入、优化盈利性、提高客户满意度。CRM 的核心理念如图 4-4 所示。

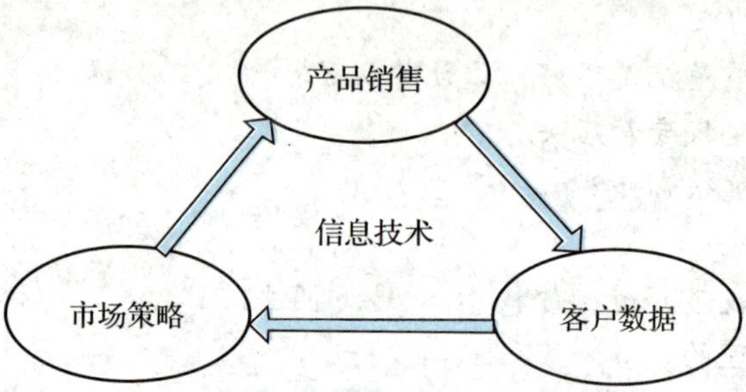

图 4-4　CRM 的核心理念

在 CRM 系统实施的不同阶段，目标重点可能会有一定差异或偏向。例如在 CRM 实施初期，很多汽车企业导入经销商管理系统（DMS）来规范销售流程，通过专业的标准操作界面，与客户进行更好的沟通，提高销售成功率，提升公司形象及客户满意度。但是在 CRM 实施中期，企业已有相当的客户信息积累量，此时企业的目标，重点可能就是考虑如何利用这些信息来挖掘更具价值的客户信息从而进行市场营销决策。因此，每个阶段 CRM 系统实施的意义和重点各不一样，只有把握各阶段的工作重点分阶段实施，才能够有效利用企业有限的资源达到服务营销的目的。因此，在学习过程中需要全面地了解汽车制造企业和 4S 店的 CRM 系统所包含的模块和功能，下面就给大家逐一介绍以下内容。

一、4S 店的 CRM 管理系统

4S 店的 CRM 管理系统是针对汽车经销商而开发的客户关系管理系统，其核心思想是将企业的客户视为最重要的企业资源，企业通过深入的客户分析和完善的客户服务来满足客户的需求，保证实现客户的价值和企业盈利。另外，客户关系管理也是一种改善企业与客户关系的新型管理机制，客户关系管理通过为企业的市场、销售、售后各环节提供全面个性化的客户信息，强化企业的跟踪服务，从而使企业和客户之间建立一对一的关系，这样企业就可以通过提供优质服务来提高客户满意度并从中获利。

客户关系管理系统的实施要取得成功，就必须有强大的技术和工具支持，CRM 软件是实施客户关系管理必不可少的一套技术和工具集成支持平台。它将信息技术与软硬件联系起来，通过数据挖掘、建立数据仓库，使企业前台、后台不同职能部门紧密结合起来，为企业销售、服务和决策等环节，提供自动化的解决方案。

图 4-5 为某 4S 店基于数据库的整合式 CRM 系统模型，由图可知 4S 店 CRM 的沟通渠道，主要由四个方面组成，分别是呼叫中心、商务网站、智能卡和生产商系统，

CRM 系统的具体功能会在下节介绍。

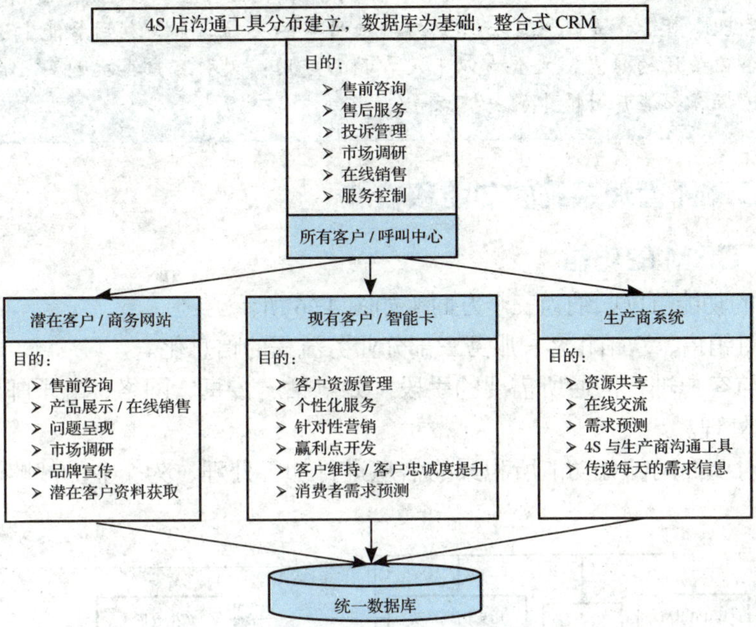

图 4-5 整合式 CRM 系统模型

知识链接

智能卡的概念

1. 卡型

4S 店智能卡卡型：条码卡。

特点：信息容量大，信息密度高，编码能力强，容易印制，成本很低，纠错能力强，译码可靠性高，并且具有极强的防伪能力。依赖于数据库的支持，能保存海量的信息。

成本：条码卡、磁条卡、会员卡、打折卡成本相差不大。市价：400 元 /1000 张。

优势：智能卡超小轻薄，柔韧性强，技术含量及信息智能化高。系统采用感应 IC 卡，卡片不磨损，感应速度快，可以脱机运行，摆脱了实际使用中很多连锁店实时网络的困难。终端操作简单，可在终端机及相连接的电脑上操作。

2. 4S 店如何利用智能卡

智能卡既是客户的打折优惠卡，又是客户信息的存储单元。

智能卡价值一：利用智能卡折扣等功能吸引客户，进而在服务中提升客户满意度，达到培养忠诚客户的目标。

智能卡价值二：智能卡存储着客户的基本信息，据此可以实施个性化服务以及针对性营销。例如根据客户购买产品的时间，可以在合理的时间提示客户为产品进行保养；可以根据客户的购买情况来做特定产品的针对性营销；可以时刻了解客户的满意度情况。

智能卡价值三：可以通过对客户消费信息的数据挖掘，分析出有利于企业发展的信息，分析消费者需求，分析消费周期，分析单个消费者价值，制订适合不同情况的提升企业价值的策略。

汽车 4S 店 CRM 中的关键点就是客户维持，如果没有客户维持，就不算是成功的客户关系管理。智能卡是企业进行客户维持项目中的关键。如何利用智能卡进行客户维持是当前企业关注的焦点，主要有以下几方面的应用：吸引客户再次购买、存储客户基本信息、挖掘客户消费习惯中的关键点等。

二、CRM 管理系统的功能和模块

（一）CRM 的功能

CRM 的功能可以归纳为三个方面（如图 4-6 所示）：

（1）对销售、营销和客户服务三部分业务流程的信息化。

（2）与客户进行沟通所需要的手段（如电话、传真、网络、电子邮件等）的集成和自动化处理。

（3）对上面两部分功能所积累的信息进行加工处理，为企业的战略战术决策提供支持。

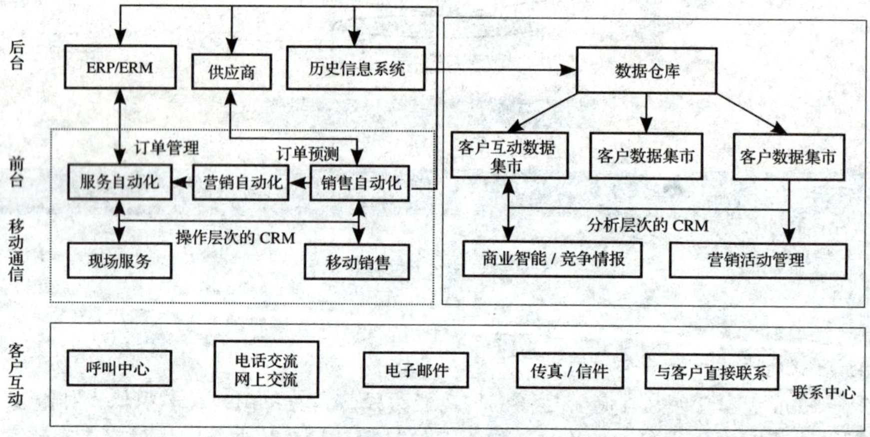

图 4-6 CRM 的功能分布

（二）CRM 的主要模块

CRM 的主要模块见表 4-5。

表 4-5 CRM 的主要模块

主要模块	该模块所能实现的主要功能
销售模块	销售、现场销售管理、现场销售（掌上工具）、电话销售、销售佣金
营销模块	营销、针对电信行业的营销部件、营销资料管理、预算，回应管理等
客户服务模块	服务、合同、客户关怀、移动现场服务
呼叫中心模块	主要包括呼入呼出电话处理、呼叫中心运营管理、开放连接服务、语音集成服务、呼叫中心模块服务、报表统计分析、管理分析工具、代理执行服务、自动拨号服务、市场活动支持服务、呼入呼出调度管理、多渠道接入服务等
电子商务模块	电子商店、电子营销、电子支付、电子货币与支付、电子支持

（1）销售模块。

销售是销售模块的基础，用来帮助决策者管理销售业务，主要功能是额度管理、销售力量管理和地域管理。

现场销售管理。为现场销售人员设计，主要功能包括联系人和客户管理、机会管理、日程安排、佣金预测、报价、报告和分析。

现场销售（掌上工具）。这是销售模块的新成员。该组件包含许多与现场销售组件相同的特性，不同的是，该组件使用的是掌上型计算设备。

电话销售。可以进行报价生成、订单创建、联系人和客户管理等工作。还有一些针对电话商务的功能，如电话路由、呼入电话屏幕提示、潜在客户管理以及回应管理。

销售佣金。允许销售经理创建和管理销售队伍的奖励和佣金计划，并帮助销售代表形象地了解各自的销售业绩。

（2）营销模块。

营销模块对直接市场营销活动加以计划、执行、监视和分析，使得营销部门实时地跟踪活动的效果，执行和管理多样的、多渠道的营销活动。

针对电信行业的营销部件在上面的基本营销功能基础上，针对电信行业的 B2C 的具体实际增加了一些附加特色。

营销模块的其他功能还可帮助营销部门管理其营销资料；列表生成与管理；授权和许可；预算；回应管理。

（3）客户服务模块。

目的是提高那些与客户支持、现场服务和仓库修理相关的业务流程的自动化并加以优化服务。

可完成现场服务分配、现有客户管理、客户产品全生命周期管理、服务技术人员档案、地域管理等。通过与企业资源计划（ERP）的集成，可进行集中式的雇员定义、订单管理、后勤、部件管理、采购、质量管理、成本跟踪、发票、会计等。

知识链接

企业资源计划即 ERP（Enterprise Resource Planning），由美国 Gartner Group 公司于 1990 年提出。企业资源计划是 MRP Ⅱ（企业制造资源计划）下一代的制造业系统和资源计划软件。除了 MRP Ⅱ 已有的生产资源计划、制造、财务、销售、采购等功能外，还有质量管理，实验室管理，业务流程管理，产品数据管理，存货、分销与运输管理，人力资源管理和定期报告系统。

合同。此部件主要用来创建和管理客户服务合同，从而保证客户获得服务的水平和质量与其所花的钱相当。它可以使得企业跟踪保修单和合同的续订日期，利用事件功能表安排预防性的维护活动。

客户关怀。这个模块是客户与供应商联系的通路。此模块允许客户记录并自己解决问题，如联系人管理、客户动态档案、任务管理、基于规则解决重要问题等。

移动现场服务。这个无线部件使得服务工程师能实时地获得关于服务、产品和客户的信息。同时，他们还可使用该组件与派遣总部进行联系。

（4）呼叫中心模块。

目标是利用电话来促进销售、营销和服务电话管理员。主要包括呼入呼出电话处理、互联网回呼、呼叫中心运营管理、图形客户界面软件电话、应用系统弹出屏幕、友好电话转移、路由选择等。

开放连接服务。支持绝大多数的自动排队机。

语音集成服务。支持大部分交互式语音应答系统。

报表统计分析。提供了很多图形化分析报表，可进行呼叫时长分析、等候时长分析、呼入呼叫汇总分析、座席负载率分析、呼叫接失率分析、呼叫传送率分析、座席绩效对比分析等。

管理分析工具。进行实时的性能指数和趋势分析，将呼叫中心和座席的实际表现与设定的目标相比较，确定需要改进的区域。

代理执行服务。支持传真、打印机、电话和电子邮件等，自动将客户所需的信息和资料发给客户。可选择不同配置使发给客户的资料有针对性。

自动拨号服务。管理所有的预拨电话，仅接通的电话才转到座席人员那里，节省了拨号时间。

市场活动支持服务。管理电话营销、电话销售、电话服务等。

呼入呼出调度管理。根据来电的数量和座席的服务水平为座席分配不同的呼入呼出电话，提高客户服务水平和座席人员的生产率。

多渠道接入服务。提供与互联网和其他渠道的连接服务，充分利用话务员的工作间隙，收发电子邮件等。

（5）电子商务模块。

电子商店。使得企业能建立和维护基于互联网的店面，从而在网络上销售产品和服务。

电子营销。与电子商店相联合，电子营销允许企业能够创建个性化的促销和产品建议，并通过 Web 向客户发出。

电子支付。这是电子商务的业务处理模块，它使得企业能配置自己的支付处理方法。

电子货币与支付。利用这个模块后，客户可在网上浏览和支付账单。

电子支持。允许客户提出和浏览服务请求、查询常见问题、检查订单状态。电子支持部件与呼叫中心联系在一起，并具有电话回拨功能。

三、汽车企业实施 CRM 系统的注意环节

鉴于产品的特性、购买群体的特性、客户需求的特性以及销售渠道的特性，汽车企业实施 CRM 有其特别需要关注的环节：

（一）客户生命周期

由于汽车的正常使用寿命一般都在 10 年以上，产品生命周期长的特点决定了客户生命周期会很长，客户给企业带来的累积价值也会很可观。但对这个企业而言，客户生命周期长的前提是企业能很好地维系客户关系，提升客户满意度，使得客户自愿成为你忠实的回头客。否则，客户购完车后不在这个企业进行车辆保养维修，即使产

品寿命再长，对该企业而言，客户生命周期也是极其短暂的，客户价值也只体现了极小的部分。因此，汽车企业如何通过实施 CRM 系统维系好客户关系，使客户终身价值得以实现极其重要。

（二）客户满意

对于国内大部分人而言，汽车还是一个奢侈品。汽车的购买者属于社会中的高收入阶层，这部分人购买产品或服务时，其心理期望一般都比较高，所以这也对促进客户满意的工作提出了更高要求。

（三）客户个性化需求

现在绝大部分购车客户是个人客户，而其中绝大部分又是 20 世纪 70 年代后出生的中青年，他们极尽彰显自我个性，汽车作为展现个性的一个重要载体更是受到他们的青睐。因而，为满足他们各方面的需求，个性化的一对一营销已不再只是理论课题，而成为汽车行业中确实的需要。

（四）营销渠道

汽车企业基本不直接与客户接触，销售和服务都是通过经销商来完成的，所以必须将经销商纳入汽车企业的经营范畴，处于终端的经销商的 CRM 实施对整个企业 CRM 成败起着至关重要的作用。

四、CRM 系统在汽车行业中的实施

随着汽车行业竞争的加剧，汽车行业的核心竞争力已经不是产品，价格作为产品的主要属性，也变得不能完全自主地由企业所控制。当产品越来越多，价格越来越低的时候，消费者持币待购现象反而越来越明显，在这样的背景下，如果各大汽车企业要在未来的环境中生存下去的话，就必须抓住客户，通过客户数据信息和客户行为分析找出客户，与客户保持永久的关系，与客户建立一个利益共同体，最终使客户成为企业的忠实拥护者。

汽车行业 CRM 系统的应用集成了在汽车制造、销售和服务体验上的每一个关键元素。随着汽车购买周期的缩短，汽车行业 CRM 系统帮助制造企业通过简化客户订单和信息服务体验来吸引客户；精简从销售到售后服务的流程；巩固与经销商之间的伙伴关系，培养更多的忠诚客户，提高重复购买率。

学习案例4-7

有人曾问过通用公司，你们是一个什么样的公司？通用的回答是，我们是制造公司，是制造汽车的。但是，来自战略咨询公司的研究报告指出，如果通用公司仍然抱着做一个制造企业的战略不放的话，那么，少则 20 年，多则 50 年，通用汽车公司就有可能会从地球上消失。这个有点耸人听闻的研究报告，引起通用公司管理层的高度重视，因为支撑这个报告的翔实的数据资料以及科学的分析不能不引起他们的深思。通用公司采纳了报告提出的建议，开始从赢得客户能力的角度来进行战略性的调整，即在全球范围内实施 CRM 系统，通用公司认为实施

CRM 系统是保证他们在 50 年后还能够生存的重要战略之一。

案例分析

通用汽车公司始终坚信如果要在未来的环境中生存下去的话，必须要有自己的核心竞争力，也就是满足客户需求的能力，赢得客户的能力。因此，通用汽车公司在全球范围内实施 CRM 系统，以此有效地管理客户信息，赢得更多的客户，使得客户价值最大化，始终保持与客户的良好关系，提高自身的核心竞争力。

CRM 的实施包含两个层面：第一，技术层面。不少企业认为只要购买了数据仓库软件和适合数据挖掘工具，实现 CRM 就是必然之事了。但是国内外的 CRM 实践经验告诉我们，CRM 应用系统是个平台，是实现新的管理模式和方法的基础平台。第二，管理层面。CRM 的实施不是导入软件，而是改进客户关系；CRM 解决方案的目标是加强沟通。企业应该运用 CRM 的思想来变革管理机制、组织架构和业务流程。

汽车企业实施 CRM 系统不可能一蹴而就，必然需要一步步的实施。但是分步实施需要怎样划分呢？结合前面章节论述的 CRM，本书将 CRM 实施分为三个阶段，针对目前国内汽车企业实施的阶段，这里仅介绍初级阶段和中级阶段。

（一）CRM 初级阶段——搜集和管理客户信息

1. 拓展客户接触途径，为客户提供新的个性化的接触渠道

从目前国内的实际情况来看，我国汽车企业都努力发展多种方式的客户沟通渠道，它是 CRM 获取数据的途径，也是企业实践 CRM 的最终体现形式。目前这些渠道包括 4S 店销售展厅、呼叫中心、网络、传真、电话、信件、车展等，这样的客户交互服务系统既可以适应当前的市场实际情况，又可以达到削减成本的目的，还可以实现在为客户提供全方位服务的同时完成对客户相关信息的搜集、加工等目标。国内汽车企业建立多渠道的客户交互服务系统，应当以 4S 店销售展厅和呼叫中心的建设为龙头。

对于一个拥有多渠道的汽车企业来说，如何实现多个不同渠道之间信息的共享，包括厂商和销售大区、不同销售大区、厂商和经销商之间客户信息的共享也是非常重要的。统一的信息访问接口和交易处理平台，不仅可以对所有信息进行更好地管理，并及时整理和更新，同时还保证了企业内部信息的一致性，同时也对企业各项新的业务模式、业务种类的发展起到关键性的作用。下面对这些主要的客户沟通渠道进行简要阐述。

（1）呼叫中心。

现今的呼叫中心是以通信网络为依托，以先进的计算机和 CTI 技术为支撑的新型综合信息服务系统，是客户与企业 / 政府部门有效沟通的重要桥梁。通过电话、传真等形式为客户提供迅速、准确的信息咨询以及业务受理和投诉等服务，以程控交换机的智能呼叫分配、计算机电话集成、自动应答系统等高效的手段和有经验的人工座席，最大限度地提高客户的满意度，同时自然也使企业与客户的关系更加紧密，可以说呼叫中心是提高企业竞争力的重要手段。

如今，国内大部分汽车厂商都建立了呼叫中心系统作为客户服务中心的热线，例如上海大众、一汽大众、上海通用、神龙汽车、福田汽车、江铃汽车等。这种搜集潜在客户信息的途径是基于热线、销售咨询和品牌关怀等方面的动机，这一层次更多地还是被动式的服务和主动关怀的尝试，其价值体现在节约成本、提高客户低层次的满意度上。

（2）展厅接待。

虽然汽车行业客户接触渠道十分丰富，但是通过调查分析显示，客户购买汽车时首选 4S 店。4S 店展厅接待已经成为与客户初次接触的最重要方式，与客户交流最多的地点也是 4S 店销售展厅，因而展厅接待的规范更是必不可少的。如图 4-7 所示是 4S 店展厅接待的大致流程图。

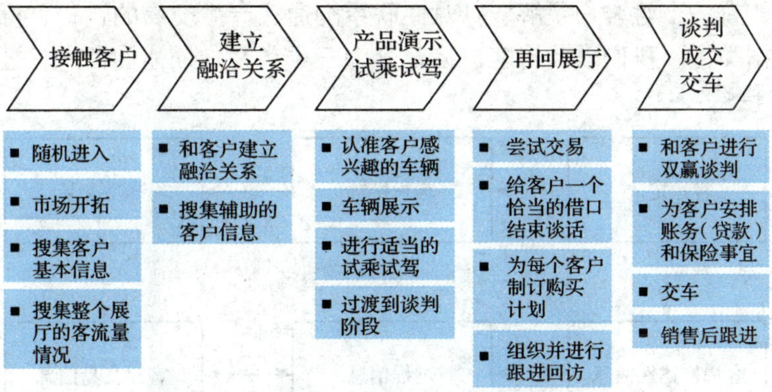

图 4-7　4S 店展厅接待流程图

（3）互联网。

虽然目前汽车销售很难像 DELL 公司的营销模式那样与客户直接联系并通过互联网生成订单生产并进行直销，但是众多的汽车潜在购买客户可以通过互联网在极大的范围内进行产品调研、市场行情调研和竞争品牌调研。随着国内网络应用的普及，很多汽车企业建立了类似在线导购的网络商店，尝试以此节约营销费用，提高一对一的推广效果。

（4）车展。

很多汽车企业都认识到，仅仅是被动接触客户，在竞争中会处于很被动的境地，所以以车展为代表的市场开拓被越来越多的汽车企业所关注和重视。经过对以往数据的分析，上海通用发现汽车展览会是吸引潜在客户的重要手段，有 30% 以上的客户是通过这种途径了解通用汽车的，并成为购买通用汽车的客户的。于是他们加大了对小型多样化市场开拓活动的投入，并取得了良好的效果。

2. 搜集客户信息的完整性和一致性

很多汽车企业在过去也积累了很多的客户数据，但是站在 CRM 的角度来分析，就会发现有些数据是残缺的，有些数据是完全没有用的。例如，上海大众原来的系统中只有客户购买汽车时的数据，包括客户的姓名、地址、电话、邮政编码、所购汽车的型号、车辆的发动机号码以及车架号码。但是，从客户购车开始，至今这辆车的状况如何，保养过几回，汽车在哪个维修站进行过修理，更换了什么零部件等数据都没有。缺乏这些汽车动态过程的数据，就无法对车辆进行完整的了解，也无法向客户提供更具针对性的服务。再如，上海通用公司进行的电话营销活动有记录，在客户生日到来时寄贺卡表示关怀有记录，但是客户对产品或服务进行的投诉却没有记录。除此之外，有很多数据是分布在上海通用内部各部门之间的，还有很多数据目前没有，是需要由全国各地的上海通用汽车零售商以及维修站来提供的。对汽车企业而言，汽车处于动态过程中的信息比购买信息更为重要，因为这种信息是提供服务的基础，而汽车行业中保障客户信息完整的前提是了解客户信息的类别。

（1）客户信息的分类。

客户信息一般是从销售过程、市场行为或其他多种形式获得的。从商业活动行为的需要来看，有一个对客户了解、针对性联系沟通、产生交易的过程，行为过程产生了不同的数据类型。我们以此将客户信息分为三类：客户描述性信息、过程信息和交易信息（图 4–8）。

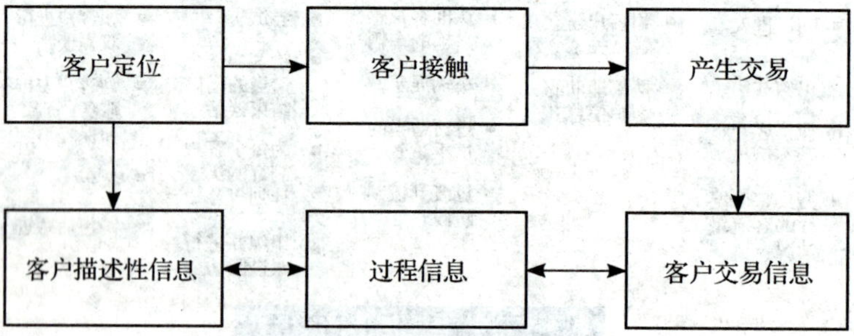

图 4–8　客户信息的类型

客户描述性信息是指描述客户基本情况的信息，包括“年龄”“性别”“民族”“宗教”“爱好”“职业”“家庭住址”“教育程度”“是否结婚”“家庭结构”“收入情况”等。过程信息是指企业在与客户接触过程中所发生典型事情的记录，从这些记录中可以回顾整个交易过程的情况。例如上述的汽车在哪个维修站修理过什么部位、更换了什么零部件、客户对产品或服务进行的投诉内容等均属于过程信息。

客户交易信息是指描述企业的客户相互作用的所有数据，主要包括车辆购买信息和车辆售后信息。如这类信息完整，上述的车辆状况如何，保养过几回等情况一定是一目了然的。

（2）客户信息记录工具。

了解客户信息类别后，我们还要注意用一致的方法和工具搜集并跟进相关客户和交易的信息。否则，十分不利于客户信息录入汇总，后续的数据统计分析结果正确性也会大打折扣。因此，设计客户信息搜集工具一定要能完整记录客户描述性信息、过程信息和客户交易信息。

（3）客户信息管理。

在导入 CRM 的初期阶段，很多汽车厂商通过 ERP 系统或 DMS（经销商管理系统）来进行部分的客户信息管理和交易流程的管理。通过其中的 CRM 模块，完成多渠道的信息集成，提供一定的市场及潜在客户资源，掌握客户信息，提高销售、服务的水平。

但是在一个客户购买使用一辆车的前前后后，要经历车辆制造、验收、销售、保养维修甚至二手车置换等多个流程，随着CRM实施的逐渐深入，汽车企业十分渴望了解客户的实时状况，以便能有针对性地提供一对一的服务。通过DMS继续进行客户信息管理确实有点勉为其难，于是有条件的企业纷纷实施专门的CRM客户信息管理模块，其客户状态信息可以实时更新，企业各部门可以随时查询到客户最新状况。

知识链接

2002年之前，上海大众客户信息是通过DMS来存储、管理的，并且主要是记录已购车客户的信息，而潜在客户信息分散于各经销商的各个销售顾问手中，由此带来了许多问题。例如，对客户提供服务存在相当的主观性，或者销售顾问一旦离职，客户随之流失等。所以，针对包含上述问题的诸多难点在内，2006年上海大众导入了专门的CRM系统。另外，国内其他主流汽车厂商，比如上海通用、一汽大众等也都专门导入了各具特点的CRM客户管理模块。因此，汽车企业CRM客户信息管理的目标是：通过统一的客户信息卡，用一致的方法搜集和跟进相关客户和交易的信息，一致的业务流程等措施，维护潜在客户或成交客户的实时动态信息，以便为企业决策提供准确的数据基础。

3. 流程管理

根据市场需求预测，经销商下订单，厂商排期生产，车辆验收合格出厂后，除保留一定库存外，绝大部分车辆将运往各地的经销商进行销售。客户在经销商处看车、选车、买车，当客户成交提车后，经销商需要对客户使用情况、车辆状况等进行主动关怀。车辆使用一定时间后，客户可能会和维修服务商进行更多的接触。

上述的销售流程、关怀流程和服务流程是CRM的三个基本业务流程，如果没有标准化和规范化，不仅客户动态信息、过程信息很难保证数据采样结果，而且客户满意度也难以得到保证。下面将就三个流程进行概括性论述。

（1）销售流程。

汽车企业销售流程主要包括订单流程、经销商核心销售流程和客户管理流程三个方面。订单流程是汽车企业在由“产品或市场导向”向“客户导向”转变的最明显反应，这个流程设计是否合理，直接关系到能否及时满足客户需求，实现销售。在实施CRM后，经销商核心销售流程作为经销商的最核心流程一定要作出相应的调整，以符合客户导向的精神。而客户管理流程实际融入与客户打交道的各个环节，客户管理一定要与销售和服务管理紧密结合，才可能发挥其应有的作用。

（2）服务流程。

德国大众汽车公司有句众所周知的话：第一辆车是由销售人员卖出的，而其余的车则是通过优秀的服务卖出的。这句话清楚地说明了销售、服务和配件部门之间合作的重要性。它表明专业的服务对长期车辆销售有重要意义。服务流程首先要按客户的需求进行调整，例如设立车旁接待，可以使客户不下车即完成初步接待；然后需按服务市场宏观环境的变化进行调整，例如为了应对国家即将颁布的汽车三包规定，加入预检工序，对三包维修与受控零件进行预检。

（3）关怀流程。

客户关怀的目的是与所选客户建立长期和有效的业务关系，通过信息系统的辅助，支持并督导企业客户管理的行为，在与客户的每次接触过程中都更加接近客户，从而了解客户，最大限度地增加客户的亲切感，与所选客户建立长期和有效的业务关系，提升客户关怀质量。汽车企业的关怀流程分为售前、售中和售后三个阶段，包含三大类：潜在客户跟进关怀、成交客户回访关怀和客户抱怨处理流程。必须充分了解不同类型客户在不同阶段的需求，并在此基础上制定和实施行之有效的流程管理制度，使客户完全满意。

（二）CRM 中级阶段——提升客户满意度和忠诚度

1. 提升客户满意度

客户满意对客户关系的影响体现在客户生命周期上，单个客户生命周期是指从客户开始对企业进行了解或企业欲对某客户进行开发开始，直到客户与企业的业务关系完全终止的这段时间。对企业而言，客户群的生命周期能更直接影响企业的经济利益。客户群的生命周期反映的是企业整个客户群体的平均生命周期。某一汽车品牌特许经销商有 500 个客户，每年流失 100 个，那么客户群的流失率为 20%，则 5 年内，企业将流失 500 名客户，即自客户开始与企业建立业务关系到流失平均需要 5 年时间，那么该企业客户群的生命周期为 5 年。

知识链接

现有两家（A 和 B）均拥有 500 名客户的汽车经销商，A 客户流失率为 20%，B 从客户满意着手，使客户流失率保持在 5% 以下。那么 5 年后，他们仍想保持现有的客户量，A 必须重新开发 500 名客户，而 B 仅需要开发 125 名新客户，明显 A 的客户成本远远大于 B。由此可见，客户群的生命周期会直接影响到企业的经济利益。

客户满意是汽车行业战胜竞争对手的最好手段，是客户关系管理的核心内容，是企业取得长期成功的必要条件。客户满意是客户忠诚的前提条件，忠诚客户的重复购买，忠诚客户更多地、更经常更持久地选择令其满意的服务，都会给汽车企业带来巨大的利润。

客户满意的关键因素是客户需求的满足。但没有对客户信息的一定积累和分析，恐怕企业再如何努力、再如何用心也很难让客户满意，更别谈 120% 的满意度。也正因为如此，我们将提升客户满意度建立在很好的搜集和管理客户信息基础之上。

客户满意度的相关信息主要有两个途径获取：

（1）企业自己做的客户满意度分析调查：例如通过企业设计的专业问卷，通过企业的呼叫中心或通过客户信息库的累积资料等来获取客户满意度的相关信息，对此业界已有很多研究。

（2）第三方客户满意度信息：J.D.Power 的客户满意度调查。

目前，在汽车业最具权威性的客户满意度调查可算是 J.D.Power 的客户满意度调查，包括 CSI（销售满意度调查）和 SSI（服务满意度调查）。该调查发源于美国，首次开展于1987年，其目的是为汽车生产厂商提供一种跟踪经销商销售工作表现的方式，首批报告订购者有日本和欧洲品牌的汽车厂商。而在中国首次开展是在2000年，现有订购者包括所有国际品牌以及大多数中国本土品牌。

2. 提升客户忠诚度

客户忠诚是高度承诺在未来重复购买偏好的产品或服务，并因此产生对同一品牌产品、服务的重复购买行为或推荐行为，而且不因为市场的变化和竞争产品营销的吸引而产生转移购买或推荐的行为。

目前，国内绝大部分汽车企业会认为，客户满意度提升了，客户忠诚度必然相应地增加。但实际上，根据美国贝思公司的调查显示，在汽车行业，有85%以上的客户感到满意，可只有30%左右的客户会继续购买同一品牌的产品，即出现了高满意度低忠诚度的情况。为什么会出现这种情况呢?

（1）客户忠诚度与客户期望的关系。

传统理论认为，客户感知的产品或服务的实际价值大于客户的期望，客户就感到满意，如果是远远大于则客户就会完全满意，从而产生忠诚。但这种表述很模糊，并没有指明大于和远远大于的界限在哪，哪些因素使客户完全满意。因而结合实际价格，忠诚客户的过程信息，得出这样的观点：

客户期望 = 基本期望 + 潜在期望

基本期望的满足更多体现在客户满意度上，而当潜在期望也得到满足时，客户忠诚度才会相应的提升。这里，基本期望指客户认为理应从产品和服务中得到满足的基本需求。例如购车客户希望一定行驶里程内车辆驾驶顺畅、无故障。

潜在期望指超出基本期望的客户并未意识到而又确实存在的需求。例如现在国内高速公路普遍使用IC路卡，而众多女性车主下高速公路时经常会找不到路卡，此时车主基本都只是反省自己的粗心大意。针对此种状况，Polo劲情的设计师专门在驾驶位旁边设置个卡槽，这样解决了车主未意识到，但确是实际存在的需求。此类满足客户潜在期望的设计在该车上还有很多体现，而与之吻合的是，上海大众统计资料显示购买Polo劲情的车主忠诚度明显高于其他车型，对客户潜在期望的满足恐怕是极为重要的因素之一。

（2）客户忠诚和客户关系生命周期。

客户的基本期望和潜在期望。随着购买产品或服务次数的增加，客户对产品和服务越来越熟悉，对市场和竞争对手越来越了解，客户基本期望和潜在期望的层次越来越高，客户要求会更多，会越来越难以满足。

由此可以看到，客户关系的发展是动态的、分阶段的，不同阶段驱动客户关系发展的因素不同，同一因素在不同的阶段其内涵不同，不同的阶段客户的行为特征和为公司创造的利润不同。客户关系生命周期并不是一个全新的想法，可看作是产品生命周期等的一个直接的逻辑推理，是从动态角度研究客户关系的基础。

客户关系生命周期分为四个阶段：考察期、形成期、稳定期和退化期。客户关系的退化并不总是发生在稳定期后，实际上，在任何一阶段关系都可能退化。表4-6为客户关系生命周期的三个阶段客户忠诚度提升措施。

表 4-6 客户关系生命周期的三个阶段客户忠诚度提升措施

客户关系生命周期的阶段	客户基本期望	客户潜在期望	提升客户忠诚的办法
考察期	相比竞争者更优质的车辆和服务	个性化的对待	一对一营销
形成期	企业和自己得到的价值对等	个性化的对待	一对一营销
稳定期	企业和自己得到的价值对等	成为企业的一部分，对企业的归属感	让客户参与企业的经营、管理和改进，充分认可和给予奖励

拓展实训：　熟练运用投诉知识

实训目的

1. 掌握投诉的含义；
2. 掌握投诉的分析流程；
3. 掌握投诉的原则及处理方法；
4. 掌握投诉的预防。

实训内容

1. 两人一组，考核投诉的含义；
2. 两人一组，以图表的形式分析投诉产生的原因；
3. 情景模拟，两人分别扮演投诉客户与服务接待，根据投诉的处理原则，选择适当的处理方法，注意使用标准话术；
4. 两人一组，讨论怎样预防客户的投诉，并与其他小组进行交流。

实训结果

总结分析

教师评分

教学检测

选择题

1. 客户关系管理，是指企业活动面向长期的客户关系，以求提升企业成功的管理方式，其目的之一是协助企业管理销售循环：（　　）

A. 新客户的招徕　B. 保留旧客户

C. 提供客户服务　D. 进一步提升企业和客户的关系

2. 4S 店 CRM 的沟通渠道，主要由四个方面组成，分别是（　　）

A. 呼叫中心　B. 商务网站　C. 智能卡　D. 生产商系统

3. CRM 的主要模块包括（　　）

A. 销售模块　B. 营销模块　C. 客户服务模块　D. 呼叫中心模块

E. 电子商务模块

4. 汽车企业实施 CRM 有其特别需要关注的环节有（　　）

A. 客户生命周期　B. 客户满意　C. 客户个性化需求 D. 营销渠道

5. 下列 CRM 中的客户细分方法中属于前两个阶段的是（　　）

A. 搜集和管理客户信息　B. 提高客户的满意度和忠诚度

C. 客户细分与客户价值

填空题

1. 让渡价值：就是客户总价值与客户总成本之差。其中，客户总价值包括客户在购买和消费过程中所得到的全部利益，这些利益可能来自＿＿＿＿＿、＿＿＿＿＿、＿＿＿＿＿、＿＿＿＿＿。

2. 客户投诉的心理包括＿＿＿＿＿、＿＿＿＿＿、＿＿＿＿＿。

3. CRM 软件是实施客户关系管理必不可少的一套技术和工具集成支持平台。它将＿＿＿＿＿与＿＿＿＿＿联系起来，通过数据挖掘、建立数据仓库，实现企业前台、后台不同职能部门紧密结合起来，为企业销售、服务和决策等环节，提供自动化的解决方案。

4. 汽车 4S 店 CRM 中的关键点就是＿＿＿＿＿。

5. 客户价值 =＿＿＿＿＿ − ＿＿＿＿＿。

chapter 01
chapter 02
chapter 03
chapter 04
chapter 05
chapter 06
chapter 07

简答题

1. 影响客户满意的因素有哪些？
2. 投诉处理的基本要求包括哪些？
3. 4S 店智能卡的价值是什么？

案例分析题

一位客户因听说洗车要涨到 20 元 / 次，在涨价的前两天，他到某 4S 店买了一张汽车月卡，每次的价格约为 12 元 / 次。可是过了几天，为了维持客源，各 4S 店有的涨价，有的没涨，导致该 4S 店将洗车价格降到 10 元 / 次，而前面买卡的客户听闻此事，就来到店里进行投诉！

问题：如果你是服务接待，你将如何处理？

学习情境五

汽车保修与索赔

情境导入

“4S 店、加油站都在推卸责任，我反而成了质量问题的买单者。”孙先生称，他买的车不到一年尚在保修期内，出了问题却无人负责。想去权威部门检测，无奈检测费用高得吓人。

孙先生的车是去年 6 月买的。今年 2 月，孙先生开车出门，刚上高速问题就来了。“无论怎样踩油门，车速就是上不去，连 100km/h 都开不到。”孙先生赶紧开车下高速，径直前往 4S 店。一检查，是车子的油泵坏了。材料费加工时费，花了 900 多元。由于当时急着用车，孙先生把钱付了，把换下来的油泵小心收好。“当时我心想，不管哪里出了问题，留着油泵，总能讨个说法回来。”可出乎孙先生意料的是，至今几个月过去了，他在 4S 店、加油站两头跑，事情依然悬着。“4S 店说，是汽油的油品出了问题，而加油站说，是车子的质量问题，我都不知道怎么办才好。”

4S 店认为导致油泵损坏的原因，系“油品问题”。虽然车子尚在保修期内，但“油品问题”所引起的损坏不属于保修范围。“车主去的是民营加油站，那里的油质量没办法保证。”加油站同样言之凿凿：“我们提供的汽油都是从正规渠道进的货，总公司也会经常派人抽检，问题肯定不会出在我们这里。如果一定要我们负责，除非有证据。”双方都不认账，孙先生反而成了“买单者”。“油泵坏了，要么是车子的质量问题，要么是加油站的油出了问题，可就是没办法找到人来负责。”他感到很无奈。

学习导航

车主的车出了问题，消费者要求索赔或退货，一般都会被要求对车辆进行检测，这时许多对汽车技术装备和标准几乎一无所知的车主便完全处在弱势地位。令人遗憾的是，目前对于汽车的质量检测“门槛”很高，少则数千元上不封顶的检测费，让很多消费者望而却步。

此章节我们将学习汽车保修索赔的赔付范围、赔付费用的组成以及标准工作流程，需要同学们了解汽车质量担保的相关规定，并理顺汽车保修索赔机构及各机构的主要职责。培养正确判断产品是否在保修索赔范围内的能力，并清楚保修索赔的工作流程，能够利用所学知识解决案例中的问题。

学习单元一：汽车产品的质量担保规定

知识目标

1. 掌握关于汽车质量担保的相关术语及产品缺陷；
2. 理解汽车质量担保相关规定。

技能目标

1. 能够区分缺陷的种类；
2. 能够熟练运用质保规定接待客户，解决保修索赔问题。

基础知识

一、相关术语及产品缺陷分类

（一）相关术语

与产品“三包”有关的术语较多，在此就相关术语进行相应介绍。

（1）产品：指能够提供给市场，被人们使用和消费，并能满足人们某种需求的任何东西，包括有形的物品、无形的服务、组织、观念或它们的组合。产品一般可以分为3个层次，即核心产品、形式产品、延伸产品。

（2）汽车产品缺陷：指由于设计、制造等方面的原因而在某一批次、型号或类别的汽车产品中普遍存在的具有同一性质的缺陷，具体包括汽车产品存在危及人身、财产安全的不合理危险，以及不符合有关汽车安全的国家标准、行业标准两种情形。

（3）功能缺陷：指不符合工艺及制造规范的状况，某一部件或总成不工作或有实际损坏，产品或产品的某一部分不能按设计要求起作用。

（4）功能异常：指部件、系统或功能不能按照合同要求运行，对于产品来说属于正常状况，但与类似产品相比存在着实质性差别。

（二）产品缺陷分类

1. 根据缺陷的产生环节，产品缺陷可以分为四类

（1）产品设计缺陷。产品的设计缺陷是指产品在设计环节上存在着危险、不合

理的因素，是产品提供者在配方、原理、方案、构思等设计上存在不合理的危险性，而造成的缺陷。其往往在以后的制造、销售环节难以消除，是危害性较大、影响范围较广的缺陷。例如配方配制不科学、结构设计不合理、方案拟订存在漏洞等。

知识链接

2011 年 4 月 25 日，梅赛德斯－奔驰汽车销售有限公司召回因发动机皮带轮减震器存在设计缺陷的 2011 款奔驰 S 级轿车。美国《统一产品责任示范法》第 104 条 B 款规定："为了确定产品设计上存在不合理的不安全，审理事实的法官必须认定产品在制造时即存在造成原告损害或类似损害的可能性；这类损害的严重性在价值上超过制造商为设计能够防止这类损害的产品的可能性；这类损害的严重性在价值上超过制造商为设计能够防止这类损害的产品所承担的费用，以及替代设计对产品实用性的相反影响。"

（2）产品的制造缺陷。产品的制造缺陷是指产品在生产、加工、装配等制造过程中，因不符合设计规范或者不符合设计要求，导致产品出现不合理的危险。相对于产品设计缺陷而言，产品制造缺陷的认定与消除比较容易。但是由于生产、加工制造是一个复杂的过程，在过程中任意一个环节出现问题，都有可能导致产品出现缺陷。因此，它是最容易出现的一类缺陷。以往的召回经验，产品制造缺陷所造成的危害范围较小，也是比较容易消除的。这是因为该类缺陷通常仅涉及某一批次产品，生产者可以通过提升生产过程中的质量控制来减少缺陷的出现。

（3）产品的警示缺陷。产品的警示缺陷是指未以适当的方式告知使用人应当注意的使用方法、产品功能以及危险预防的注意事项，以及产品使用不当可能发生危害。

知识链接

美国 1998 年《第三次侵权重述：产品责任》第 10 条规定："产品的制造者或销售者应当承担产品的售后警示责任。"此类缺陷与其他缺陷相比，危害性最小。

（4）产品的发展缺陷。产品的发展缺陷是指产品存在当时科学技术水平无法发现，后被证明确实存在的不合理的危险。我国《产品质量法》第 41 条规定："产品投入流通时的科学技术水平尚不能发现缺陷存在的可以作为生产者的免责事由。"

2. 依据缺陷出现的可能性或概率的不同又可将缺陷分为以下两种

（1）系统性缺陷。是指由于系统性原因，引发的存在于一个或多个批次产品的不合理危险。一般来说，设计缺陷和警示缺陷属于在同一批次的产品中是普遍存在的不合理危险，因而属于系统性缺陷。

（2）偶然性缺陷。主要是指由偶然性因素引发的，存在于少数或个别产品中的不合理危险。

区分缺陷是否具有系统性，对于缺陷产品召回制度具有十分重要的意义。因为缺陷产品召回制度的主要目的是为了消除缺陷产品对人身、财产安全所构成的危害。在现实生活中，偶发性、随机性的因素是无法避免的，即偶然性缺陷是无法根本避免和消除的；同时，偶然性缺陷一般不会造成大面积的人身伤害和财产损失。可以说，缺陷产品召回制度就是为了消除系统性的产品缺陷而设计的，偶然性因素导致的产品缺陷则无法通过召回得以消除。

二、汽车质保规定

汽车生产企业对其生产的产品制定的“质保政策”是根据《产品质量法》《汽车生产企业的基本质量保证规定》和《汽车市场发展要求》而编制的。它用于帮助汽车生产企业的经销商向车主提供保修服务。确保车主对企业和经销商提供的服务感到满意并维护汽车生产企业的声誉和良好形象，也有助于获得忠诚的客户群体。

（一）汽车质量保修分类

汽车产品质量保修分为新车整车质量保修和零件质量保修两部分。

1. 新车整车质量保修

按照国家法规规定，新车整车质量保修期，两者以先到者为准。不同的汽车企业会根据车辆使用情况和零件的使用情况分别给出不同的质保期，但必须符合不低于 2 年或 40000km 的最低要求。

2. 零件质量保修

国家对零件的质量保修做了如下规定：

（1）汽车企业产品品牌的纯正维修零件在质量、性能、配合及功能方面将享受自维修之日起 1 年内不限公里数，或新车剩余保修期（如果仍然有效）的保修服务，以上两项原则以保修期长者为准。

（2）直接销售给客户的零件将享受自销售之日起 1 年内不限公里数的保修服务。

（3）在新车保修期内或维修零件保修期内，如在原料或工艺上有缺陷，公司将给予修理或更换。

（二）汽车保修索赔期

1. 整车保修索赔期

（1）整车保修索赔期从车辆开具购车发票之日起的 24 个月内，或车辆行驶累计里程 40000km 内，两条件以先达到的为准。超出以上两范围之一者，该车就超出保修索赔期。

（2）整车保修索赔期内，特殊零部件依照特殊零部件保修索赔期的规定执行。特殊零部件保修索赔期的规定见表 5–1。

表 5–1　特殊零部件保修索赔期

序号	零部件名称	保修索赔期	序号	零部件名称	保修索赔期
1	控制臂球头梢	12 个月或者 40000km	7	防尘塞（横向杆、万向节）	12 个月或者 40000km
2	前减震器、后减震器	12 个月或者 40000km	8	各类轴承	12 个月或者 40000km

（续表）

序号	零部件名称	保修索赔期	序号	零部件名称	保修索赔期
3	等速万向节	12 个月或者 40000km	9	橡胶件	12 个月或者 40000km
4	喇叭	12 个月或者 40000km	10	喷油器	12 个月或者 40000km
5	蓄电池	12 个月或者 40000km	11	三元催化转换器	12 个月或者 40000km
6	氧传感器	12 个月或者 40000km			

2. 配件保修索赔期

（1）在整车保修索赔期内，由特约销售服务站免费更换安装的配件，其保修索赔期为整车保修索赔期的剩余部分，即随整车保修索赔期结束而结束。

（2）由客户付费并由特约销售服务站更换和安装的配件从车辆修竣客户验收合格日和公里数算起，其保修索赔期为 12 个月或 40000km（两条件以先达到为准）。在此期间，因为保修而免费更换的同一配件的保修索赔期为其付费配件保修索赔期的剩余部分，即随付费配件的保修索赔期结束而结束。

知识链接

汽车保修分别指的是整车保修和零部件保修，两者的保修期是不同的，要注意区别。另外，目前某些国内汽车服务企业已经在现有基础上提高了保修期限。

3. 汽车保修索赔的前提条件

（1）必须是在规定的保修索赔期内。

（2）客户必须遵守《保修保养手册》的规定，正确驾驶、保养、存放车辆。

（3）所有保修服务工作必须由汽车制造厂设在各地的特约销售服务站实施。

（4）必须是由特约销售服务站售出并安装或原车装在车辆上的配件，方可申请保修。

4. 保养规定

为了保证车辆正常运行，汽车生产企业会根据车辆的设计要求，制订出汽车保养规定，在客户购车后，汽车生产企业的特约经销商需要告知客户，车辆定期保养时间和里程，第一次走合保养（首保）一般在购车后 60 天或行程 2000 ± 500 公里（以先到者为准），客户须持购车发票和车辆行驶证，到服务中心进行走合保养，建立客户档案，取得保修资格。在此之后车辆一般每行驶 5000 ± 500 公里必须进行一次例行保养。也有一些汽车品牌车型定期保养里程规定在 10000 公里乃至更长，如东风雪铁龙 C5 保养里程为 15000 公里。为了激励客户加强对爱车的维护保养，保证汽车的正常使用，汽车生产厂商都把例行保养作为继续享受保修资格的条件。

如果车辆在质量保修期内出现质量问题，客户须持行驶证和维修手册等到服务中心处办理保修手续。

学习案例5-1

北京现代第八代索纳塔质保政策

1. 整车保修内容

非运营类车辆：质保期自购车之日起5年或10万公里，以先到者为准。

运营类车辆：客户出租、租赁或客运等运营类车辆质保期自购车之日起1年或10万公里，以先到者为准。

2. 质保范围

适用于第八代索纳塔全系车辆。

3. 质保规定的适用范围

（1）北京现代汽车有限公司生产或装配的用于整车上的原厂零部件（不包含消耗品）在正常使用和保养条件下，发现有材料和制造工艺缺陷时，整车质保期内享受免费保修（表5-2）。

表5-2 质保规定的适用范围

区分	配件		保修期
非运营类车辆	整车保修期		5年/100000km
	原车消耗品	A类	1年/无公里数限制
		B类	3个月/无公里数限制
	售后纯正配件(客户购买)	B类以外的配件	1年/20000km
		B类	3个月/无公里数限制
运营类车辆	整车保修期		1年/100000km
	原车消耗品	A类	1年/20000km
		B类	3个月/5000km
	售后纯正配件(客户购买)	B类以外的配件	1年/20000km
		B类	3个月/5000km

注：客户自行购买的非纯正配件，不享受北京现代的任何保修政策。

（2）消耗品明细表（表5-3）。

表5-3 消耗品明细表

区分	配件名	
A类	1. CD/DVD/导航以及其他音响系统（蓝牙、收音机等）	
	2. 电瓶	
B类	1. 车盘、刹车片、制动蹄	7. 滤芯、机油、冷媒等
	2. 离合器压盘、离合器片、分离轴承	8. 轮胎
	3. 雨刷器	9. 灯泡类
	4. 喷油嘴	10. 保险丝、继电器
	5. 火花塞、分缸线	11. 油漆
	6. 皮带类	12. 玻璃、后视镜（室内、室外）

案例分析

北京现代第八代索纳塔质保政策在规定的保修政策上进行了细化，同学们可以发现第八代索纳塔的整车保修索赔期提高到了 5 年或 100000km，而一般汽车服务企业规定的整车保修期是 2 年或 100000km。

5. 保修索赔费用的赔付

特约服务中心向汽车生产企业申请保修索赔费用的赔付，主要包括两个内容：工时费索赔和零件索赔，从汽车生产企业的角度就是工时费赔付和零件赔付。

工时费赔付是汽车生产企业特约服务中心为保修期内客户提供的所有诊断、修理、调整及更换等保修服务所花的保修工时费的赔付，一般汽车生产企业会根据产品特性编制《维修工时标准手册》，并按照标准工时对应工时费率表对特约服务中心的保修工时计算工时费用，最后再支付给特约服务中心。

为了保证特约服务中心配件的合理利润，对保修服务所使用的零件，汽车生产企业在向特约服务中心赔付时会按合理利润率给予零件赔付，赔付的金额就是厂商提供给服务中心的配件进价再加上合理利润的金额。

保修索赔费用的结算一般为一月一次，结算截止日期因厂商规定而异。汽车生产企业售后服务部门对所有收到索赔文档的保修服务索赔赔付申请后及时给予审核，而汽车生产企业财务部则结算出经销商当月的索赔额并将索赔款返给特约服务中心，超过结算日收到的索赔文档将顺延至下月结算。

学习单元二：汽车保修索赔规定

知识目标

1. 掌握汽车保修索赔的范围，了解车辆保修资格的更改；
2. 掌握保修索赔费用的组成。

技能目标

1. 能够判断车辆是否在保修范围内；
2. 能够准确地申报和结算保修索赔的费用。

基础知识

汽车质量保修是指正在质保期内所有与材料质量和工艺质量有关的车辆缺陷，其中维修所需要更换的零件将采用汽车生产企业提供的全新装车零件。在汽车生产企业的规定及客户的权益范围内，因质量保修所产生的工时费、材料费、拖车费等相关费用，由特约服务中心先行提供后，再向汽车生产企业售后服务部门申报索赔。

一、保修索赔的范围

（1）车辆正常使用情况下整车或配件发生质量故障，修复故障所花费的材料费、工时费属于保修索赔范围。

（2）保修索赔期内，车辆发生故障无法行驶，需要特约销售服务站外出抢修，特约销售服务站在抢修中的交通、住宿等费用属于保修索赔范围。

（3）汽车制造厂为每一辆车提供两次在汽车特约销售服务站进行的免费保养，两次免费保养的费用属于保修索赔范围。

知识链接

2000km 免费保养项目：

（1）更换机油及机油滤清器。

（2）检查传动带。

（3）检查空调暖风系统软管和接头。

（4）检查冷却液。

（5）检查冷却系软管及卡箍。

（6）检查通风软管和接头。

（7）清洗空气滤清器滤芯。

（8）检查油箱盖、油管、软管和接头。

（9）检查制动液和软管。

（10）检查、调整驻车制动器。

（11）检查轮胎和充气压力。

（12）检查灯、喇叭、刮水器和洗涤器。

6000km 免费保养项目：

（1）更换机油及机油滤清器。

（2）检查冷却液。

（3）检查冷却系软管及卡箍。

（4）检查通风软管和接头。

（5）清洗空气滤清器滤芯

（6）检查油箱盖、油管、软管和接头。

（7）检查排气管和安装支座。

（8）检查变速器、差速器油。

（9）检查制动液和软管，必要时添加制动液。

（10）检查、调整驻车制动器。

（11）检查、调整前后悬架。

（12）检查、调整底盘和车身的螺栓和螺母。

（13）检查动力转向液，必要时添加。

（14）检查轮胎和充气压力。

（15）检查灯、喇叭、刮水器和洗涤器。

（16）检查空调（暖风）。

（17）检查空调滤清器。

二、不属于保修索赔的范围

（1）汽车制造厂特许经销商处购买的每一辆汽车都随车配有一本《保修保养手册》，该《保修保养手册》须盖有售出该车的特许经销商的印章，以及购车客户签名后方可生效。不具有该《保修保养手册》、《保修保养手册》上印章不全或发现擅自涂改《保修保养手册》情况的，汽车特约销售服务站有权拒绝客户的保修索赔申请。

（2）正常使用、暴露零部件的失效不属于保修范围，如玻璃、内饰、电镀件、保险杠、其他饰件、雨刮片、刹车盘或刹车片、底盘弹簧、避震器、离合器片和手动变速箱，只有存在明显缺陷时才属保修范围。车辆正常例行保养和车辆正常使用中的损耗件不属于保修索赔范围。

① 润滑油、机油和各类滤清器。
② 火花塞。
③ 刹车片、离合器片。
④ 清洁剂和上光剂等。
⑤ 灯泡。
⑥ 轮胎。
⑦ 雨刮片。

（3）因不正常保养造成的车辆故障不属于保修索赔范围。

汽车制造厂的每一位客户应该根据《保修保养手册》上规定的保养规范按时到汽车特约销售服务站对车辆进行保养。如果车辆因为缺少保养或未按规定的保养项目进行保养而造成的车辆故障，不属于保修索赔范围。例如，未按规定更换变速器油，而造成变速器故障，特约销售服务站有权拒绝客户的索赔申请。同时汽车特约销售服务站有义务在为客户每次做完保养后记录下保养情况（记录在客户的《保修保养手册》规定位置，盖章），并提醒客户下次保养的时间和内容。

（4）车辆不是在汽车制造厂授权服务站维修，或车辆安装了未经汽车制造厂售后服务部门许可的配件不属于保修索赔范围。

（5）客户私自拆卸更换里程表，或更改里程表读数的车辆（不包括汽车特约销售服务站对车辆故障诊断维修的正常操作）不属于保修索赔范围。

（6）因为环境、自然灾害、意外事件造成的车辆故障不属于保修索赔范围，如酸雨、地震、冰雹、水灾、火灾、车祸等。

（7）因为客户使用不当，滥用车辆（如用作赛车）或未经汽车制造厂售后服务部门许可改装车辆而引起的车辆故障不属于保修索赔范围。

（8）间接损失不属于保修索赔范围。因车辆故障引起的经济、时间损失（如租赁其他车辆或在外过夜等）不属于保修索赔范围。

（9）由于特约销售服务站操作不当造成的损坏不在保修索赔范围。同时，特约销售服务站应当承担责任并进行修复。

（10）在保修索赔期内，客户车辆出现故障后未经汽车制造厂（或汽车特约销售服务站）同意继续使用而造成进一步损坏，汽车制造厂只对原有故障损失（须证实属产品质量问题）负责，其余损失责任由客户承担。

（11）车辆发生严重事故时，客户应保护现场，并应保管好损坏零件，但不能自行拆卸故障车。经汽车制造厂和有关方面（如保险公司等）鉴定事故原因后，如属产品质量问题，汽车制造厂将按规定支付全部保修及车辆拖运费用。如未保护现场或因丢失损坏零件以致无法判明事故原因，汽车制造厂不承担保修索赔费用。

（12）因材料或制造加工而引起的修理或更换属维修配件或附件保修索赔范围，以下内容不属保修索赔范围：

① 配件或附件拆装技术、疏忽、改装、事故和使用不当而引起的损坏。
② 配件或附件用于赛车或其他竞赛。
③ 时间损失、不方便、车辆停用损失和其他经济损失。

学习案例5-2

牧马人改装索赔案例

世界上没有哪款车能够像牧马人那样有着广泛的改装基础，几乎遍布全世界的改装店都为它的深度改装提供了悬挂改装套件来增强它的通过性，还有各种各样的车身加强件。一般的经销商就能提供举升的改装，而即使是没有进行深度改装的牧马人，车主一般从经销商那里买车的时候也会增加一些诸如探照灯这一类的小改装件。

不过克莱斯勒公司在每辆新车的客户手册里都写有这么一句话："本产品的保修范围不包括车辆出厂之后加装的部件以及由此带来的故障，比赛用途也不在本产品保修范围之内。"同时，克莱斯勒公司对经销商进行的保修范围也指出"只对部分规定合格的零件在使用寿命期内的非正常损坏进行索赔"。其实不只是吉普车，世界上所有的汽车企业都不会对这样的情况进行保修。

各种各样索赔条款对于改装车来说，似乎有些不太公平，而美国的消费者投诉中也主要集中在了改装后的索赔等问题上。比如车主 Eddie，2010 年年初，他 2009 年购买的牧马人，由于消音器非正常损坏而在一家经销商处进行了更换，而经销商却因为这辆牧马人增加了一套改装套件而拒绝了这辆车的索赔要求。而后这位美国车主抱着"秋菊打官司"般的心态在进行了几轮交涉之后（这也包括给克莱斯勒 CEO 发信函），终于得到了一个可喜的结果，克莱斯勒已经将他的问题反映给了这家经销商的上一级经销商，因为它们已经接到了太多关于牧马人不能够保修的投诉，而且这个问题大多数集中在排气管的损坏上。

根据经销商的说法，改装过程中特别是在进行车身举升的过程中并不能有效地得出多高的举升量是合理的，而且这样的举升对于其他零件的影响并没有进行过评估。例如换装了 35 英寸的轮胎和与之相配合的悬挂之后，车辆簧下载荷将会变大，这对于车身来说受力更大，同时，发动机也承受了更大的载荷，甚至有可能出现爆缸的情况。这种情况不是不太可能出现，而是很可能出现。

案例分析

从这个案例里我们可以发现，在进行改装的过程中，要注意系统的匹配，否则汽车售后服务部门会因为客户使用不当，滥用车辆（如用作赛车）或未经汽车制造厂售后服务部门许可改装车辆而引起的车辆故障，从而认定其不属于保修索赔范围。而且就牧马人的很多不同个案我们还总结出了一个经验：牧马人的车身举高最好不要超过 3 英寸，因为这些出现问题的牧马人其举升几乎都超过了 3 英寸。

学习案例5-3

发动机异响频大修 保修期内车主索赔遭拒

在2014年的3月21日，中国汽车消费网接到了一位来自江苏南京的车主关于发动机严重故障并拒赔的投诉；无独有偶，在时隔20天的4月11日，又有一位来自北京的车主反映了同样的问题。他们均表述，车辆是在1.5万公里左右出现的发动机故障，均在保修期内，而该汽车制造厂却都拒绝了他们更换新发动机的索赔申请。

如今汽车公司只同意对发动机进行修理，同时4S店方面也都应客户的要求向制造企业重新做了更换发动机的索赔申请，但目前也都没有得到明确回复。同时，4S店的一位售后相关负责人表示，该公司对此没有回复，其实就意味着他们坚持原有的处理意见，即只维修不更换；而两位车主则认为，发动机大修之后将严重影响其原有的品质，在今后的二手车置换时，车价也会因此而大幅贬损，故强烈要求更换新发动机，并表示车辆还处在保修期，发动机在只行驶了1.5万公里的状况下就出现了如此严重的故障，该汽车制造企业拒绝更换是一种无视消费者利益且极不负责的行为。

案例分析

由于两起案例实在有着太多的共同点，在受理之初就引起了工作人员的高度重视。首先两位车主所使用的都是同款车型；都是在2012年下半年购买，行驶里程也都在1.5万公里左右；故障现象均为发动机异响，且都因该故障的产生进行维修，严重影响了车辆的正常使用；而该汽车制造企业给出的处理意见均是对发动机进行拆解检修，4S店也都表示要依据上海大众的意见来处理；同时两位车主对此处理方案均不认可，并都要求更换新发动机，4S店重新提交索赔申请之后，也均没有获得回复。

这一南一北两位车主竟有如此雷同的遭遇，实在难以用“巧合”二字来解释。

对于以上情况，完全有理由怀疑，至少有那么一个批次即在2012年下半年在市场上流通的那批该款汽车，普遍存有发动机质量问题，并在1.5万公里时会伴随出现异响等症状。

另外从车主的诉求和汽车公司的回应上看，也足以说明广大的汽车消费者对于新车使用不久即遭遇发动机大修是普遍不能接受和认同的，更换新发动机才是众望所归；而该企业对于客户的需求和期盼似乎是不以为然，态度也比较强硬，并且还是一贯如此。

鉴于以上情况，两位客户首先要请汽车公司对上面提到的发动机异响，究竟是通病还是纯属个例给予明确答复，并提供详尽且使公众都能信服的情况说明；其次，还要请该企业能够尊重和重视每一位客户的切身感受和诉求。

所谓“己所不欲，勿施于人”，希望所有的厂商及经销商在考虑及处理问题时，能更多地从客户的角度出发，认真负责地做好每一项工作，把客户的体验及满意度放在第一位。

三、车辆保修资格的更改

特殊情况下，针对车主滥用或误用车辆的情况，特约服务中心有权向汽车生产企业申请取消对该车整车或特定部件的保修。该措施可保护服务中心及汽车生产企业的利益免受车主滥用或误用车辆的侵害。车辆保修资格更改申请也适用于因事故或自然灾害造成的车辆损坏超出修理能力的情况。

课堂讨论

同学们试着列举几种车辆保修资格更改的例子。

四、其他保修索赔事宜

1. 库存待售成品车辆的保修

由汽车制造厂派出的技术服务代表定期(至少每3个月1次)对当转库和代理商(经销商)展场的车辆进行检查，各地特约销售服务站要配合。对车辆因放置时间较长出现油漆变（褪）色、锈蚀、车厢底暖翘曲变形等外观缺陷，由汽车制造厂索赔管理部批准后可以保修。保修工作由汽车制造厂设在各地的特约销售服务站完成。

2. 保修索赔期满后出现的问题

对于超过保修索赔期的车辆，原则上不予保修索赔。如确属耐用件存在质量问题，则由汽车制造厂技术服务代表和汽车特约销售服务站共同对故障原因进行鉴定，在征求汽车制造厂索赔管理部同意后可以按保修处理。因保养、使用不当造成的损坏或易损件的损失不能保修。

3. 更换仪表

因仪表有质量问题而更换仪表总成的，汽车特约销售服务站应在客户《保修手册》上注明旧仪表上的里程数及更换日期。

4. 故障原因和责任难以判断的问题

对于故障原因和责任难以判断的情况，如客户确实按《使用说明书》规定使用和保养车辆且能出示有关证据，如保养记录、询问驾驶员对车辆性能和使用的熟悉程度，须报汽车制造厂索赔管理部同意后可以保修。

5. 索赔零件的管理

（1）汽车生产企业的特许经销商的索赔件库为独立房（独立区间），不得与其他产家的产品混放。

（2）索赔件应分区、分类存放，国产、进口件分开存放。

（3）索赔件库存放的索赔件应为近一个月以内的索赔件。

（4）索赔件必须粘贴或拴挂相应的条形码。

（5）索赔件库货架上应粘贴相应的分类、分组标签。

五、保修费用的组成

质量保修服务过程中所发生的一切费用，先由服务中心垫付，然后向汽车生产企业客户服务部申报结算，由汽车生产企业统一支付。保修费用的组成包括特约服务中心给客户提供保修服务时所产生的一切费用，具体见表 5-4。

表 5-4 保修费用的组成

（1）保养费	（5）拖车费用
（2）保修工时费	（6）外包维修费用
（3）保修材料费	（7）索赔零件回收运输费
（4）出差服务费	（8）特殊费用

学习单元三：汽车保修索赔机构及工作流程

实训目的

1. 保修索赔机构及其主要职责；
2. 保修索赔的工作内容及工作流程。

技能目标

熟悉保修索赔的工作内容，并能够制订标准工作流程。

基础知识

一、保修索赔工作机构的组成

保修索赔工作机构由汽车制造厂索赔管理部和汽车特约销售服务站索赔员组成。

（一）汽车制造厂索赔管理部

汽车制造厂索赔管理部隶属汽车制造厂的售后服务机构。售后服务机构负责售后业务，主要部门有：售后服务部、配件供应部、索赔管理部。售后服务部主要负责售后服务设备、培训、技术支持、资料手册编辑、特约销售服务站服务工作的协调监督等业务；配件供应部主要负责配件筹集、订单处理、库存管理、配件运送协调、配件价格体系制订、特约销售服务站配件工作协调及监督等业务；索赔管理部主要负责整车、配件保修索赔期内的保修索赔以及再索赔工作，主要包括索赔工时、故障代码的制定和校核，索赔单据的审核和结算，产品质量信息的搜集与反馈，再索赔结算及协调等业务。

汽车制造厂在全国选建符合 4S 标准（集整车销售、汽车维修、配件供应、信息

chapter 01
chapter 02
chapter 03
chapter 04
chapter 05
chapter 06
chapter 07

反馈为一体）的汽车特约销售服务站。汽车制造厂为特约销售服务站提供全面的技术支持，如信息系统的建设支持和运费的补偿。同时，汽车制造厂建立培训中心，为特约销售服务站进行技术、管理培训。成立应答中心，及时提供信息咨询。

（二）汽车特约销售服务站索赔员

1. 对索赔员的具体要求

（1）良好的业务素质。

对所维护的汽车产品共性和特性的了解；全面的汽车理论知识；良好的故障判断和故障成因分析（牵涉到是客户使用原因还是产品的质量因数）；良好的维修方法和维修知识。

（2）良好的人员沟通能力。

要用适当的语言和方法与客户沟通，缓解客户的情绪，找出解决问题的方式方法。如不是 4S 店的，要及时和经销商进行良好的互通相关信息。

（3）熟知国家法律、法规和厂商的售后服务政策。

熟知国家相关法律、法规（《产品质量法》《消费者权益保护法》等）。

（4）熟记厂商的服务政策和索赔规定，特别是质量保证的时间和里程（一些零部件的质保时间和里程与整车质保时间和里程是不一样的）。

（5）熟知厂商的索赔手续和办事程序。

（6）了解配件的供货渠道、供货方法和运货途径。

（7）熟知厂商三包费用结算流程。

2. 索赔员的工作职责

熟悉厂商保养规范，积极主动地协助服务顾问对维修的车辆索赔进行鉴定，保证索赔的准确性；认真检查索赔配件做出质量鉴定；积极向客户宣传厂商保修规范，客观真实地开展索赔工作，不得弄虚作假；定期整理和妥善保存所有的索赔档案；负责定期对部门主管汇报工作；按照厂商保修规范办理索赔申请及相应索赔事务；主动搜集、反馈有关车辆使用质量、技术方面信息，按厂商的规定及时地反馈各种维修当中的质量问题，主动及时地与厂商沟通；三包单据的存档，负责验收保管索赔旧件工作。

二、各机构工作职责

保修索赔工作机构由汽车制造厂索赔管理部和汽车特约销售服务站索赔员组成。

（一）汽车制造厂的工作职责

（1）建立汽车特约销售服务站，对特约销售服务站的人员进行培训，帮助特约销售服务站提高技术水平和管理水平。

（2）向各区域派出汽车制造厂的技术服务代表，检查各特约销售服务站保修索赔的执行情况，评估各特约销售服务站索赔员的业务能力。

（3）遇到疑难问题，汽车制造厂将通过函电指导或派代表及技术人员现场提供技术支持。

（4）特约销售服务站在保修索赔服务中如被发现有欺骗行为（如伪造索赔单等），汽车制造厂将拒付索赔费，并视情节给予罚款处理，直至取消其索赔资格。如造成了严重的社会影响，将追究其责任。

（二）汽车特约销售服务站工作职责

负责整车、配件保修索赔期内的保修索赔以及再索赔工作。主要包括索赔工时、故障代码的制定和校核，索赔单据的审核和结算，产品质量信息的搜集与反馈，再索赔结算及协调等业务。

（1）特约销售服务站是被授权对汽车产品进行保修索赔服务的企业。特约销售服务站有责任向所有符合保修索赔条件的客户提供满意的保修索赔服务，不得以任何形式与理由拒绝客户提出的正当合理的保修索赔要求。

（2）特约销售服务站必须按汽车制造厂的规定配置相关的硬件（专用质量鉴定设备、索赔申请提交设备、专职人员、专用仓库等）和软件（电脑管理软件、专业培训、专业鉴定技术等）。

（3）贯彻汽车制造厂保修索赔政策，实事求是的为客户提供保修索赔服务，既不可推脱责任，也不可为客户提交虚假的索赔申请。

（4）特约销售服务站在进行保修索赔工作中，有效的调整和维修是首选的措施，当调整和维修无法达到应有的技术要求时可以更换必要的零件或总成。

（5）特约销售服务站有责任配合汽车制造厂处理好客户的质量投诉，特约销售服务站作为汽车制造厂的代表之一，不可推卸客户对质量投诉的责任。

（6）为了提高产品质量，特约销售服务站应按规定向汽车制造厂索赔管理部提供有效的质量情况反馈。

（7）妥善保管在索赔服务中更换的零配件，严格执行汽车制造厂的索赔旧件管理制度。

（三）汽车经销商工作职责

每一位专职索赔员都是汽车制造厂保修索赔工作的代表，其工作职责如下：

（1）充分理解保修索赔政策，熟悉汽车制造厂保修索赔工作的业务知识。执行汽车制造厂的新车交付验收标准，出现疑问，及时向汽车制造厂反映。

（2）执行汽车制造厂新车仓库管理制度，按规定做好新车保养。

（3）及时向汽车制造厂技术服务代表或汽车制造厂索赔管理部反馈车辆库存中的质量信息，避免因延误处理而产生不应有的质量损失。

（4）如果因车辆移动造成的事故，或因保管不善造成零部件丢失或损坏，经销商应负责将车辆恢复到符合技术标准的状态，不得向客户出售不合要求的车辆。

（5）及时向汽车制造厂反映客户的意见或要求，协助汽车制造厂处理市场反馈的产品质量信息。

（6）帮助汽车制造厂建立与客户的联络渠道，共同提高对客户的服务能力和水平。

小提示

同学们须结合保修索赔机构来记忆各机构的职责。

三、保修索赔的工作内容

车辆从厂商到特约店再销售到客户手中，发生故障后到特约店进行维修，这期间产生保修索赔业务按时间顺序可以做如下排列：

（1）车辆从厂商到特约店需进行 PDI 检查（即新车交接检查），如发现车辆质量缺陷可进行保修。

（2）车辆出售时的保修登记。

（3）车辆发生故障后客户来店要求进行保修，保修的判定。

（4）现场报告的制作与保修申请的发送。

（5）保修件的管理及返回。

（6）保修的费用结算。

四、保修索赔的工作流程

保修索赔的工作流程图如图 5-1 所示。

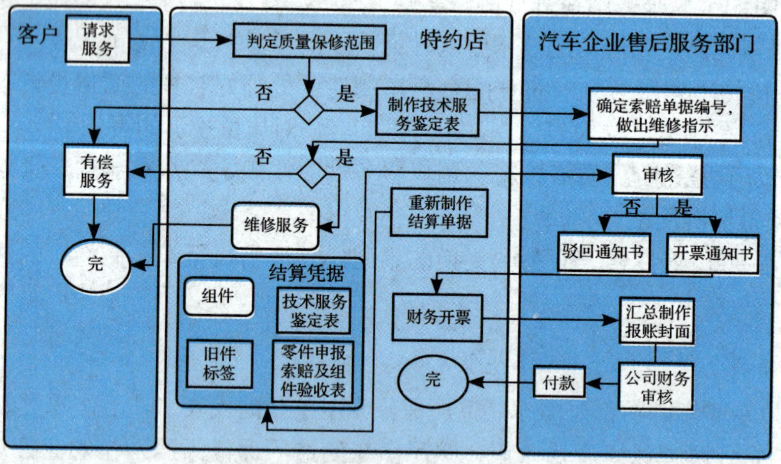

图 5-1 保修索赔的工作流程

学习案例5-4

保修索赔业务标准流程

一、索赔基本控制程序

索赔的流程图如图 5-2 所示。

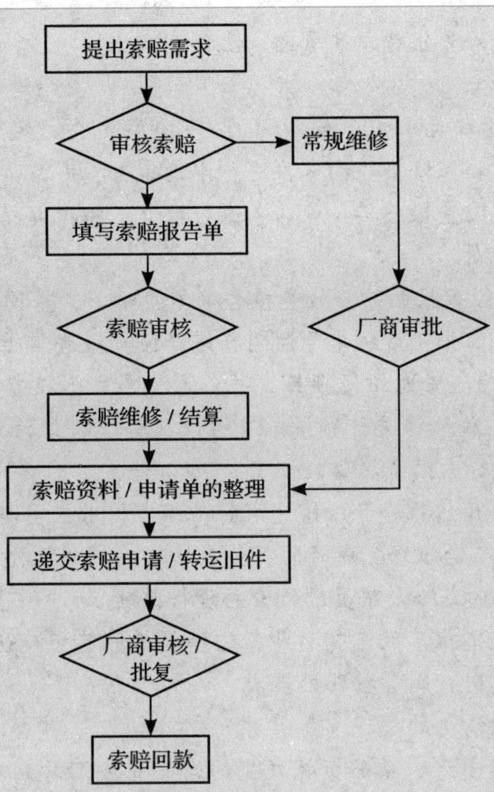

图 5-2 索赔流程图

流程说明

1. 提出索赔需求

维修车辆在质量担保期内，由于明显故障需要进行维修的，客户通过 SA 提出索赔需求；如果车辆是在检修过程中发现的维修项目，则由车间技术人员提出索赔需求；厂商有召回行动的，索赔员按照厂商的召回要求，结合公司的提醒制度，制订预约提醒计划交给服务经理，并在电脑系统中制作预约单。SA 根据预约提醒计划进行预约提醒；厂商有服务行动的，索赔员根据厂商服务行动要求在电脑中制作预约单，则由车间技术人员提出索赔需求。

2. 审核索赔条件

前台 SA 或车间班组长根据厂商的报修政策，初步判断所提出的索赔需求是否符合保修原则。对于不能明确判断的，向索赔员提出索赔条件审核等需求，由索赔员负责审核索赔条件。

对于不属于索赔的维修项目，前台 SA 向客户说明解释原因，并邀约客户按照常规维修标准对车辆进行维修。

3. 填写索赔报告单

车间技术人员仔细对车辆的故障现象进行分析和判断，提出索赔维修方案，并且严格按照单据填写要求填写维修检查报告单（索赔）。车间主管负责对维修方案审核，并在维修检查报告单（索赔）上签字确认。

4. 索赔审批

对于单个维修项目大于4000元的（小于4000元公司定），索赔员按照厂商要求填写保修申请单和保修报告向客户进行申请审批，并负责对审批的及时跟进，根据反馈结果对维修检查报告单（索赔）进行批复，将批复结果反馈给前台SA。

5. 索赔维修与结算

前台SA根据已经审批的维修检查报告单（索赔），查询配件的库存后，在电脑系统中生成系统单，并将系统单号注明在维修检查报告单上（索赔）。

SA与客户一同确认索赔维修项目，并负责将客户已经签字确认的维修检查报告单（索赔）交给技术人员进行领料以及维修操作，将维修检查报告单（索赔）索赔联交给索赔员进行索赔资料整理。

在每个维修项目开始维修和维修完成时，维修技术人员都要打卡确认时间。

前台SA负责在车辆维修完成时间打印未结算单，并且要求客户签字确认。于每天17：30～18：00交给索赔员进行索赔资料整理。

索赔员对当天完工出厂的车辆打印索赔结算单并签字确认，于每天17：30～18：00交财务收银员进行财务挂账处理。

6. 索赔资料（申请）的整理

车辆维修结算的当天，索赔员将发生的索赔业务汇总到本月的报修报告汇总表并整理、装订和归档。已经结算车辆的维修检查报告单（索赔）、索赔未结算单、索赔结算单和附有技术报告的报修申请单。每月最后一周，整理、装订和归档服务站保修费用汇总表、已经批复的索赔差异报告和保修报告汇总表。

所有有关索赔资料按照厂商要求保存三年。保修资料的销毁按照公司的档案资料管理制度进行。

7. 递交索赔申请（运转旧件）

索赔员每周五将本周产生的报修报告汇总表交给客户中心的负责人进行索赔业务的申请，并且根据客户的要求负责运送或准备相应的索赔旧件。同时，索赔员要将本周产生的报修报告汇总表抄送给服务经理、服务部经理和财务会计。

8. 厂商审核（批复）

索赔员对客户批复的报修报告汇总表进行核对，对有误的保修申请单，整理后重新申请，请求客户重新审核、批复。如果批复结果存在差异或拒绝赔付的，索赔员每月最后一周内将其汇总后报告服务经理，服务经理查找原因后提出索赔差异处理报告，经服务部经理核准报公司总经理批复。

9. 索赔回款

索赔员将核对后并且签字确认了的服务站保修费用汇总表交给财务会计，财务会计根据服务站保修费用汇总表的金额向厂商开发票，申请索赔款。

财务会计根据厂商的汇款和公司领导的索赔差异处理报告进行账务处理。

二、索赔结算程序

索赔结算的流程图如图 5-3 所示。

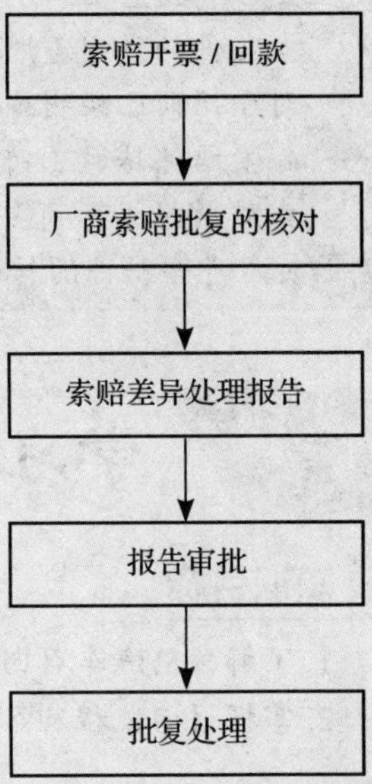

图 5-3　索赔结算流程

流程说明

1. 索赔开票（回款）

索赔员于每月最后一周内将核对后并且签字确认了的、本月审核确认了的保修费用汇总表交给财务会计，财务会计根据保修费用汇总表的全额向客户开出发票，申请索赔款，并且根据回款情况进行账务处理。

2. 厂商索赔批复的核对

索赔员负责对服务站保修费用汇总表与保修报告汇总表中的明细项进行逐项核对，并将核对结果进行整理、汇总后以电子邮件的方式将其报告给服务经理。

3. 索赔差异处理报告

服务经理负责差异或拒绝赔付的原因分析，提出索赔差异处理报告。服务部经理负责对差异处理报告进行审核。

4. 报告审批

相关责任负责人负责落实公司总经理批复的索赔差异处理报告。财务会计根据公司领导对索赔差异处理报告的批复进行账务处理。

三、索赔件控制程序

索赔件控制的流程图如图 5-4 所示。

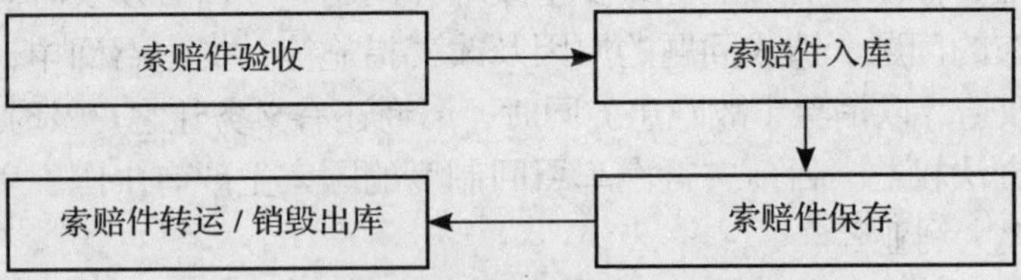

图 5-4　索赔件控制流程图

流程说明

1. 索赔件验收

对于厂商所有的索赔件，在本项目维修拆检完成后，由承修本项目维修的主修技师负责将索赔件清理、包装好，并附填写合格的索赔管理卡一起到配件仓库。配件仓库管理根据索赔员签署了的维修检查报告单（索赔）进行核对验收。验收合格后，配件仓库管理进行办理索赔需要新配件的领用手续。

2. 索赔件入库

索赔员每天 17：30 ～ 18：00 与配件仓库管理员进行当天的索赔件及索赔管理卡的交接工作。索赔入库时，索赔员做好入库的电脑记录工作。

3. 索赔件保存

索赔件要按照厂商要求的保存期限进行保存。索赔件在库时，要做好分类保管工作。做到指定库位存放指定索赔件，索赔件在库数量、电脑记录数量和实际发生索赔单数量相一致。

索赔件的借用遵照配件借用流程执行并对借用有电脑记录。

对于厂商已经明确无须回收的索赔件，索赔员负责将其转交旧件管理。

4. 索赔件转运（销毁出库）

索赔员根据厂商要求，制订索赔件转运或销毁计划，服务经理签字确认后，索赔员负责索赔件的转运和销毁件的现场销毁。索赔件出库时做好记录工作。

学习单元四：缺陷汽车召回制度

知识目标

1. 了解缺陷汽车召回制度以及国内外概况；
2. 掌握召回流程及召回通告。

技能目标

能够制订缺陷汽车召回的标准流程。

基础知识

汽车召回制度是指投放市场的汽车，发现由于设计或制造方面的原因存在缺陷，不符合有关规定、标准，有可能导致安全或环保问题，厂商必须及时向国家有关部门报告该产品存在的问题、造成问题的原因及改善措施等，提出召回申请，经批准后对在用车辆进行改造，以消除事故隐患。同时，厂商还有义务让客户及时了解有关情况，维护消费者的合法权益。目前实行汽车召回制度的国家主要有中国、美国、日本、加拿大、英国、澳大利亚等。

图 5-5 是根据日本国土交通省提供图表绘制的汽车召回制度演示图。

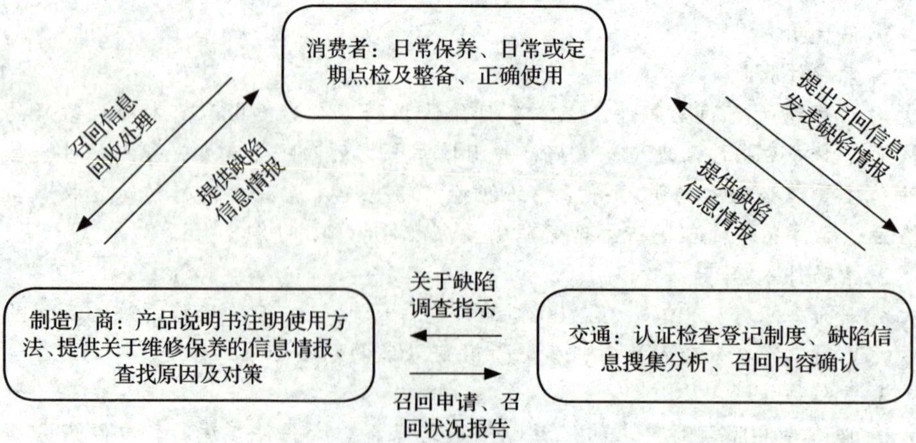

图 5-5 汽车召回制度演示图

一、汽车召回制度简介

汽车召回制度始于20世纪60年代的美国，律师拉尔夫发起运动，呼吁国会建立汽车安全法规，于是《国家交通及机动车安全法》诞生。该法律规定，汽车制造商有义务公开发表汽车召回的信息，且必须将情况通报给客户和交通管理部门，进行免费修理。

我国的汽车召回制度《缺陷汽车产品召回管理规定》于2004年3月15日正式发布，2004年10月1日起开始实施。这是我国以缺陷汽车产品为试点首次实施召回制度。《缺陷汽车产品召回管理规定》由国家质量监督检验检疫总局、国家发展和改革委员会、商务部、海关总署联合制定发布。

二、汽车召回的概念

1. 汽车召回定义

汽车召回是按照《缺陷汽车产品召回管理规定》要求的程序，由缺陷汽车产品制造商进行的消除其产品可能引起人身伤害、财产损失等缺陷的过程，包括制造商以有效方式通知售商、修理商、车主等有关方面关于缺陷的具体情况及消除缺陷的方法等事项，并由制造商组织销售商、修理商等通过修理、更换、收回等具体措施有效消除其汽车产品缺陷的过程。

简单来说，汽车召回就是生产商对于有问题的商品，无偿收回生产企业的制度，以改正缺陷，提高企业信誉。召回不是退货，因为召回进程中有维修后返回购买者的程序，最终的商品并没有失去。

2. 汽车召回的相关术语

汽车产品：指按照国家标准《汽车和挂车类型的术语和定义》（GB/T 3707.1—2001）中所规定的，用于载运人员、货物，由动力驱动，或者被牵引的道路车辆（不包括农用运输车）。

缺陷：是指由于设计、制造等方面的原因而在某一批次、型号或类别的汽车产品中普遍存在的具有同一性的缺陷，具体包括汽车产品存在危及人身财产安全的不合理危险，以及不符合有关汽车安全的国家标准、行业标准两种情形。

制造商：指在我国境内注册、制造、组装汽车产品并以其名义颁发产品合格证的企业，以及将制造、组装的汽车产品已经销售到我国境内的外国企业。

销售商：指销售汽车产品，并收取货款、开具发票的企业。

租赁商：指以营利为目的，提供汽车产品为他人使用，收取租金的自然人、法人或其他组织。

修理商：指为汽车产品提供维护、修理服务的企业和个人。

进口商：指从境外进口汽车产品到我国境内的企业。进口商可以视同为汽车产品制造商。制造商、销售商、修理商、租赁商、进口商，统称经营者。

车主：包括以使用为目的依法享有汽车产品所有权，或采用分期付款方式购买汽车产品，根据分期付款合同在未付清全部车款前尚未获得汽车产品所有权，但已获得完全使用权的自然人、法人或其他组织，或根据租赁合同，获得汽车产品使用权的承租人。

小提示

同学们在课余时间查阅一下《汽车和挂车类型的术语和定义》（GB/T 3730.1—2001），加深理解。

三、国内外汽车召回的情况介绍

1. 国外汽车召回的情况介绍

汽车召回在美国、日本、韩国以及欧洲等国家早已不是一件新鲜事，其中，美国的召回历史最长，相关的管理程序也最严密。美国早在 1966 年就开始对有缺陷的汽车进行召回了，至今美国已总计召回了 2 亿多辆整车，2400 多万条轮胎。涉及的车型有轿车、卡车、大客车、摩托车等多种车型，全球几乎所有汽车制造厂在美国都曾经历过召回案例。

知识链接

亚洲汽车服务企业召回概况：

日本从 1969 年开始实施汽车召回制度，1994 年将召回写进《公路运输车辆法》，并在 2002 年做了进一步修改和完善。截至 2001 年，日本共召回缺陷车辆 3483 万辆，仅 2001 年就召回 329 万辆。其中，大多数是由企业依法自主召回。韩国从 1992 年开始进行汽车召回，随着政府对汽车安全的要求更加严格，车主权利意识的不断提高，召回数量在不断增加，到 2000 年，召回数量增加到 56 万辆，2001 年 57 万辆，2002 年 129 万辆。

2. 国内汽车召回的情况介绍

在我国《缺陷汽车产品召回管理规定》实施之前，许多厂商常常以一个含混隐晦（如免费保养、回馈行动等）的名义，把汽车缺陷问题消匿于无声无息之中。自召回制度颁布后，关于解决汽车缺陷召回问题，有了明确的法律保障。截至 2010 年 6 月，我国汽车厂商共召回了约388.5万辆车，汽车市场总体质量有了很大提高。但在庆贺成绩的同时，我们也不得不意识到消费者保护制度仍不尽完善，维权意识不够强，这也许是日本丰田公司在 2010 年的召回门事件中，对待中国市场和美国市场采取不同措施的原因之一。在美国只要是问题车辆都列入了召回范围，而在中国市场销售的有问题的凯美瑞汽车却不予召回。美国的车主可以享受丰田提供的“上门召回”和同型号车辆使用的服务，并得到相应的交通补贴费用，但在中国却只字未提，甚至明确表示不给予中国消费者补偿。

拓展阅读

2013 年上半年国内车辆召回一览

2013 年上半年，受到《缺陷汽车产品召回管理条例》及“3·15”的双重压力，国家质检总局在国内共召回车辆 45 次，其中家用车辆召回 42 次。累计台次达 1274722 辆，涉及 18 个进口品牌，14 个合资品牌及 8 个自主品牌。其中雷诺、克莱斯勒品牌出现的频率最高，而大众的召回所涉及的车型最多。从各月的召回情况来看，3月和6月发布的召回较为集中，尤其是"3·15"消费者保护日后，很多企业召回速度明显加快。具体情况见表5-5。

表5-5 2013年我国汽车的召回情况

排名	召回品牌	召回车型	缺陷部位	召回范围	召回数量（辆）
1	大众集团	尚酷1.4TSI、高尔夫旅行车、Cross Golf新宝来1.4T、高尔夫A6 1.4T、高尔夫A6 1.6L、速腾1.4T、迈腾1.4T、CC1.8T、新速腾1.4T、新迈腾1.4T、新迈腾1.8T、进口的2010年2月至2011年6月生产的奥迪A3 1.8T、途安5座1.4T、途安7座1.4T、明锐1.8T、明锐1.4T、朗逸1.4T、昊锐1.4T、新帕萨特1.4T、新帕萨特1.8T	变速箱内机电单元的电子故障或者油压不足	2008-2013年	384181
2	上海通用别克	别克君越	制动软管面置	2006-2009年款	207766
3	北京现代	IX35	制动踏板开关	2010-2011年	121835
4	江淮汽车	同悦	车身侧围外板	2008-2011年	117072
5	东南汽车	V3菱悦	4G15M发动机摇臂	2008-2011年	78594
6	雷诺中国	科雷傲	油箱内置油量传感器	2009-2012rh	61505
7	东风悦达起亚	智跑	制动踏板开关	2010-2011年	53897
8	神龙汽车	标致307、308、408、雪铁龙世嘉	发电机调节器	2012年	38686
9	长安汽车	CS35	发动机舱保险盒电源线束端子	2012-2013年	27624
10	一汽马自达	马自达6	副驾驶安全气囊	2003年	24465
11	雷克萨斯	IS系列	前风窗雨刮器摇臂	2006-2011年款	22869
12	长城汽车	哈弗H6	转向助力泵支架螺栓	2011-2013年	13851
13	铃木中国	吉姆尼	前悬架	2007-2013年款	13227
14	长安汽车	CS35	曲轴箱通风系统管路	2012-2013年	12492
15	上汽通用五菱	宝骏630	前稳定杆中部与左后轮制动管	2012-2013年	10856
16	斯巴鲁	斯巴鲁(SUBARU)、力狮(Legacy)、傲虎(Outback0)	刹车油管	2004-2009年款	9641
17	三菱汽车	进口ASX劲炫	全景天窗玻璃	2010-2011年	9478
18	雷诺中国	梅甘娜II代、风景II代	气囊线圈内部塑料导片材质	2003-2008年款	8114
19	东南汽车	V5菱致	方向机	2012-2013年	6335
20	上海通用别克、凯迪拉克	君越、进口SRX	总线传递的挡位信息	2012-2013年	5744
21	克莱斯勒	大切诺基、指挥官	分动器的编码器故障	2006-2010年	5153
22	雷诺	科雷傲	右前下摆臂零件焊接工艺	2011年款	5097
23	丰田	国产威驰及进口花冠	副驾驶安全气囊	2000-2003年	5083
24	克莱斯勒	指南者和自由客	燃油箱内部的虹吸管	2012年款	4783
25	长安铃木	新奥拓、雨燕、羚羊、天语	转向横拉杆球头螺母	2013年	4496
26	三菱中国	进口欧蓝德	电动动力转向控制组件	2012-2013年	4460
27	丰田（中国）	本田FJ酷路泽	前排正副驾驶席安全带卷收器	2007-2013年款	4400
28	凯迪拉克	进口SRX	车轮螺母扭矩控制	2013年款	2653
29	本田中国	进口本田思域、时韵和思威	副驾驶安全气囊	2000-2002年	2312
30	宝马中国	进口宝马Xs	刹车动力器	2007-2010年款	2116
31	广汽本田	汉兰达	帘式空气囊	2013年	2097
32	日产中国	进口阳光、奇骏、途乐	副驾驶安全气囊	2001-2001年	708
33	法拉利、玛莎拉蒂	总裁系列、玛莎GT跑车	后部内束横拉杆	2004-2008年款	692
34	烟台舒驰客车	舒驰牌YTK6890、YTK6798H、YTK6126客车	车辆乘客座椅固定部位	2013年	652
35	上海通用别克	新君越eAssist轿车	电机控制模块	2011年	602
36	现代中国	进口飞思	天窗玻璃	2012款	456
37	福特中国	进口福特探险者（Explorer）	油箱燃油输送模块接头	2012-2013年	409
38	宝马中国	318i、318Ci、328C、330i、330Ci	副驾驶安全气囊	2001-2003年	389
39	保时捷	911卡雷拉、911卡雷拉4	后部消音器	2012-2013款	384
40	上汽集团	MG TF汽车	后上控制臂	2012-2013年	181
41	阿斯顿·马丁	DB9 Coupe（2013款）、DBS Coupe、优势系列(Vantage Coupe、Vantage Roadster、Vantage S Coupe、Vantage S Roadster)，锐捷系列(Virage Coupe、Virage Volante)、锐极系列(Rapide、Rapide S)	油门踏板杆	2012-2014款	147
42	河南少林汽车	少林牌校车	离合器油管与排气管	2010-2012年	91
43	郑州日产	帕拉丁	副驾驶安全气囊	2003年	54
44	克莱斯勒	大切诺基	气囊控制模块	2002年款	43
45	曼恩	MAN TGX卡车	制动钳自动调整机构	2009-2011年	29

从单次召回数量上看，一向引人关注的大众DSG问题，在2013年“3·15”过后，大众集团终于对此问题进行了大规模召回。大众中国、一汽大众、上海大众共21款车型，在国内涉及总数达384181辆，成为上半年召回数量最多的一次。

江淮汽车2013年单次召回数量在自主品牌中最多，召回车辆总数达到117072辆。在召回实施之前，中国汽车质量网在接到大量消费者投诉后，将问题反馈到企业并针对此事进行缺陷分析报道，已引起了企业的重视。在“3·15晚会”上曝光之后，推动了江淮汽车召回的脚步。

从召回问题来看，因气囊问题而引发的召回事件最为集中，9例召回涉及气囊相关部件，可见车辆安全问题不容忽视。而从2013年上半年召回来看，类似于天窗、消音器、雨刮摇臂、发电机调节器等，与驾驶安全并无直接关联的部件，也逐渐纳入到各厂商的召回范畴之内。随着国内召回管理条例的逐步完善，对于消费者而言无疑是一大利好消息。

四、召回流程及召回通告

1. 汽车召回的流程及影响

汽车召回的流程如图5-6所示。

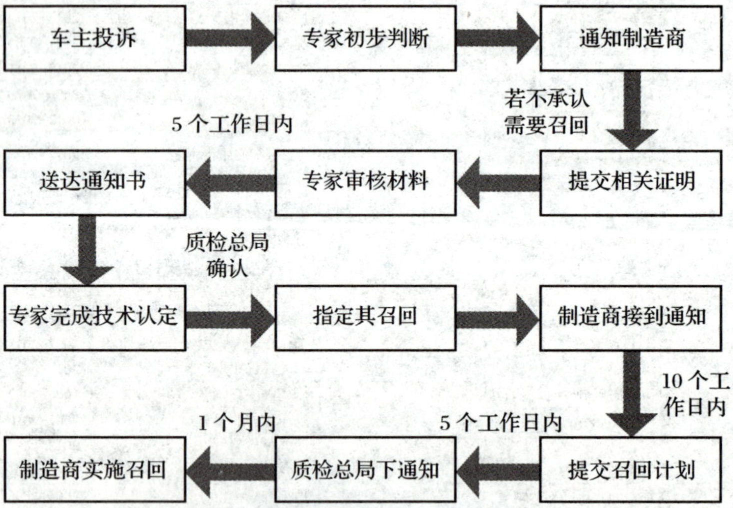

图5-6　汽车召回的流程图

在实际操作过程中，政府很少通过发布政令的方式来进行强制性的汽车召回，而是鼓励生产厂商自行进行汽车召回。当有缺陷的汽车对消费者的人身安全构成严重威胁，或生产厂商对存在的安全问题没有给予应有的重视时，才会通过法律手段强制生产厂商实行召回。

实际上，许多被召回的汽车未必存在很大的安全问题，有时召回也是为了改进汽车的发机动性能和配置，目的是让汽车的质量更高，让消费者更加满意。一次成功的召回不会对厂商及其产品的形象造成危害，反而有利于提高人们对生产厂商的信任度和忠诚度。

学习案例5-5

丰田召回事件

2010年年初，丰田对于制动系统和脚垫的问题在全球召回超800万辆车，不包括中国市场，而由于加速踏板相关问题在中国只召回了7.5万辆RAV4，这引起中国消费者的不满。丰田公司社长丰田章男于3月1日向中国消费者道歉，2010年3月30日，丰田汽车在日本召开“全球质量特别委员会”首次会议，决定在中国成立“中国质量特别委员会”，并且对外宣布，将为中国上市的新型丰田汽车安装制动优先系统（BOS），并尽量在2010年底前对所有上市车辆安装此系统。

丰田召回事件使丰田陷入了前所未有的信任危机甚至是生存危机，影响了汽车的销量，在美国销量同比下降16%，自爆发“踏板门”事件后，丰田股价跌幅达到22%，市值蒸发400亿美元，国际信用评级机构也在考虑调低对丰田的评级。

案例分析

从长远意义来说，他们并没有被击垮。丰田汽车的质量和生产流程仍然是汽车业最被羡慕的对象，并且仍然是世界上最富有的汽车制造商。面临尴尬和羞愧境地的丰田已下令改善质量。丰田的一系列创新努力，包括加倍生产更智能化的混合动力车型。如果能够做好一切，那么今天的挫折将很快成为遥远的记忆，丰田在世界汽车业界将会变得更强。

2. 召回通知书

生产厂商在发现汽车缺陷时，会首先拟定一份召回通告，说明产品存在的问题和可能导致的危险，要求消费者尽快送还问题商品并通过各种信息渠道发布召回通告。对于汽车和大型家用电器，由于商家一般都会保留消费者的姓名和地址等资料，因此也可以直接通过投寄信件的方式进行通知。

知识链接

自主品牌乘用车召回现状

截至2012年10月，国内自主品牌汽车在乘用车领域的召回数量仅为七例，大大低于合资汽车品牌及进口车品牌的数量。在这七个召回案例中，近三年实施过汽车召回的自主品牌乘用车企仅涉及东南汽车、奇瑞汽车、长城汽车、上海汽车以及吉利汽车。

2012年6月20日和8月20日，长城汽车和东南汽车曾因燃油泵和燃油管的问题，分别召回部分哈弗H6和V3菱悦车型。

2012年9月29日开始，因燃油箱与车身安装尺寸存在偏差的问题，吉利汽车主动

chapter 01
chapter 02
chapter 03
chapter 04
chapter 05
chapter 06
chapter 07

召回2009年1月3日至2011年11月30日期间生产的部分金刚、金鹰轿车，涉及数量共计55018辆。

2010年，中国汽车市场的召回案例为95起，而来自自主品牌乘用车企的召回案例仅为2起，分别是东南汽车召回部分菱悦以及奇瑞汽车召回部分瑞麒X1。2011年，中国汽车市场的召回案例为71起，而来自自主品牌乘用车企的召回案例同样仅为2起，分别是上海汽车召回部分MG以及长城汽车召回部分炫丽、腾翼C30轿车。总体来看，自主乘用车企在所有召回案例中所占的比例不到5%，与合资品牌以及进口车品牌召回案例相比，数量偏少。

原因：与国外严格的法规相比，汽车召回制度的缺失是导致国内汽车召回案例偏少的主要原因。从2004年10月1日起实施的《缺陷汽车产品召回管理规定》对企图隐瞒缺陷的汽车制造商可进行处罚。除必须重新召回、通报批评之外，还将被处以1万元以上，3万元以下罚款。可自实施汽车召回7年多时间以来，中国市场还从未有过强制召回，处罚力度也被认为不够。

拓展阅读

《缺陷汽车产品召回管理条例》

第一条　为了规范缺陷汽车产品召回，加强监督管理，保障人身、财产安全，制定本条例。

第二条　在中国境内生产、销售的汽车和汽车挂车（以下统称汽车产品）的召回及其监督管理，适用本条例。

第三条　本条例所称缺陷，是指由于设计、制造、标识等原因导致的在同一批次、型号或者类别的汽车产品中普遍存在的不符合保障人身、财产安全的国家标准、行业标准的情形或者其他危及人身、财产安全的不合理的危险。

本条例所称召回，是指汽车产品生产者对其已售出的汽车产品采取措施消除缺陷的活动。

第四条　国务院产品质量监督部门负责全国缺陷汽车产品召回的监督管理工作。

国务院有关部门在各自职责范围内负责缺陷汽车产品召回的相关监督管理工作。

第五条　国务院产品质量监督部门根据工作需要，可以委托省、自治区、直辖市人民政府产品质量监督部门、进出口商品检验机构负责缺陷汽车产品召回监督管理的部分工作。

国务院产品质量监督部门缺陷产品召回技术机构按照国务院产品质量监督部门的规定，承担缺陷汽车产品召回的具体技术工作。

第六条　任何单位和个人有权向产品质量监督部门投诉汽车产品可能存在的缺陷，国务院产品质量监督部门应当以便于公众知晓的方式向社会公布受理投诉的电话、电子邮箱和通信地址。

国务院产品质量监督部门应当建立缺陷汽车产品召回信息管理系统，收集汇总、分析处理有关缺陷汽车产品信息。

产品质量监督部门、汽车产品主管部门、商务主管部门、海关、公安机关交通管理部门、交通运输主管部门、工商行政管理部门等有关部门应当建立汽车产品的生产、销售、进口、登记检验、维修、消费者投诉、召回等信息的共享机制。

第七条 产品质量监督部门和有关部门、机构及其工作人员对履行本条例规定职责所知悉的商业秘密和个人信息，不得泄露。

第八条 对缺陷汽车产品，生产者应当依照本条例全部召回；生产者未实施召回的，国务院产品质量监督部门应当依照本条例责令其召回。

本条例所称生产者，是指在中国境内依法设立的生产汽车产品并以其名义颁发产品合格证的企业。

从中国境外进口汽车产品到境内销售的企业，视为前款所称的生产者。

第九条 生产者应当建立并保存汽车产品设计、制造、标识、检验等方面的信息记录以及汽车产品初次销售的车主信息记录，保存期不得少于10年。

第十条 生产者应当将下列信息报国务院产品质量监督部门备案：

（一）生产者基本信息；

（二）汽车产品技术参数和汽车产品初次销售的车主信息；

（三）因汽车产品存在危及人身、财产安全的故障而发生修理、更换、退货的信息；

（四）汽车产品在中国境外实施召回的信息；

（五）国务院产品质量监督部门要求备案的其他信息。

第十一条 销售、租赁、维修汽车产品的经营者（以下统称经营者）应当按照国务院产品质量监督部门的规定建立并保存汽车产品相关信息记录，保存期不得少于5年。

经营者获知汽车产品存在缺陷的，应当立即停止销售、租赁、使用缺陷汽车产品，并协助生产者实施召回。

经营者应当向国务院产品质量监督部门报告和向生产者通报所获知的汽车产品可能存在缺陷的相关信息。

第十二条 生产者获知汽车产品可能存在缺陷的，应当立即组织调查分析，并如实向国务院产品质量监督部门报告调查分析结果。

生产者确认汽车产品存在缺陷的，应当立即停止生产、销售、进口缺陷汽车产品，并实施召回。

第十三条 国务院产品质量监督部门获知汽车产品可能存在缺陷的，应当立即通知生产者开展调查分析；生产者未按照通知开展调查分析的，国务院产品质量监督部门应当开展缺陷调查。

国务院产品质量监督部门认为汽车产品可能存在会造成严重后果的缺陷的，可以直接开展缺陷调查。

第十四条 国务院产品质量监督部门开展缺陷调查，可以进入生产者、经营者的生产经营场所进行现场调查，查阅、复制相关资料和记录，向相关单位和个人了解汽车产品可能存在缺陷的情况。

生产者应当配合缺陷调查，提供调查需要的有关资料、产品和专用设备。经营者应当配合缺陷调查，提供调查需要的有关资料。

国务院产品质量监督部门不得将生产者、经营者提供的资料、产品和专用设备用于缺陷调查所需的技术检测和鉴定以外的用途。

第十五条　国务院产品质量监督部门调查认为汽车产品存在缺陷的，应当通知生产者实施召回。

生产者认为其汽车产品不存在缺陷的，可以自收到通知之日起15个工作日内向国务院产品质量监督部门提出异议，并提供证明材料。国务院产品质量监督部门应当组织与生产者无利害关系的专家对证明材料进行论证，必要时对汽车产品进行技术检测或者鉴定。

生产者既不按照通知实施召回又不在本条第二款规定期限内提出异议的，或者经国务院产品质量监督部门依照本条第二款规定组织论证、技术检测，鉴定后确认汽车产品存在缺陷的，国务院产品质量监督部门应当责令生产者实施召回；生产者应当立即停止生产、销售、进口缺陷汽车产品，并实施召回。

第十六条　生产者实施召回，应当按照国务院产品质量监督部门的规定制订召回计划，并报国务院产品质量监督部门备案。修改已备案的召回计划应当重新备案。

生产者应当按照召回计划实施召回。

第十七条　生产者应当将报国务院产品质量监督部门备案的召回计划同时通报销售者，销售者应当停止销售缺陷汽车产品。

第十八条　生产者实施召回，应当以便于公众知晓的方式发布信息，告知车主汽车产品存在的缺陷、延保不等于召回避免损害发生的应急处置方法和生产者消除缺陷的措施等事项。

国务院产品质量监督部门应当及时向社会公布已经确认的缺陷汽车产品信息以及生产者实施召回的相关信息。

车主应当配合生产者实施召回。

第十九条　对实施召回的缺陷汽车产品，生产者应当及时采取修正或者补充标识、修理、更换、退货等措施消除缺陷。

生产者应当承担消除缺陷的费用和必要的运送缺陷汽车产品的费用。

第二十条　生产者应当按照国务院产品质量监督部门的规定提交召回阶段性报告和召回总结报告。

第二十一条　国务院产品质量监督部门应当对召回实施情况进行监督，并组织与生产者无利害关系的专家对生产者消除缺陷的效果进行评估。

第二十二条　生产者违反本条例规定，有下列情形之一的，由产品质量监督部门责令改正；拒不改正的，处5万元以上20万元以下的罚款：

（一）未按照规定保存有关汽车产品、车主的信息记录；

（二）未按照规定备案有关信息、召回计划；

（三）未按照规定提交有关召回报告。

第二十三条　违反本条例规定，有下列情形之一的，由产品质量监督部门责令改正；拒不改正的，处 50 万元以上 100 万元以下的罚款；有违法所得的，并处没收违法所得；情节严重的，由许可机关吊销有关许可：

（一）生产者、经营者不配合产品质量监督部门缺陷调查；

（二）生产者未按照已备案的召回计划实施召回；

（三）生产者未将召回计划通报销售者。

第二十四条　生产者违反本条例规定，有下列情形之一的，由产品质量监督部门责令改正，处缺陷汽车产品货值金额 1% 以上 10% 以下的罚款；有违法所得的，并处没收违法所得；情节严重的，由许可机关吊销有关许可：

（一）未停止生产、销售或者进口缺陷汽车产品；

（二）隐瞒缺陷情况；

（三）经责令召回拒不召回。

第二十五条　违反本条例规定，从事缺陷汽车产品召回监督管理工作的人员有下列行为之一的，依法给予处分：

（一）将生产者、经营者提供的资料、产品和专用设备用于缺陷调查所需的技术检测和鉴定以外的用途；

（二）泄露当事人商业秘密或者个人信息；

（三）其他玩忽职守、徇私舞弊、滥用职权行为。

第二十六条　违反本条例规定，构成犯罪的，依法追究刑事责任。

汽车召回

第二十七条　汽车产品出厂时未随车装备的轮胎存在缺陷的，由轮胎的生产者负责召回。具体办法由国务院产品质量监督部门参照本条例制定。

第二十八条　生产者依照本条例召回缺陷汽车产品，不免除其依法应当承担的责任。

汽车产品存在本条例规定的缺陷以外的质量问题的，车主有权依照产品质量法、消费者权益保护法等法律、行政法规和国家有关规定以及合同约定，要求生产者、销售者承担修理、更换、退货、赔偿损失等相应的法律责任。

第二十九条　本条例自 2013 年 1 月 1 日起施行。

规定

2012 年 10 月 30 日，《缺陷汽车产品召回管理条例》公布，自 2013 年 1 月 1 日起施行。条例规定，对拒不改正的生产者、经营者，处 50 万元以上 100 万元以下的罚款。

违反本条例规定，有下列情形之一的，由产品质量监督部门责令改正；拒不改正的，处 50 万元以上 100 万元以下的罚款；有违法所得的，并处没收违法所得；情节严重的，由许可机关吊销有关许可：

1. 生产者、经营者不配合产品质量监督部门缺陷调查；

2. 生产者未按照已备案的召回计划实施召回等。

缺陷外质量问题可要求退货

按照该条例，汽车的缺陷是指由于设计、制造、标识等原因导致的在同一批次、型号或者类别的汽车产品中普遍存在的不符合保障人身、财产安全的国家标准、行业标准的情形或者其他危及人身、财产安全的不合理的危险。

国务院法制办、质检总局负责人表示，对缺陷以外的汽车产品质量问题，由生产者、销售者依照产品质量法、消费者权益保护法等法律、行政法规和国家有关规定以及合同约定，承担修理、更换、退货、赔偿损失等相应的法律责任。

应进一步配合信息公开

针对生产者未停止生产、销售或者进口缺陷汽车产品、隐瞒缺陷情况、拒不召回等严重违法行为，条例规定对生产者处以缺陷汽车产品货值金额 1% 以上 10% 以下的罚款。

拓展实训：演练汽车保修索赔流程

实训目的

1. 掌握保修索赔的可赔付范围和不可赔付范围；
2. 掌握保修费用的组成部分；
3. 熟悉保修索赔工作机构的组成及各机构工作职责；
4. 熟练掌握保修索赔的工作内容；
5. 掌握保修索赔的工作流程。

实训内容

1. 熟练说出保修索赔的赔付范围及不可赔付范围；
2. 熟练描述保修费用的组成，两人一组互相考核；
3. 选择附近 4S 店调研，记录保修索赔工作机构及其工作职责；
4. 两人一组，分别扮演客户和索赔员，选取可赔付的情况和不可赔付情况来模拟索赔场景；
5. 按照保修索赔流程演练保修索赔并填写索赔报告单。

实训结果

总结分析

教师评分

教学检测

选择题

1. 根据引起产品缺陷的原因，可以将其分成以下几类：（　　）
   A. 设计上的缺陷　　B. 功能上的缺陷
   C. 制造上的缺陷　　D. 告知上的缺陷
2. 下列属于保修费的是（　　）
   A. 保修工时费　　B. 出差服务费
   C. 外包维修费用　　D. 顾问费
3. 当在公布召回之前，就已进行了部分或全部召回维修，车主和特约服务中心都可以在（　　）获得全额退赔。
   A. 车主或特约服务中心已经支付的维修
   B. 退款在召回规定的时间内
   C. 申请退款时客户必须提供发票原件
   D. 外包维修费用
4. 所有有关索赔资料按照厂商要求保存（　　）年。
   A. 一　　B. 二　　C. 三　　D. 四
5. 外包维修费用包括（　　）和（　　）
   A. 人工费　　B. 拖车费用　　C. 零件费　　D. 出差服务费

填空题

1. 汽车产品质量保修分为 __________ 和 __________ 两部分。

2. 新车整车质量保修索赔期从车辆开具购车发票之日起的 ＿＿＿＿＿ 个月内，或车辆行驶累计里程 ＿＿＿＿＿ 内，两条件以先达到的为准。超出以上两范围之一者，该车就超出保修索赔期。

3. 在新车保修期内或维修零件保修期内，如在 ＿＿＿＿＿，公司将给予修理或更换。

4. 特约服务中心向汽车生产企业申请保修索赔费用的赔付，主要包括两个内容：＿＿＿＿＿ 和 ＿＿＿＿＿。

5. 重复工时是 ＿＿＿＿＿ 获得赔付的。重复工时是指两个作业中包含相同的维修步骤的工时，汽车生产企业不会赔付重复工时，因此，重复工时量必须从 ＿＿＿＿＿ 作业中抽除，第二个作业剩下的工时量才按实际时间进行索赔。

简答题

1. 保修索赔的范围。
2. 汽车召回制度含义。
3. 索赔员的工作职责。
4. 车辆正常例行保养和车辆正常使用中的损耗件不属于保修索赔范围的有哪些？

学习情境六

备件管理

情境导入

北京绅士服装集团为北京市明星纺织服装企业。其品牌“绅士”系列服装连年被评为北京市著名品牌。在企业发展的进程中，职工人数从开始的一两百人发展到现在的近千人，产销量连年翻番。到今天，已成为北方地区屈指可数的，既有品牌效应，又有进出口权的年产 150 万件套成衣的中型服装制造企业。

企业整体规模上了一个新台阶，但是管理方面却使企业领导深感压力巨大。在一次企业内部管理人员会议上，总经理提出了三个如何：第一，如何随时了解产品的市场走向；第二，如何减低库存风险；第三，如何提高业务部门整体反应速度。这三个如何的确反映了现代服装企业的通病：信息资源整合力度不够。

古人云：“工欲善其事，必先利其器。”计算机和计算机软件系统就是现代企业管理最有效的利器。为此，橙色科技公司与绅士集团信息化工作小组通力合作，经过一个多月的努力，最终确定了信息化管理的总体战略和实施步骤：总体规划以营销为龙头带动企业内部生产、供应、仓储、财务各环节，建立企业信息闭环。分步实施：第一步，解决企业内部以库存为核心，提高业务部门的进销调存的准确率和反应速度，周期三个月。第二步，内部成品物流管理自动化，销售网络通路的完善和管理，达到信息流与物流的统一。第三步，建立内部 MRP/MRPII，实现资金的整体规划和网上电子商务。

目前，绅士公司已完成了第一步的实施工作，系统在网络的平台上运行稳定、良好，并统计整理出来一些效应档案，与广大服装企业管理从业者及爱好者一起分享。

1. 总体来说，企业要实现较大规模的信息管理，应该与企业的长期规划和管理实践相结合，借助优秀、专业的服装行业和软件企业的技术优势和系统实施经验，双方共同努力，才会达到预期目标。

2. 库存数量经常不准确。经分析，日常单据经常发生跑、冒、掉、漏、手工误填等情况。为了从根本上杜绝这种情况的发生，橙色科技为绅士集团搭建内部局域网，建立工作流管理模式，利用系统严密的权限设置，使各业务部门职责分明、协调统一，相应地使部门间的监督管理加强；从以前的手工三本账转变为电脑统一记账，大大减少了人员重复记账、统计的工作量，杜绝误操作情况。

3. 服装企业通常只核算货品的大类、品名和货号，并不管理商品的颜色、款式、尺码规格。这样，产品开发、生产、物流配送就存在一定的盲目性；绅士公司在商品管理方面借鉴了橙色科技单品管理思想，就是在整个生产、营销物流环节中，将每件货品细分到品种、款、色、码，这种办法提高了业务人员数据的统计效率，降低了人员误操作，更为销售总经理提供了更加科学的报表数据。据计算，绅士近 6000 万元的产品库存，通过单品管理，其周转率整体提高 30%，货品调拨次数频繁，大大降低滞销品库存，畅销品追单反应速度加快，实现管理效益百万元。

4. 仓库与业务部门间的信息畅通无比。业务部门能实时地了解具体到单个货品在哪个仓库，什么货位，实际库存、账面库存、在单库存，甚至今后将了解的生产线的库存周期。这样无疑使销售部门的工作如虎添翼，串货、断档、断码现象大大减少，销售量比同期有了一定比例的增长，客户满意度也有了很大的提高。

学习导航

案例中的企业整体规模上了一个新台阶的主要动力之一是改善了货品库存，企业管理层能够准确地分析库存的数量，并核算货品的大类、品名和货号，使仓库与业务部门间的信息畅通无比，实现了实时了解货品的库存情况、位置和库存周期。

不仅服装行业需要备件库存管理，汽车售后服务企业也需要对备件库存的严格管理，使备件部门和整个售后服务结构共享库存信息。

学习单元一：备件管理基础知识

知识目标

1. 掌握备件管理的意义及备件编码的规则；
2. 掌握备件的分类方法。

技能目标

1. 具备备件的分类能力；
2. 具备识别车辆 VIN 码的能力。

基础知识

一、备件管理的意义

汽车售后备件品种众多，替换关系复杂，车型年代跨度大。对于汽车售后备件的管理不论是整车厂、供应商还是经销商都是一个挑战。所以，做好售后备件的供应成为汽车企业的一项重要和艰巨任务，也成为汽车企业不断探索和追求的目标。

汽车售后备件管理最主要的是库存控制及物流管理，库存控制是企业管理的重要组成部分，适量的库存可以满足有规律需求或偶然性变化的需求，起到应急、缓冲作用，保证客户所需，提高服务水平，控制库存成本，减少企业浪费。

库存控制管理具有以下几方面目的：

（1）减少库存成本；

（2）加快企业资金周转；

（3）提高客户需求满意度；

（4）提高对客户的服务水平。

随着汽车售后服务备件业务量的逐年增长，以前传统的库存管理手段在今天的汽车行业中暴露出诸多的问题，例如备件的库存周转率低，服务不及时，库存大量积压，资金巨大占用，备件服务水平下降，经常出现缺货现象，紧急备件响应时间太长，备件破损严重等。在这种情况下，汽车厂商急需一套适合自己企业特性的库存管理方案，来有效地管理售后备件业务，提高企业的市场竞争水平。

课堂讨论

请同学们列举几个因备件管理而影响企业发展的案例，与大家一起分享。

二、备件管理的相关描述

（一）备件的概念

汽车售后备件是指构成汽车整体的各单元及服务于汽车的产品，主要包括发动机备件、传动系备件、制动系备件、转向系备件、行驶系备件、电器仪表系备件、车身及附件、汽车灯具、汽车外饰、汽车内饰、汽车维护工具、防护保养品等。

课堂讨论

同学们能说出几种汽车售后的常用备件吗？

（二）备件的分类

1. 按产品的生产来源分类

汽车售后备件按产品的生产来源可分为原厂件、配套厂件、副厂件、通用件、进口件。

原厂件：是指供给汽车生产厂商配套的装车件，是指由为整车厂配套的厂商生产并从整车厂售后部门统一供给各 4S 店的备件，一般都印有主机厂的标识。

配套厂件：是指为整车厂配套的厂商生产且直接销售给市场（包括直接销售到市场和通过非正常途径而销售给市场的备件）。

副厂件：是指从事专业配套件生产的厂商生产的零件，是非该整车厂 OEM 配套厂生产的产品（一般以假冒伪劣产品居多）。

知识链接

OEM 生产，也称为定点生产，俗称代工（生产）。基本含义为品牌生产者不直接生产产品，而是利用自己掌握的关键的核心技术负责设计和开发新产品，控制销售渠道，具体的加工任务通过合同订购的方式委托同类产品的其他厂商生产，之后将所订产品低价买断，并直接贴上自己的品牌商标。这种委托他人生产的合作方式简称 OEM，承接加工任务的制造商被称为 OEM 厂商，其生产的产品被称为 OEM 产品。可见，定点生产属于加工贸易中的“代工生产”方式，在国际贸易中是以商品为载体的劳务出口。

通用件：是指供不同主机厂且多种车型可以同时使用的备件（如机油、轮胎、各种通用的紧固件等）。

进口件：是指从国外直接采购的备件。

2. 按备件的性质分类

汽车售后备件按性质可分为易损件、维修件，消耗件、基础件。

易损件：在汽车使用中，一些因正常磨损而失效的备件，如摩擦片、制动盘、制动鼓、离合器从动盘、离合器压盘、活塞等。

维修件：指汽车在一定的使用过程中或发生交通事故后，必须更换的零件。如齿轮、紧固件、保险杠、外表面件、散热器、大灯等。

消耗件：在汽车正常使用中，有部分备件会逐渐老化、失效，一定时间内必须更换。如各种胶管、皮带、橡胶密封垫、滤芯、蓄电池等。

基础件：指汽车的一些重要组成零件，这些零件比较坚固，不易损坏。如车桥、缸体、底盘、曲轴等。

图 6-1　易耗件和维修件

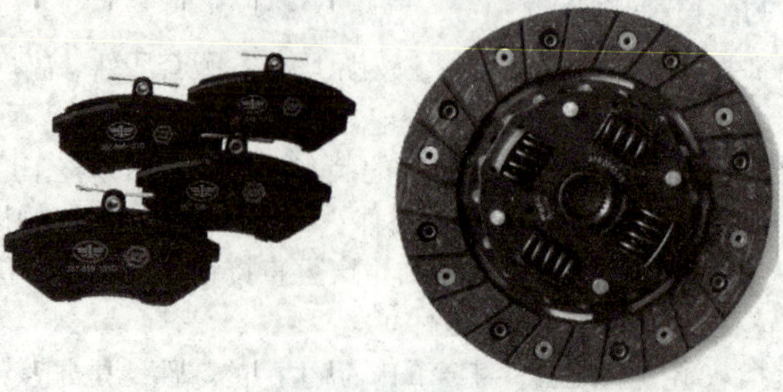

图 6-2　易损件

3. 按标准化分类

零件：不采用装配工序制成的单一成品、单个制件，或由两个以上连在一起具有规定功能的通常不能再分解的制件。它是汽车的基本制造单元，是不可再拆卸的整体。如活塞环、活塞、气门、轴承等，如图 6-3 所示。

合件：由两个以上的零件组装，起着单一零件作用的组合体称为合件。如带盖的连杆、成对的轴瓦、带气门导管的缸盖等。合件以其中的主要零件确定名称，如图 6-4 所示。

图 6-3 活塞环

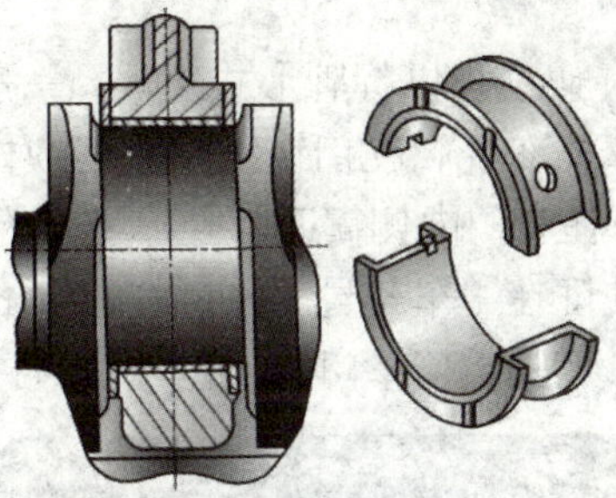

图 6-4 轴瓦

组合件：由几个零件或合件组装，但不能单独完成某一机构作用的组合体。如变速箱盖等，如图 6-5 所示。

总成件：由若干零件、合件、组合件组装成一体，能单独起着某一机构作用的组合体。如发动机总成、离合器总成、变速器总成，如图 6-6 所示。

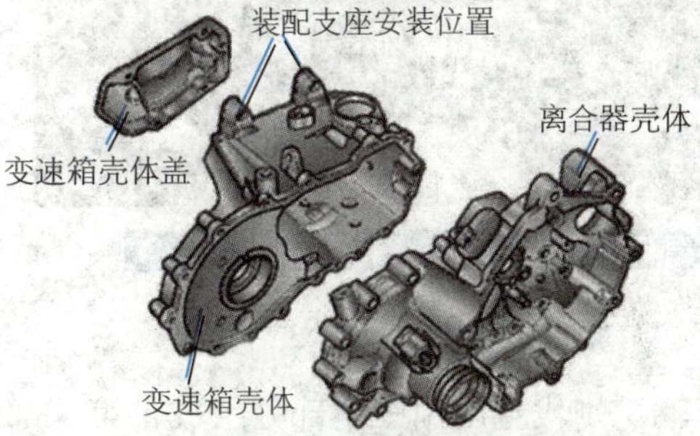

图 6-5 变速箱盖

图 6-6 发动机总成和离合器总成

三、备件编码

（一）车辆识别代号（VIN 码）

1. VIN 码的含义

VIN 是英文 Vehicle Identification Number（车辆识别代码）的缩写。在汽车上使

用车辆识别代号，是各国政府为管理机动车实施的一项强制规定。VIN 码又称为汽车身份证，是识别一辆汽车不可缺少的工具。VIN 码具有全球通用性，具有最大限度的信息承载性和可检索性。SAE 标准规定：VIN 码由 17 位字符组成，所以俗称 17 位码。它包含了车辆的生产厂商、年代、车型、车身型式及代码、发动机代码及组装地点等信息。通过 VIN 码，结合车辆制造档案就可以明确各批次车辆及零件的去向和车辆的生产、销售及使用情况。VIN 码是汽车生产企业识别一辆汽车，给出唯一的一组数码。正确解读 VIN 码，对于我们正确地识别车型，以致进行正确的诊断和维修都是十分重要的。

VIN 码一贯以标牌形式出现，一般可以在仪表板左侧、风挡玻璃下面找到。除挂车辆和摩托车外，在门铰链柱、门锁柱结合的门边之一的柱子上，接近于驾驶员座位的地方，在车门内侧靠近驾驶员座位的地方，在机动车行驶证上，都可以看到 VIN 码，新的行驶证在“车架号”一栏打印 VIN 码；其他地方如保险单上、发动机室内的各种铭牌上、驾驶员侧车门柱上也可找到它，如图 6–7 和 6–8 所示。

图 6–7　标志 307 右前悬挂上的 VIN 码

图 6–8　VIN 码最常见的位置：仪表板左侧

2. VIN 码的组成

车辆识别代号应由三个部分组成，第一部分（1 ~ 3 位）是世界制造厂识别代号（WMI）；第二部分（4 ~ 9 位）是车辆说明部分（VDS）；第三部分（10 ~ 17 位）是车辆指示部分（VIS）。特别注意，车辆识别代号中没有英文字母 I、O、Q，如果发现 I、O、Q 等英文字母，就说明这辆车有问题；如果 VIN 字码字迹不清、有手工打刻痕迹则也说明车辆有问题；再有，车辆指示部分由八位字码组成，最后四位字码应是数字，如果后四位不是数字，也应引起重视。

下面我们举一个具体的例子进行说明：

VIN 码的含义：

LDC913L2240000023

（1）第 1 ~ 3 位（WMI）：世界制造商识别代码表明车辆是由谁生产。

① 第 1 个字符是表示地理区域，如非洲、亚洲、欧洲、大洋洲、北美洲和南美洲或生产国别地区代码，具体如下：

1 美国	J 日本	S 英国	2 加拿大	K 韩国	T 瑞士
3 墨西哥	L 中国	V 法国	R 中国台湾	W 德国	6 澳大利亚
Y 瑞典	9 巴西	Z 意大利			

② 第 2 个字符表示一个特定地区内的一个国家。美国汽车工程师协会（SAE）负

责分配国家代码。

③ 第三个字符表示某个特定的制造厂，由各国的授权机构负责分配。如果某制造厂的年产量少于 500 辆，其识别代码的第三个字码就是 9。目前将第 2、3 位字符合并表示生产厂商。

如：DC —神龙　SW —上汽　MW —宝马　CA —汽　EQ —二汽　TJ —天津

（2）第 4 ~ 8 位（VDS）：对于以下不同类型的车辆，如在 VIN 码 LDC913L2240000023 中，数字 913L2 表示 VDS。

第 4 位表示车辆种类：

1 —普通乘用车　　2 —活顶乘用车
3 —高级乘用车　　4 —小型乘用车
5 —敞篷车　　6 —舱背乘用车
7 —旅行车　　8 —多用途乘用车
9 —短头乘用车　　10 —越野乘用车
11 —专用乘用车（旅居车、防弹车、救护车、殡仪车）

（3）第 5 位表示车型系列代码与生产厂商有关和第四位数字共同组成车型代码。

（4）第 6 位表示车身外形代码：

1 —二厢五门车　2 —旅行车　3 —三厢四门车，有些公司是用字母表示车辆外观。

（5）第 7 位表示发动机类型代码：

1 — 1. 6 升发动机　　2 — 2. 0 升发动机

（6）第 8 位表示所装备变速箱类型

1 —四挡手动变速箱　　2 —五挡手动变速箱　　3 —自动变速箱

（7）第 9 位：校验位，通过一定的算法防止输入错误 ，也可叫检验位。检验位一般用 0 ~ 9 十个数字表示或字母“X”表示。

（8）第 10 位：车型年份，即厂商规定的型年（Model Year），不一定是实际生产的年份，但一般与实际生产的年份之差不超过 1 年。

（9）第 11 位表示装配厂，0 代表原厂装配。

（10）第 12 ~ 17 位：生产顺序号，一般情况下，汽车召回都是针对某一顺序号范围内的车辆，即某一批次的车辆。

3. VIN 码的应用

VIN 码是汽车的身份证，与车辆有关的活动中都需要通过 VIN 码识别该车辆的基本信息。因此，在以下各种工作需要中都需要使用车辆的 VIN 码：

车辆管理需要：登记注册、信息化管理；

车辆检测需要：年检和排放检测；

车辆防盗需要：识别车辆和部件，盗抢数据库；

车辆维修需要：诊断、电脑匹配、备件订购、客户关系管理；

二手车交易需要：查询车辆历史信息；

汽车召回需要：年代、车型、批次、数量；

车辆保险需要：保险登记、理赔、浮动费率的信息查询。

课堂讨论

如果给你一个车辆的 VIN 码，你可以解释其每个位置的含义吗？试一下吧。

学习案例6-1

奇瑞汽车车辆 VIN 码识别

如图 6-9 所示为奇瑞某款汽车的 VIN 码，这辆奇瑞的 VIN 码是在前挡风玻璃的右边，一般在仪表板的左侧或前挡风玻璃左下方。

图 6-9　奇瑞某车的 VIN 码

案例分析

第一位 L：中国

第二、三位 VV：上海奇瑞

第四位 D：奇瑞车辆用字母 D 表示

第五位 B：两厢五门，4x2 型底盘

第六位 1：手动变速箱

第七位 1：1.5 ~ 2.0L（不含 2.0L）系列电喷汽油机

第八位 B：手动安全带加前排安全气囊

第九位 9：校验位

第十位 A：2010 年款车型

第十一位 D：装配厂

第十二至十七位 064409：生产序号，表示某一批次的车辆

（二）编码规则

大众系列汽车零部件编码的组成

德国大众零件号是由 14 位代码构成的，主要由大类（主组）、小类（子组）、零件号、变更代码和颜色代码组成。

1. 大类（主组）车型、机组代码（1 ~ 3 位）

（1）该零件是发动机及变速箱件时，前三位为机组代码，一般情况下：

026：代表四缸 JW 发动机件。

034、035：代表五缸 RT、PR 发动机件。

078：代表六缸 ACZ 发动机件。

077：代表八缸 ABH 发动机件。

012：代表五挡手动变速箱件。

（2）当该件为除机组以外零件时，前 3 位代表车型代码。一般情况下，前三位为奇数时，代表左置方向盘车，为偶数时，代表右置方向盘车，具体如下：

443：代表四缸、五缸车型。

447：代表 AUDI200 车型（德国大众原装车）。

4A0、4A1、4A5、4A9：代表 C4V6 车型。

441：代表 AUDI 8 车型。

2. 小类（子组）（4 ~ 6 位）

（1）第四位数字：大类。

1 大类：发动机及燃油喷射系统。

2 大类：油箱及供油管路、排气系统及空调设备的制冷循环系统。

3 大类：变速箱。

4 大类：前轴（前悬挂）. 差速器及转向系统。

5 大类：后轴（前悬挂）. 差速器及转向系统。

6 大类：车轮、刹车系统。

7 大类：手操纵系统、脚踏板组。

8 大类：车身、空调、暖风控制系统。

9 大类：电器。

0 大类：附件。

N 大类：标准件。

（2）第 5、6 位数字：小类。

① 1 大类：发动机及燃油喷射系统。

100：发动机或发动机总成。

103：缸体、缸盖、缸头上布的通风软管、油底壳。

107：活塞、活塞环。

109：配气机构，包括进排气门、凸轮轴、正时齿轮、正时齿轮罩、皮带等。

115：机油泵、机油滤清器、托架、油标尺。

121：发动机的水冷却系统，包括水泵、散热器、进出水管、风扇等。

127：燃油泵（化油器车用）、燃油储压器、连接软管。

129：化油器及进气系统，包括空气滤清器、进气歧管等。

133：喷射式发动机用的喷油器、燃油管路、冷起动阀、压力调节器、燃油计量阀（其中包括空气滤清器总成及空气计量阀）等。

141：液压离合器（4、5 缸通用）。

145：动力转向液压泵。

198：修理包，包括缸体密封件（包括曲轴前后油封）缸头垫密片、活塞环、连杆、止推垫圈、轴瓦等。

199：发动机悬置件。

② 2 大类：油箱及供油管路、排气系统及空调设备的制冷循环系统。

201：供油系统，包括油箱、燃油管路、燃油滤清器及燃油泵。

253：排气歧管及排气消音器。

260：空调设备的制冷循环系统，包括蒸发器、膨胀阀、 压缩机、冷凝器、制冷软管、高低压开关等。

298：修理包，包括磁性离合器的一套附件等。

③ 3 大类：变速箱。

300：变速箱总成。

301：机械变速箱壳体和变速箱及发动机之间的连接部件。

311：4 速和 5 速的变速箱所有齿轮、轴及换挡轴拨等。

321：自动变速箱壳体。

322：自动变速箱前进、直接、倒挡齿轮离合器，液压变矩器。

325：阀体、自动变速箱的油滤器。

398：修理包，包括变速箱密封件修理包、一套密片等。

399：变速箱悬置件。

④ 4 大类：前轴（前悬挂）、差速器及转向系统。

407：导向控制臂及连接轴（驱动轴）、轮毂。

408：差速器和齿轮组及自动变速箱和发动机相连接的壳体及连接件。

411：前悬挂，包括：减震弹簧、稳定杆等。

412：前减震器。

419：蜗轮蜗杆转向器、方向盘、转向柱（不包括动力转向）。

422：动力转向机及液体容器和连接软管。

498：修理包，包括一套密封件（包括驱动轴油）、差速器齿轮、车轮支承座等。

⑤ 5 大类：后轴（前悬挂）、差速器及转向系统。

500：后桥及附件。

511：后悬置。

512：后减震器。

⑥ 6 大类：车轮、刹车系统。

609：后鼓式制动器。

610：制动总泵及制动管路。

611：制动助力器（四缸机：真空助力、五缸机、液压助力）。

614：制动压力调节器。

615：前盘式制动器，包括制动片、制动柱塞缸、制动盘等。

616：自动调平系统，包括自动调平阀、压力真空罐等。

698：修理包，包括前后成套刹车蹄片、制动水泵修理包、刹车衬垫、制动管及柱塞外壳的成套密封件等。

⑦ 7 大类：手操纵系统、脚踏板组。

711：变速箱换挡机构、手制动操纵杆及冷起动钢索。

713：自动变速箱的换挡机构。

721：制动踏板、离合器踏板组、机械变速箱用的油门踏板及油门钢索。

722：自动变速箱用的制动踏板、油门踏板。

798：修理包，包括制动总泵推杆等。

⑧ 8 大类：车身、空调、暖风控制系统。
800：车身体总成。
803：前侧梁及轮罩、车身的前后地板总成。
805：散热器框及导水板。
807：前、后保险杠。
808：侧板（包括门框架侧板及后叶子板轮罩）。
813：后隔板（行李箱内侧）、后端板、后挡泥板。
817：顶板。
819：鼓风机及壳、驾驶座乘客座内的暖风和通风的通道及通风口。
820：自然通风和暖风控制（驾驶室内）、真空罐和真空软管（空调）。
821：前叶子板。
822：发动机罩盖。
827：行李箱后罩盖及箱锁。
831：前车门、车门铰链、车门密封件、限位杆。
833：后车门、车门铰链、车门密封件、限位杆。
837：前门把手、内护板、玻璃框架及玻璃升降器。
838：后门把手、内护板、玻璃框架及玻璃升降器。
845：车窗玻璃（共计 8 块）。
853：所有玻璃嵌条、车门保护条、散热器护栏、驾驶室内通风口装饰板。
857：主要包括仪表板、杂物箱、遮阳板、后视镜、安全带（车前内部位等）。
860：灭火器。
862：中央门锁系统。
863：车身内各部件隔音板及装饰板（不包括前仪表板）。
867：车门、车门柱装饰板和顶盖的装饰板。
881：前座椅总成及头枕。
885：后座椅总成及头枕。
898：修理包，包括一套锁芯、一套保险杠安装件、叶子板修理包等。
⑨ 9 大类：电器。
903：发电机及连接固定件。
904：点火起动系统，其中包括点火线圈、点火线、火花塞、分电器、点火开关等。
905：K——喷射传感控制单元（五缸机用）。
906：电控单元、速度传感器、防抱死开关、防滑控制开关。
911：起动机及其零部件。
915：蓄电池、蓄电池的固定件。
919：在发动机和变速箱上的各种开关、传感器以及仪表盘上的各种指示器和点烟器。
937：继电器盘及继电器（位置：方向盘下部）。
941：前大灯、前雾灯、后牌照灯、仪表板的开关保险丝 / 继电器盒中的所有保险丝和继电器（其位置在车左前部）。

945：后制动灯、转向信号灯及灯。

947：车内的各种照明灯及制动控制系统和车门灯控制开关。

951：喇叭、双音喇叭。

953：前转向灯及转向、警报、雨刷洗涤的综合开关。

955：刮水器及洗涤件。

957：车速表、距离传感器。

959：电风扇、电动车窗及电动后视镜的开关。

971：各种线束。

989：修理包，包括一套雨刷器片、霍尔感应器等。

⑩ 0 大类：附件。

000：火花塞（101 000 005 AB）。

011：千斤顶。

021：工具箱。

018：发动机护板。

035：收音机、收放机喇叭、火花塞接头、分电盘、高压线插头、自动天线。

⑪ N 大类：标准件。

N 010：螺栓。

N 011：垫圈。

N 012：弹簧垫圈、锁环、锁片。

N 013：密封圈。

N 017：灯泡、保险丝。

N 024：卡箍。

N 038：线束。

N 900：自攻螺丝。

N 902：锁环。

N 904：铆钉。

⑫ 小类。

00 小类一般为大总成类，98 小类一般为修理包。

3. 件号：件号是指（7 ~ 9）三位数字

件号是按照结构顺序编排的，表示具体的那个部件，一般情况是件号越小，零件越大；件号越大，零件越小。当第九位为单数时，该件为左边件；是双数时，该件为右边件。左右通用件，第九位为单数。如 321 821 021 N 就是左叶子板

4. 设计变更标记，指第 10、11 位两位字符

当材料、结构及厂商发生变化时，为区分变化前后零部件的不同，使用变更标记。

5. 颜色标记：指第（12 ~ 14）位三位字符

它是用来区别有颜色的内部装饰的，三位数字或字母是一组，只有在一起时才有意义。

学习单元二：汽车售后服务企业备件管理

知识目标

1. 了解汽车售后服务企业备件部门的机构及职责；
2. 掌握备件计划、订货和销售。

技能目标

1. 能够制订备件部门的组织机构图；
2. 能够区分常用和非常用汽车备件。

基础知识

汽车售后服务企业的备件管理包括备件部门组织机构设置、备件计划、备件订货流程及库存结构等内容，以下分别进行介绍。

一、一汽大众备件部门组织机构

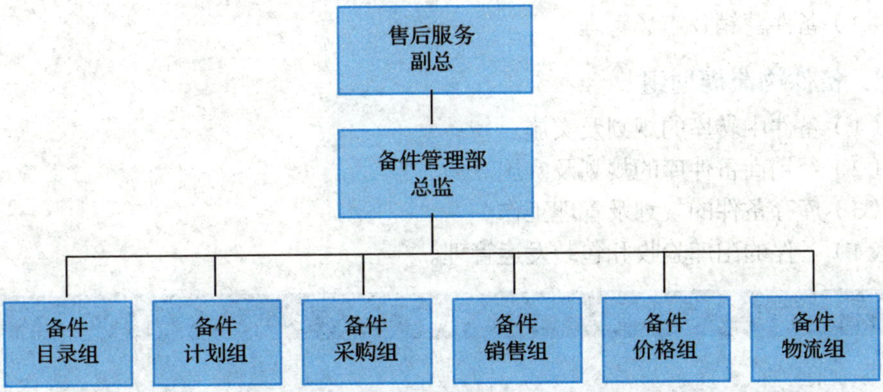

图 6-10 备件管理部组织机构

（一）备件部各业务组工作职责

1. 备件目录组

（1）新产品、车型修饰等项目，根据产品部 ES 表、采购部国产化清单、规划部工艺路线表等编制备件目录，同时定义 CKD 件、外协件和自制件等的采购渠道。

（2）国产化件及自制件，根据产品部提供的 OTS 报告，确定是否需要备件拆散，并向采购部金属、非金属、电器科室或规划控制科提出拆散要求。目录组得到反馈确认信息后，将备件号录入 R3 系统。

2. 备件计划组

（1）制订备件库存储备定额。

（2）预测备件年度计划、季度计划、月计划、移库计划。

（3）EOP 后的十年备件需求计划。

3. 备件采购组

（1）自制件订货和国产外协件的订货。

（2）定期对供货商备件供货信息进行整理，对供货商的供货能力进行分析，对供货商进行有效的管理。针对供货商欠货提出切实可行的解决方案。

（3）根据备件滚动计划，对计划进行评估及调整，制订采购订单。

4. 备件销售组

（1）销售计划员随时处理服务站的工作月报，并录入计算机进行客户信息维护。

（2）经销商通过网络在 SAP/R3 系统订货。

（3）销售计划员根据现有库存情况，对经销商订单的订货品种、订货数量、发运方式进行处理。

5. 备件价格组

（1）备件经营分析及报告。

（2）制订备件销售价格政策。

（3）备件营销及市场管理。

6. 备件物流规划组

（1）备件中转库的规划及实施。

（2）经销商备件库的规划及实施。

（3）库存备件的规划及管理工作。

（4）备件的出库验收和包装发运管理。

知识链接

CKD 件的概念

CKD（Completely Knock Down）是贸易专用名词，指全散装件。CKD 是以全散件形式作为进口整车车型的一种专有名词术语，在当地生产的零部件以较低的关税和较低的工资，利用当地劳动力组装成整车，并以较低零售价出售。目前，我国引进的轿车的整车生产企业或 OEM 配套商中利用全散件在装配线上组装成总成或部件并进行检验、测试后出厂。全散件可以是进口零部件，也可以是本地生产的零部件。现在大部分 OEM 配套供应商采用一部分进口零部件，一部分本地生产的零部件或有的全部是本地生产的零部件在装配线上组装成总成或部件。

所谓“散件组装”，按照国际通行说法，简称 KD（Knocked Down）。一般而言，KD 有三种形式：CK 、SKD、DKD。CKD 为全散件组装 SKD（Semi-Knocked Down）则是半散件组装，一部分总成是现成的。而 DKD(Direct Knocked Down) 则是直接组装或成品组装。

学习案例6-2

几年前，A君转入计划部门，负责一家大公司的备件规划。该公司年度营业额数十亿美金，其中全球备件业务在十亿美金左右。备件部在全球有几十个备件库，二三十个计划员，准确地讲，其实很多应该叫催货员。他看到一份计划员的工作任务清单，从上到下，多与短缺管理有关。而公司从总库到分库，毫无例外，一边是库存太高，一边又是不断缺料，是典型的“有用的没有，有的都没用”。

案例分析

案例中的大公司虽然全球备件业务营业额很大，但是自身的备件管理机构却很不健全，是典型的缺少备件管理的例子，结果导致库存太高，市场调度又出现不断缺料的问题。

知识链接

备件业务占美国GDP的8%左右，每年总量为7000亿美金，人均两千多美金。备件业务无处不在：如打印机的墨盒就是备件，是惠普最赚钱的产品之一；汽车轮胎是备件，得定期更换。如果开辆老爷车，那三天两头修理，凡是换掉的都是备件，动辄修个成千上万元，相信更增加了对备件的理解。交通工具、生产设备、日用电器、娱乐设施，人的衣食住行都离不开备件，工业生产就更不用说了。而且越是昂贵的东西，备件业务也越重要。例如一个最新的芯片制造厂，总投资在30亿美元左右，一年备件的开支动辄数亿美元，备件成本是芯片厂选择设备的重要标准之一。

chapter 01
chapter 02
chapter 03
chapter 04
chapter 05
chapter 06
chapter 07

二、备件计划

（一）备件计划的意义

保证汽车维修服务企业的备件供应是备件计划最基本的内容，同时，通过备件计划调整和优化库存结构，可使企业的备件管理实现高效运作，以确保企业的收益。

小提示

备件计划应该结合维修企业的需求、备件厂商的供应以及库存结构进行指定。

（二）基本术语

与备件计划工作有关的各种术语需要进行明确的界定，各种术语介绍如下：

（1）订货周期：两次发放单一备件的备件计划的时间间隔（天）。

（2）到货周期：指订单发出到收货入库的时间间隔（天）。

（3）安全库存：为保证企业的正常经营活动，防止因不确定因素造成备件的短缺而准备的缓冲库存。

（4）预计计划：指企业根据前面一段时期（一般为前 6 个月）的销售、供应、库存等对后两个月的常规订单订货需求做滚动预测。

（5）订货计划：指企业根据备件供应商的订货日历，制订出本次实际需求计划，即订单。

（6）B/O 和 B/O 率：B/O 数量是指未满足当前客户订货的数量；B/O 率是指在一定时期缺货的总线数除以订货总线数，一般按每天、每月进行统计。

（三）备件预测数据分析

汽车维修企业备件计划员应根据企业使用备件的历史情况、厂商的供应情况、库存情况来制订各类维修备件预测和订货计划；每月应该对急需备件的库存清单、备件库存数量、历史销量、备件安全库存数、备件在途数量进行关注，并对其进行分析，确定下次订货及订单数量。

订货数及安全库存量的计算公式：

订货数 = 预测量 + 末期库存量（安全库存量）－ 在途数 － 初期库存量 +B/O

安全库存量 = 紧急订单订货到货时间（天数）× 平均每日用量（3 个月平均）

三、备件订货

（一）常用备件与非常用备件

1. 常用备件

常用备件指流动较快、更换频率较高、客户发生损坏时要求即到即修的备件。通常包括保养件、外观件和易损件，如机油滤芯、灯具、制动蹄片等。

2. 非常用备件

非常用备件指流动较慢、更换频率较低、客户能接受一定维修周期（一周以上）的零件，如曲轴、变速器壳体、车内饰板等。常用备件清单项目以外的备件统称为非常用备件。

3. 非常用必备备件

非常用必备备件指流动较慢，更换频率较低，客户一般要求即到即修或能接受维修周期非常短（一周以内）的零件。通常是影响车辆正常行驶和安全的重要或关键备件，如发电机、起动机、制动总泵等。

（二）备件订货

1. 订货性质与运输方式

（1）常用备件仅限于一般订货（即水陆联运），不接受紧急订货（即空运或特快）。常用备件需发空运或特快的，4S 店须事先进行申请。

（2）非常用备件可根据 4S 店需要选择一般订货或紧急订货。

（3）航空运输禁运的物品如发动机、变速箱、蓄电池、安全气囊等，及部分体积或重量特殊不适于空运的备件不接受紧急订货，仅能水陆联运。

2. 订货次数与时间

（1）常用备件每月订货一次，并在规定的时间内进行，以提高备件的仓储和运输效率。

（2）非常用必备备件订货次数不限，但 4S 店必须储备适量的该类备件库存。

（3）非常用备件的订货次数和时间不限。4S 店应对每日订货需求进行收集和汇总后，有计划地一次性提交订单，以提高订单处理和发货效率。

（4）为向客户提供更为及时的备件服务，厂商对 4S 店申报的特殊急缺备件实行优先处理。

（5）紧急备件也可以先向邻近 4S 店调货。

小提示

所谓水陆联运，即是铁路各站（称陆路，但不包括公路运输）和沿海、内河各港（不包括管道运输）之间，使用一份运输票据（即水陆联运货物托运单、货票），联合办理的货物运输，称水陆联运。

四、备件的销售

备件销售是一个维修企业的利润核心来源，备件的销售定价法一般使用加价法，即在备件的进价基础上实施加价销售，备件销售的加价率一般在 15%~30%，如果维修企业是生产企业的特约服务中心，则厂商一般要求同一地区的特约服务中心的同一备件的销售价格是一致的。同时，一般厂商都要求特约服务中心在备件销售时遵循以下原则：

（1）在备件销售时，其销售价格必须按照汽车生产厂商公布的销售价格执行，不能随意加价或减价。

（2）为了维护汽车生产厂商和客户的利益，售后服务中心不可销售非纯正备件给客户。

（3）售后服务中心不能向自己所辖的维修网点以外的单位和个人销售汽车专用备件。

学习单元三：备件仓储管理

知识目标

1. 掌握备件仓库的规划要求和注意事项；
2. 掌握备件入库、出库和保管的操作事项；
3. 掌握备件盘点的主要内容及方法。

技能目标

1. 备件仓库规划中会根据备件的类别进行区分；
2. 具备制订备件出入库的关键步骤的能力。

基础知识

一、备件仓库的规划

（一）汽车备件仓库规划的基本要求

（1）仓库工作区应有明显的标牌，如“备件销售出货口”“车间领料出货口”等。

（2）发料室、备货区、危险品仓库等应有足够的进货、发货通道和备件周转区域。

（3）货架的摆放要整齐划一，仓库的每一过道要有明显的标示，货架应标有位置码，货位要有备件号和备件名称。

（4）不宜将备件堆放在地上，为避免备件锈蚀及磕碰必须保持完好的原包装。

（5）易燃易爆物品应与其他备件严格分开管理，存放时要考虑防火、通风等问题。

（6）库房内应有明显的防火标志和齐备的消防设施。

（7）非仓库人员不得随便进入仓库内，仓库内不得摆放私人物品。

（8）索赔件必须单独存放。

小提示

备件仓库的规划需要考虑存储备件的种类。

（二）汽车备件的分区分类

备件分区分类的确定，要贯彻“安全、方便、节约”的原则，在备件性质、养护措施、消防措施基本一致的前提下进行统一规划。汽车备件分区分类大体有以下两种情况：

（1）按品种系列分类，集中存放。例如，存储发动机备件的叫发动机仓库（区）；存储通用汽车备件的叫通用件仓库（区）。

（2）按车型系列分库存放。例如，国产汽车备件仓库（区）、进口汽车备件仓库（区）等。

（三）分区分类应注意的事项

（1）按汽车备件性质和仓库设备条件安排分区分类。

（2）性质相近和有消费连带关系的汽车备件，要尽量安排在一起存储。

（3）互有影响、不宜混存的汽车备件，一定要隔离存放。

（4）出入库频繁的汽车备件，要放在靠近库门处；粗重长大汽车备件，不宜放在库房深处；易碎备件要注意存放处的安全。

（5）消防灭火方法不同的汽车备件不得一起存储。

（四）备件仓库的基本设施

（1）配备专用的备件运输设施。

（2）配备一定数量的货架、货筐。

（3）配备必要的通风、照明及防火设备器材。

（4）最好采用可调式货架，便于调整和节约空间。货架颜色也应该统一。

（5）大、中货架和专用货架必须采用钢质材料，小货架可以不限制制作材料，但必须保证安全耐用。

（五）货区布置的形式

（1）垂直式布局：横列式布局（图 6-11）、纵列式布局（图 6-12）和纵横式布局。

纵横式布局是指在同一保管场所内，横列式布局和纵列式布局兼而有之，可以综合利用两种布局的优点。

图 6-11　横列式布局

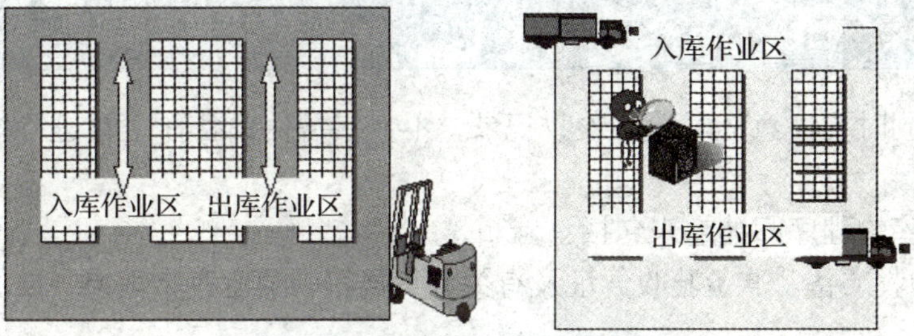

图 6-12　纵列式布局和纵横式布局

（2）倾斜式布局：货垛倾斜式布局和通道倾斜式布局如图 6-13 和图 6-14 所示。

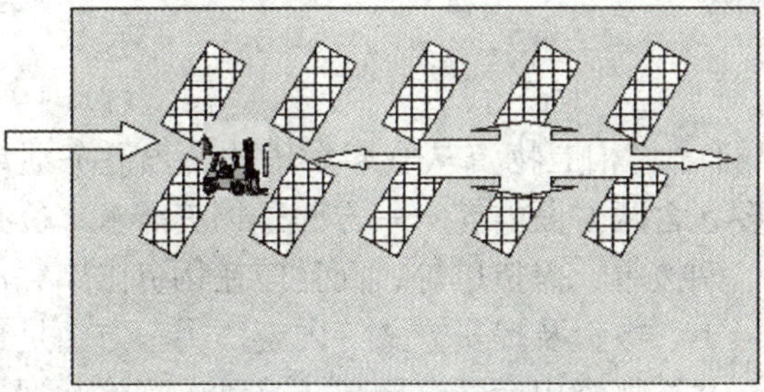

图 6-13　货垛倾斜式布局

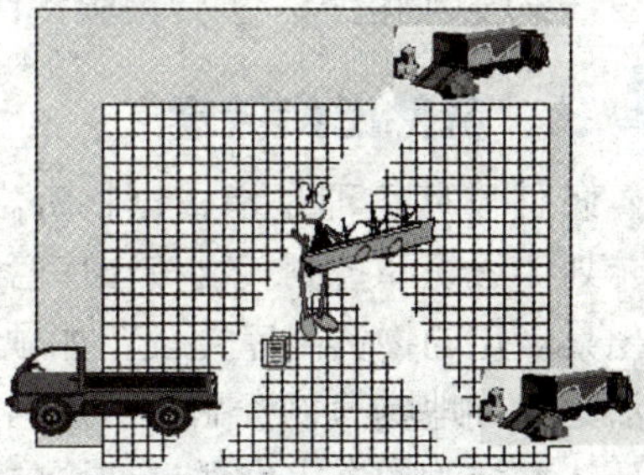

图 6-14　通道倾斜式布局

二、备件入库管理

备件入库是物资存储活动的开始，也是仓库业务管理的重要阶段。这一阶段主要包括：到货接运、验收入库。

（一）到货接运

到货接运时要对照货运单，做到交接手续清楚，证件资料齐全，为验收工作创造条件，避免将已发生损失或差错的备件带入仓库。

（二）验收入库

验收入库是按照一定的程序和手续对备件的数量和质量进行检查，以验证它是否符合订货合同的一项工作。备件到库后首先要在待检区进行开箱验收工作，并检查备件清单是否与货物的品名、型号、数量相符，做到“一及时”“五不入”。“一及时”是指货到后及时开箱验收。

知识链接

“五不入”的概念

“五不入”主要包括：

① 品名不符不入。

② 规格不符不入。

③ 质量不符不入。

④ 数量不符不入。

⑤ 超储备不符不入。

验收的同时要注意随时填写验收记录，不合格备件由备件主管进行处理，及时填写来货记录。

验收入库的程序归纳起来包括：

（1）验收准备。准备验收凭证及有关订货资料，确定存货地点，准备装卸设备、工具及人力。

（2）核对资料。入库的备件应具有的资料包括入库通知单、供货单位提供的质量证明书、发货明细表、装箱单、承运单位提供的运单及必要的证件。

（3）实物检验。主要检验备件质量和数目。

三、备件出库管理

备件出库管理是指根据物资出库凭证，将相应物资从仓库发出的各项业务活动的计划、组织和控制。物资出库管理主要包含两方面内容：一方面是物资需求单位必须出具规定的物资出库凭证，如领料单、调拨单、提货单等，而且应在物资出库凭证上清楚准确地填写物资品种、规格（型号）、数量及提货方式等内容；另一方面是仓库要认真核对物资出库凭证包含的信息，并按物资出库凭证要求（品种、规格、型号及数量等）和先进先出的原则准确组织备件，保证物资及时、准确、完整地出库。物资出库同样要按照一定的操作程序严格执行，包括出库前准备，核对出库凭证、仓库备料、仓库复核、物资清点交接出库等。

（一）出库前准备

出库前准备工作包括出库工作量计划、出库作业设备、出库作业人员及物资出库相关的托盘、料框、包装辅料等的计划与组织。以汽车备件为例，备件出库作业涉及备件品种多、工作量大、作业过程复杂，要求出库作业各环节紧密衔接，环环相扣，出库前的准备工作尤为重要。

（二）核对出库凭证

仓库接到出库凭证（以领料单为例）后，仓库数据员应先核对出库凭证的签字（或印章）是否齐全有效。核对无误后，再比照仓库料账核对出库凭证上所列的物资品种、规格（型号）、数量。经核对无误，在出库凭证上填写实发数量后，将出库凭证交库管员。

（三）仓库备料

库管员应根据物资出库凭证上的品种、规格（型号）核对物资存放货位和备件卡，注意货位备件的规格、批次和数量，按先进先出的原则确定应发货的备件。备件拣配工作完成后，在备件卡上记录发货信息（发货时间、数量等），并将备件搬运到待发货区。

（四）仓库复核

备件配货完成后，应安排仓库复核，以避免库管员备件过程中可能出现的差错。主要的复核方式可根据情况选择自查、互查或专人查核，主要的复核内容包括备件的品种、规格（型号）、数量、包装等。经核对发现异常的，应立即做退货或补货处理并查明原因。

（五）物资清点交接出库

复核合格的出库物资，可按程序办理物资清点交接手续。以汽车备件为例，已配货完成并复核合格的备件由库管员负责搬运至仓库内待出库区域，发货员负责按出库物资凭证（领料单、备件销售清单或调拨单）与备件物流运输商进行物资清点交接，主要核对备件品种、规格（型号）和数量；物资清点交接完成后，仓库发货员负责与物流运输商办理交接手续，双方签字确认以界定责任。物流运输商负责已清点交接物资的运输装箱与装车发运工作。

四、备件的保管

（一）备件的存储

（1）备件应存放在干燥通风的仓库内，库房温度一般应在 20 ~ 30℃，相对湿度一般在 75% 以下。对易吸潮锈蚀的备件，须将货垛设在离开地面的空心垫板上，便于空气流通。

（2）备件在入库验收时，除对备件的名称、规格、计量单位、数量核对无误外，还要检查其是否有破损、缺件、锈蚀、内外包装不良及有无着雨受潮等情况，以便于及时进行索赔和采取措施。

（3）要根据备件的制造材料、结构形状、质量、体积、性能等特点，安排储存仓位、堆垛方法和堆垛数量，以确保在储存的过程中不受损失。

（4）储存备件的垛位之间要留有一定的距离，一般为 0.5 ~ 1 米，垛位与墙的距离为 0.1 ~ 0.3 米，另外还要留出柱距、顶距和灯距以保持通道的通风、光照和安全。

> 小提示
>
> 重点记忆存储备件对垛位的要求。

（二）汽车常用备件的存放

1. 塑料油箱的存放

因为塑料易变形，应将有塑料螺纹的安装孔（例如燃油浮子的安装孔）的塑料盖子盖上并拧好，防止长时间储存塑料变形后盖子拧不上，或拧上后密封不好而发生燃油泄漏事故。

所有的孔都应盖上防尘盖以防灰尘杂质进入油箱。因为塑料油箱（图 6-15）上没有放油螺塞，一旦带有灰尘杂质的油箱装上车后，如要将杂质排出来，只有将油箱拆下来才能清洗。

图 6-15　塑料油箱

2. 不能沾油的汽车备件

轮胎、水管接头、皮带等橡胶制品怕沾柴油、黄油，尤其怕沾汽油，若常与这些油类接触，就会使橡胶备件膨胀，加速老化，很快损坏报废。

为防止轮胎受压变形，也需要专门货架保管，这种货架有固定的，也有可以拆装的。

3. 减振器

减振器在车上是承受垂直载荷的，若长时间水平放置会使减振器失效，因此，存放减振器时要将其竖直放置。水平放置的减振器在装上汽车之前，要在垂直方向上进行几次手动抽吸。

4. 爆震传感器

爆震传感器受到重击或从高处跌落后就会损坏，为防止取放备件时失手跌落而损坏，爆震传感器不应放在货架或货柜的上层，而应放在底层，且应分格存放，每格一个，下面还要铺上海绵等软物。

5. 预防霉变的备件

对于软木纸、毛毡制油封及丝绒或呢制门窗嵌条一类储存期超过半年以上的备件，除应保持储存场地干燥外，在毛毡油封或呢料包装箱内，应放置樟脑丸，以防止霉变及虫蛀。

知识链接

几种典型备件的存放

（1）橡胶制品要储存在温度不超过 25℃的仓库内，同时不能受压，以防老化和变形。

（2）各种灯具、玻璃制品、仪表等易损备件，要严防碰撞和重压，以避免备件的失准和破碎及真空灯芯的慢性漏气。

（3）蓄电池要存放在干燥通风的库房内，严防倒置、卧置和重压及剧烈震动，并应注意塞盖的密封，以防潮气侵入。

（4）软木纸及各种成形的软木纸垫要存放在储存温度为 18 ~ 25℃，相对湿度为

40% ~ 70% 及不太通风处。

（5）毛毡油封与呢料应存放在干燥的库房内，夏季要放置樟脑丸以防虫蛀。

（6）轮胎应储存在温度为 −15 ~ 30℃、相对湿度为 50% ~ 80% 且阳光不能直射的不太通风的库房内。

学习案例6-3

1. 库存茶叶的保管保养措施

首先，茶叶必须储存在干燥、阴凉、通风良好、无日光照射，具备防潮、避光、隔热、防尘、防污染等防护措施的库房内，并要求进行密封。

其次，茶叶应专库储存，不得与其他物品混存，尤其严禁与药品、化妆品等有异味、有毒、有粉尘和含水量大的物品混存。库房周围也要求无异味。

最后，一般库房温度应保持在 15℃以下，相对湿度不超过 65%。

2. 库存啤酒的质量控制措施

首先，啤酒入库验收时外包装要求完好无损、封口严密、商标清晰；啤酒的色泽清亮，不能有沉淀物；内瓶壁无附着物；抽样检查具有正常的酒花香气，无酸、霉等异味。

其次，鲜啤酒适宜储存温度为 0 ~ 15℃，熟啤酒适宜储存温度为 5 ~ 25℃，高级啤酒适宜储存温度为 10 ~ 25℃，库房相对湿度要求在 80% 以下。

再次，瓶装酒堆码高度为 5 ~ 7 层，不同出厂日期的啤酒不能混合堆码，严禁倒置。

最后，严禁阳光曝晒，冬季还应采取相应的防冻措施。

案例分析

案例中列举了茶叶和啤酒库存的保养措施，可见针对不同的货品，其保养和存放的方式是不同的，汽车备件也是同样的道理。

五、备件库存的盘点

库存盘点是仓库库存管理的一项重要工作，是有效维护库存数据系统并保持库存数据准确的重要手段。

库存盘点具体包含：对仓库保管的备件进行数量和质量的核对检查，以清点库存备件的实际数量，保证账、卡、物三者相符，重点是准确性管理；核查超过保管期限、长期积压备件的实际品种、规格（型号）和数量，以便及时采取措施处理超期、积压备件，减少损失，重点是合理性管理；检查库存备件盘点差异（盘赢、盘亏）的数量，调查盘点差异原因，研究整改措施，以持续改进仓库管理，重点是合法性管理。为保证仓库备件库存数据准确，库存盘点要求做到：物清（数量清、规格清、质量清）、账清、卡清；对库存盈亏差异有明确原因分析；库存数据调整有明确依据。

（一）库存盘点的内容

检查备件的实际库存量与账、卡上的结存数量是否相符，查明备件盈亏的原因；检查库存备件的质量状况，是否发生锈蚀、霉变、潮解、老化等异常情况，必要时辅以理化试验或技术检验；检查是否有超出保管期限及长期未使用的积压备件，调查备件积压原因，并对近期将要超出保管期限的物资确定处理措施；检查备件堆垛及存放的货架是否稳固牢靠，场地是否清洁，库房及门窗是否完好，库房温湿度是否符合备件保管要求等；检查库存管理的计量工具是否准确，工具是否合理使用并定期维护；检查仓库各种安全管理规章制度、安全及消防设施是否齐全并符合仓库及备件管理要求。

（二）库存盘点的方法

1. 动态盘点法

动态盘点法是指仓库备件在日常发生动态变化时进行检查清点的一种盘点方法。动态盘点法的具体操作方式有三种：第一种，分区轮盘法，指将仓库库区划分为若干盘点作业区域，按时间进度分区、分类地轮流执行盘点计划，每月约盘点总量的30%，每季度即可以完成一次全面盘点。第二种，安全库存或订购点盘点法，指当库存备件数量降到订购点或安全库存时，由库管员自行安排清点备件实际存量，以核对账、卡、物是否相符。第三种，定期盘点法，指定期盘点法是指事先确定固定的盘点时间，如利用年中或年终的时间安排全面盘点的方法。这种盘点需要采用闭库盘点方式，全面清点，可以最大限度减少盘点中的串货和遗漏，使盘点结果最真实、准确。由于采用闭库盘点方式，所以定期盘点的时间不能过长，对汽车备件仓库来说，一般以3～4天为宜。这就要求定期盘点开始前，要做好充分的准备工作，以确保盘点工作顺利进行。

2. 重点盘点法

重点盘点法是指对仓库库存的A类或B类备件进行定期核对检查的一种盘点方法。此方法主要用于监控库存重点备件的库存情况，及时发现差异，以避免更大损失。

学习单元四：库存管理

知识目标

1. 了解库存管理的原则；
2. 了解ABC分类的概念及分类方法；
3. 掌握库存控制的主要内容。

技能目标

具备利用ABC对库存备件进行分类的能力。

基础知识

利用合理的管理方法探求和把握汽车售后备件的需求规律，是做好备件管理的关键。通过不断地采购、入库、出库、盘点等工作来维持备件库存管理无疑是要耗费大量的人力和时间。当企业资源有限时，厂商会寻找最好的方法利用有限的资源对库存进行有效的控制。厂商会把库存的需求及计划管理重点集中在关键备件上，此时，厂商自然采取的措施是对备件按轻重缓急进行分类管理。

一、库存管理的原则

（1）不待件、不断件。保证生产所必需的备件。

（2）不呆件、不滞件。生产所需的备件要及时购进，不需要的备件坚决不能进入库房。

（3）不囤件、不积件。需要多少购进多少，储存数量要适量，减少资金积压。

二、ABC 分类法

ABC 分类法又称巴雷特分类法或重点管理法，它是根据事物在经济或特性方面的主要特征进行分类管理，分出重点、次要和一般，然后根据各自的特点进行有所区别地管理，做到人力和资源的合理匹配。由于这种分类方式常把被分析的对象分成 A、B、C 三类，所以称为 ABC 分类法。

（一）ABC 分类法的主要作用

（1）ABC 分析法是一种手段。

（2）目的是针对不同的分类采取不同的措施。

（3）对控制程度、配置、管理要点、订货方式、记录检查方式、保管条件等方面给予不同的规划。

（4）使库存管理更加合理、更加优化。

（二）传统备件库存的 ABC 分类法

传统备件库存的 ABC 分类法是基于备件价值的多少而进行的分类，是目前备件库存管理中最常用的一种分类方法。根据库存备件的价值划分其重要程度，企业会将库存资金集中在哪些更有价值的备件上，并根据库存资金的分类程度对不同类别的备件进行不同的库存管理措施。

库存 ABC 分类的主要思想就是 20/80 定律。库存管理的 ABC 分类法正是在这种思想指导下，试图对备件库存进行合理分类，对品种数目少，占用资金大的备件，着重加强对它们的控制和管理。对品种数目多，但占用资金少的备件，则采取比较简单、宽松的控制和管理。这样，就可以实现只用 20% 的精力控制 80% 的资金。

小提示

所谓 20/80 定律，就是 20% 左右的因素带来 80% 左右的结果。

将所有库存备件按其所占库存总品种数目的比例和所占总库存资金的比例这两个指标进行分类。具体分类及控制如图 6-16 所示。

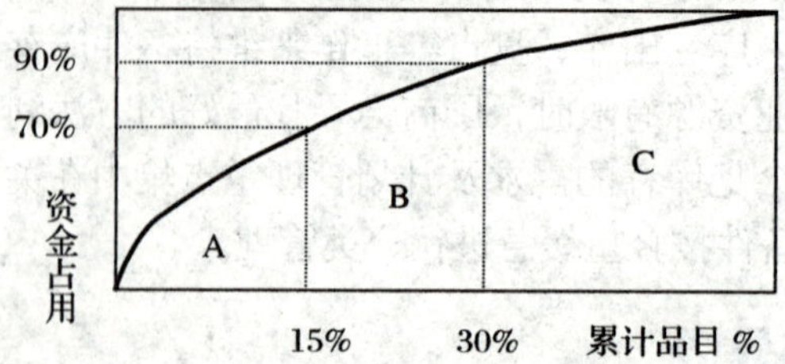

项目、级别	A 类库存	B 类库存	C 类库存
控制程序	严格控制	一般控制	简单控制
库存量计算	依库存模型详细计算	一般计算	简单计算或不计算
进出记录	详细记录	一般记录	简单记录
存货检查频度	密集	一般	很低
安全库存量	低	较大	大量

图 6-16　按占用金额分类的 ABC 分类法

（三）如何对 ABC 三类备件进行存量控制

ABC 三类备件所占种类比例与金额比例大不相同，所以对 ABC 三类备件应采取不同的备件控制方法。

1. A 类备件

A 类备件种类少，金额高。存货过高会产生大量的资金积压。因此对于 A 类备件要非常严格地加以控制。

A 类备件购备时间非常短，交期非常紧，最好不要有存货。对于 A 类备件要有一套完整的记录，一定要有需求或订货时，才加以订购，并且要充分计划利用好购备时间，使交货及时，不影响生产计划，也不过早进厂。应尽量降低库存，避免积压在仓库浪费大量的资金。

2. C 类备件

C 类备件种类多，金额少，可一次性订购较大的批量，以降低采购成本。

3. B 类备件

B 类备件介于 A 类和 C 类之间，种类与金额占的比重一般，但也不能忽视。

对于 B 类备件可以不必像 A 类备件一样跟单订货，对购备时间控制非常严；也不能像 C 类备件一样一次性大批量采购。可以采取设置安全存量的方式，到了请购点时以经济采购量加以采购即可。

学习案例6-4

安科公司是一家专门经营进口医疗用品的公司，2001 年该公司经营的产品有 26 个品种，共有 69 个客户购买其产品，年营业额为 5800 万元人民币。对于安科这样的贸易公司而言，因其进口产品交货期较长、库存占用资金多，库存管理显得尤为重要。

安科公司按销售额的多少，将其经营的 26 种产品排序，划分为 ABC 类。排序在前 3 位的产品占到总销售额的 97%。因此，把它们归为 A 类产品。第 4、5、6、7 种产品每种产品的销售额在 0.1% ~ 0.5%之间，把它们归为 B 类。其余的 21 种产品 (共占销售额的 1%)，将其归为 C 类。

对于 A 类的 3 种产品，安科公司实行了连续性检查策略，即每天检查库存情况，随时掌握准确的库存信息，并对其进行严格的控制，在满足客户需要的前提下维持尽可能低的安全库存量。通过与国外供应商协商，并且对运输时间进行认真分析，算出了该类产品的订货提前期为两个月，即如果预测在 6 月份销售的产品，应该在 4 月 1 日下订单给供应商，才能保证产品在 6 月 1 日出库。

由于该公司的产品每个月的销售量都不稳定，因此，每次订货的数量都不同，要按照实际的预测数量进行订货。为了防止预测的不准确及工厂交货时间的不准确，还要保持一定的安全库存，安全库存是下一个月预测销售数量的 1/3。该公司对该类产品实行连续检查的库存管理，即每天对库存进行检查，一旦手中实际的存货数量加上在途的产品数量等于下两个月的销售预测数量加上安全库存时，就下订单订货，订货数量为第 3 个月的预测数量。因其实际的销售量可能大于或小于预测值，所以，每次订货的间隔时间也不相同。这样进行管理后，这 3 种 A 类产品库存的状况基本达到了预期的效果。由此可见，对于货值高的 A 类产品应采用连续检查的库存管理方法。

B 类产品的库存管理，该公司采用周期性检查策略。每个月检查库存并订货一次，目标是每月检查时应有以后两个月的销售数量在库里 (其中一个月的用量视为安全库存)，另外在途还有一个月的预测量。每月订货时，再根据当时剩余的实际对于库存数量，决定需订货的数量，这样就会使 B 类产品的库存周转率低于 A 类。

对于 C 类产品，该公司则采用了定量订货的方法。根据历史销售数据，得到产品的半年销售量，为该种产品的最高库存量，并将其两个月的销售量作为最低库存。一旦库存达到最低库存时，就订货，将其补充到最高库存量。这种方法比前两种更省时间，库存周转率更低。

在对产品进行 ABC 分类以后，该公司又对其客户按照购买量进行了分类。发现在 69 个客户中，前 5 位的客户购买量占全部购买量的 75%，将这 5 个客户定为 A 类客户。到第 25 位客户时，其购买量已达到 95%，因此，把第 6 到第 25 的客户归为B类。其他的第26～69位客户归为C类。对于A类客户，实行供应商管理库存，一直保持与他们密切的联系，随时掌握他们的库存状况；对于B类客户，基本上可以用历史购买纪录，以需求预测作为订货的依据；而对于C类客户，有的是新客户，有的一年也只购买一次，因此，只在每次订货数量上多加一些，或用安全库存进行调节。这样做，一方面可以提高库存周转率，另一方面，也提高了对客户的服务水平，尤其是A类客户对此非常满意。

案例分析

通过安科公司的实例，可以看到将产品及客户分为ABC类以后，再结合其他库存管理方法，如连续检查法、定期检查法等，就会收到很好的效果。

三、库存控制

库存控制是对制造业或服务业生产、经营全过程的各种物品、产成品以及其他资源进行管理和控制，使其储备保持在经济合理的水平上。库存控制是使用控制库存的方法，得到更高的盈利的商业手段。 库存控制是仓储管理的一个重要组成部门，它是在满足客户服务要求的前提下通过对企业的库存水平进行控制，力求尽可能降低库存水平、提高物流系统的效率，以提高企业的市场竞争力。

库存控制要考虑以下几个方面，销量、到货周期、采购周期、特殊季节特殊需求等。

库存控制需要利用信息化手段，每次进货都记录下来；要有盘库功能，库存的价值与市场同步涨跌；要有生产计划，根据生产计划和采购周期安排采购。进行单件成本核算，节约奖励，对供货商进行管理，根据价格和服务，均衡采购，保持供货商的竞争才能得到优质的服务和低廉的价格。库存控制系统需要解决三个问题：隔多长时间检查一次库存量？何时提出补充订货？每次订多少？按照对以上三个问题的解决方式的不同，可以分成三种典型的库存控制系统。

1. 定量控制系统

所谓定量库存控制系统就是订货点和订货量都是固定量的库存控制系统，订货提前期是从发出订货至到货的时间间隔，其中包括订货准备时间、发出订单、供方接受订货、供方生产、产品发运、提货、验收和入库等过程。显然，提前期一般为随机变量。

要发现现有库存量是否到达订货点，必须随时检查库存量，并随时发出订货。这样做虽然增加了管理工作量，但它使得库存量得到严密的控制。因此，固定量系统适用于重要物资的库存控制。为了减少管理工作量，可采用双仓系统。

知识链接

所谓双仓系统是将同一种物资分放两仓（或两个容器），其中一仓使用完之后，库存控制系统就发出订货。在发出订货后，就开始使用另一仓的物资，直到到货，再将物资按两仓存放。

2. 定期控制系统

固定量系统需要随时监视库存变化，对于物资种类很多且订货费用较高的情况，是很不经济的。固定间隔期系统（又叫定期控制系统）可以弥补固定量系统的不足。

固定间隔期系统不需要随时检查库存量，到了固定的间隔期，各种不同的物资可以同时订货。这样既简化了管理，也节省了订货费。不同物资的最高水平 S 可以不同。固定间隔期系统的缺点是不论库存水平 L 降得多还是少，都要按期发出订货，当 L 很高时，订货量是很少的。为了克服这个缺点，就出现了最大最小系统。

3. 最大最小系统

最大最小库存控制系统仍然是一种固定间隔期系统，只不过它需要确定一个订货点 s。

当经过时间间隔 t 时，如果库存量降到 s 及以下，则发出订货；否则，只有当再经过时间 t 时再考虑是否发出订货。

拓展实训：训练汽车常用备件仓储管理相关知识

实训目的

1. 掌握备件管理的概念及意义；
2. 掌握备件编码（VIN 码的读取）；
3. 掌握备件部门的组织机构；
4. 掌握备件出库和入库管理，并掌握库房的布置原则；
5. 掌握常用备件的存储方法和注意事项。

实训内容

1. 两人一组，熟练说出备件管理的概念和意义；

2. 分组练习，选择一组 VIN 码，运用 VIN 码相关知识，解释每一位数字的含义，掌握车辆的信息；

3. 到附近 4S 店调研，记录备件部门的组织机构和工作职能；

4. 到附近 4S 店仓库进行调研，记录库房布置，并针对出库和入库的关键审核点进行记录；

5. 两人一组，互相考核汽车常用备件的存储方法和注意事项。

实训结果

总结分析

教师评分

教学检测

选择题

1. 下列属于库存控制管理目的的有哪些？（　　）

A. 减少库存成本　　B. 加快企业资金周转

C. 提高客户需求满意度　　D. 提高员工业务素质

2. 货区有垂直式布局和倾斜式布局两种布置形式，那么不属于垂直式布局的是（　　）。

A. 横列式布局　　B. 纵列式布局　　C. 纵横式布局　　D. 通道倾斜式布局

3. 库存控制系统有哪几种典型的形式？（　　）

A. 定量控制系统　　B. 定期控制系统　　C. 最大最小系统

填空题

1. 订货数 =＿＿＿＿＿ + 末期库存量（安全库存量）– 在途数 – 初期库存量 + ＿＿＿＿＿。

安全库存量 = 紧急订单订货到货时间（天数）× ＿＿＿＿＿。

2. “五不入”主要包括：品名不符不入；规格不符不入；质量不符不入；数量不符不入；＿＿＿＿＿。

3. 库存管理的原则是：不待料、不断料；不呆料、不滞料；__________。

简答题

1. 简述车辆 VIN 码的含义及打印的位置。
2. 简述库存盘点的方法。
3. 如何对 ABC 三类备件进行存量控制？
4. 简述汽车备件仓库规划的基本要求。

学习情境七

其他售后服务开发

情境导入

随着互联网的发展，汽车行业也逐渐发生了一些变化。目前，在我国成熟的汽车网站有汽车之家、易车网、汽车点评网等，各大门户网站也纷纷开通了汽车门类的分页，如新浪汽车、腾讯汽车、网易汽车等。汽车网站已经具备了汽车 4S 店的功能，包括销售、信息搜集、汽车服务、信息反馈等，甚至还具有很多汽车 4S 店不具备的功能，如在线测评、在线对比等。尤其是在汽车售后服务方面，汽车网站提供了更便捷的通道。

目前，由于移动互联网络的兴起，汽车服务也逐渐扩展到了移动终端上。例如汽车导航、路况实时信息等。这意味着今后的汽车售后服务将更加智能化、人性化。

学习导航

在这个学习情境里同学们将会学到汽车消费信贷的概述、国内外消费信贷的主要模式、汽车贷款的购车流程、汽车的保险与理赔流程以及二手车市场的定义和特点、二手车的鉴定评估，最后会介绍我国二手车市场存在的主要问题。

学习单元一：汽车消费信贷

知识目标

1. 理解汽车消费信贷的概念；
2. 了解国内外汽车信贷服务模式。

技能目标

掌握几种主流的消费信贷模式。

基础知识

一、消费信贷的概述

所谓汽车消费信贷，就是金融机构对消费者个人发放的、用于购买汽车的贷款。它是银行为解决购车者一次性支付车款困难而推出的一项业务。通俗地讲，就是到银行去借钱，用银行的钱去办自己的事，圆自己的汽车梦。

汽车消费信贷可以使更多的消费者买得起车，使汽车企业的潜在客户不仅限于那些可以用现金支付的人。比起一次付款购车，贷款购车将使消费者获得更高的回报率。

汽车消费信贷产生于汽车消费过程中，又极大地刺激了汽车消费。汽车作为一种特殊的耐用消费品，其消费在很大程度上依赖于汽车消费信贷的推动，汽车消费信贷业务的开展程度直接决定了汽车消费的规模。目前，全球 70% 的私人用车都是通过贷款购买的。2000 年，美国每 10 辆售出的新家用车中就有 9 辆是通过各类贷款购买的，仅新车贷款产生的利息收入就高达 200 亿美元。有关研究指出，如果没有汽车贷款，美国每年新车销售量至少要减少 50%，约 800 万辆。可以说，汽车消费信贷是汽车消费的催化剂。

> **课堂讨论**
>
> 同学们讨论一下周围通过汽车贷款购车的情况。

二、国外汽车消费信贷的成功模式

国外提供汽车消费信贷的主体是汽车金融公司。国外金融机构根据其是否具有吸收客户存款的业务分为两大类：一是具有存款业务的金融机构；二是没有存款业务的金融机构。汽车金融公司属于第二类。国外的汽车金融公司有的是各厂商直接组建的，有的是非汽车制造商或银行建立的，由于它们与汽车厂商、经销商关系密切，具有成熟的运作经验和风险控制体系，因而能为消费者提供专业化、全方位的融资服务。

1. 通用模式

通用汽车金融服务公司（GMAC）至今已有 80 多年的历史，是全世界规模最大最成功的金融机构。通用汽车金融服务公司的核心业务是汽车金融服务，主要是向通用汽车公司的经销商们提供贷款以维持其汽车库存，并且提供给零售客户多种多样的服务，方便客户购买或租赁各类新、旧通用和非通用汽车。通用汽车金融公司在全球的汽车金融服务业务部以富有竞争力的利率向客户和商家提供多种汽车贷款方式，巩固了客户群，同时确保了客户综合满意度。对于普通消费者，通用汽车金融公司提供的汽车消费信贷品种有如下几种。

（1）分期付款：这是最常见的信贷品种。具体方法是在客户与分销商之间签订一个分期付款协议，客户承诺在未来支付那一部分贷款，并且支付财务费用，也就是贷款利息。

（2）Smartbuy：这种方式可使客户经常拥有一辆新车。其具体方法是客户每月返还少量的车款，在合同期的最后有两种选择，一是购买该车、一次付清所欠款；二是缴纳 250 美元手续费以及超过限制公里数的费用后，交还该车。

（3）Smartlease：这种方式适用于不愿购买一辆车，但在一定时期内需要用车的客户。具体方法是客户可以根据使用情况的预期，选取不同的年公里数、缴纳不同的租赁费。此外，通用汽车金融服务公司还推出学生购车计划等专门针对学生群体的信贷品种，以培养其对品牌的忠诚度。由此，其汽车消费信贷业务的细化程度可见一斑。公司同时还向经销商提供专业培训服务和财务咨询计划，其他主要业务还包括保险、抵押融资和公司对公司的借贷等。

2. 大众模式

大众汽车金融服务机构是从 1938 年开始向客户提供购车储蓄计划的。1949 年成立了第一家大众汽车金融公司，1994 年正式成立了大众汽车金融服务股份公司（VW CREDIT ING. 简称 VWC），与 1966 年正式成立的大众汽车租赁公司一起成为欧洲最大的工业附属机构。大众汽车集团生产的汽车中的 1/3 是由它们提供融资服务的，世界范围内融资总量已超过 290 万辆。大众汽车金融服务公司设立了市场中心，在市场中心下面分为 4 个部分，包括个人客户、大客户、车队、经销商，同时也为大众汽车职工服务。大众汽车金融服务公司下属的大众汽车银行属于一个全资银行，它所提供的金融业务是只与汽车相关的金融业务，大众汽车的客户可以直接在大众汽车银行进行购车储蓄。在市场中心部门之外还有一个服务知识中心，包括计算机控制部门和其他相关部门，为今后开展业务提供市场分析。大众汽车金融服务公司的一般业务包括为经销商和进口商提供贷款、租赁等服务。如果客户需要买一辆车，可以到经销商那里进行咨询，当客户决定购买的时候，经销商会给客户推荐不同的租赁和贷款合同，并把客户介绍给大众汽车金融服务公司，由金融服务公司给客户提供各种服务。租赁和贷款合同的一般期限平均为 36 个月。

国外的发展经验显示，汽车消费信贷具有服务专业化的特点：一是从业机构专业化，从各国情况看，开展汽车消费信贷业务的主要是大的汽车制造商控股的专业汽车信贷机构；二是功能专业化，业务相对独立于其他业务；三是风险管理专业化，例如合同管理、风险控制方面，不仅是贷款审批，还包括出现问题以后催收。

三、国内消费信贷的主要模式

中国目前汽车消费信贷有以下几种模式：

1. 以银行为主体的直客模式

该模式的特点是由银行直接面对客户，在对客户信用进行评定后，与客户签订信贷协议，客户拿到贷款额度后到汽车市场上选购自己满意的产品。在直客模式中，银行是中心，银行指定律师行出具客户的资信报告，指定保险公司并要求客户购买其保证保险，指定经销商销售车辆。在这一模式中，风险由银行与保险公司承担。这是最传统也是最直接的一种融资方式，大多数的商业银行都参与其中，例如工商银行、中国银行、交通银行、招商银行、建设银行、民生银行等。

2. 以经销商为主体的间客模式

该模式的特点是经销商与银行合作推出的消费信贷，由经销商负责为购车者办理贷款手续，以经销商自身资产为客户承担连带责任保证，并代银行收缴贷款本息，而购车者可享受到经销商提供的一站式服务。由于经销商贷款过程中承担了一定风险并付出了一定的人力物力，所以经销商通常需要收取 2% ~ 4% 的管理费。在这一模式中，经销商是主体，它与银行和保险公司达成协议，负责与消费信贷有关的一切事务，客户只需与一家经销商打交道。这时，风险由经销商与保险公司共同承担。这种信贷模式的代表是北京亚飞汽车连锁总店。

3. 以非银行金融机构为主体的间客模式

该模式由非银行金融机构组织对购买者进行资信调查、担保、审批工作，向购买者提供分期付款。这些非银行金融机构通常为汽车生产企业的财务公司。这种形式中，风险由汽车财务公司、经销商和保险公司三家共同承担。

知识链接

由于我国汽车金融业发展落后，目前，仅上汽、一汽、东风等少数厂商拥有自己的财务公司，此项业务还没有大规模开展。

四、汽车贷款购车流程

1. 贷款流程

（1）购车人应向经销商和银行了解有关贷款政策、要求。

（2）经销商向购车人要求提供所需资料、填写相关申请文件。

（3）购车人挑选汽车，并与经销商签订“购车合同”及“担保协议”。

（4）购车人按规定的比例存入首付款和相关的费用。

（5）经销商在审核文件的真实性后填列担保意见并将全部资料上交贷款银行。

（6）银行审查贷款人资格，审查合格后，对符合条件的客户，银行与其签订“借款合同”并开立还款账户，办理贷款手续。

（7）贷款银行将客户存入的首付款及贷款直接划入经销商账户。

（8）经销商在接到银行通知后应协助借款人交纳各种费用，与购车者就所签合同协议分别到公证、保险、公安等单位办理有关手续。

（9）办齐一切手续后，经销商将汽车发票、购车附加费、汽车合同证、行驶证复印件留存，同时向购车人发出提车单。

（10）银行接到通知后，将客户存入的首付款及所贷款项直接划入经销商账户中。

2. 购车流程

（1）客户选定车辆并与经销商签订购车合同。

（2）待客户贷款划入经销商账户后，给予办理车辆入户手续。

（3）向客户交车并建立客户档案。

3. 还款流程

（1）借款人按期履行还本付息义务。

（2）客户在贷款行所开账户里存有存款，银行按期直接划拨。

（3）每次收完款或划拨完毕，银行须立即通知经销商登记备案。

（4）借款人在还清全部本息后，借款合同终止。

4. 违约处理

（1）首先按合同规定，经销商直接出面或由经销商申请法院强制执行扣抵押车辆。

（2）若车辆拍卖不足以偿还欠款部分，由经销商和保险公司负责向银行承担全部赔付责任，其中经销商负责赔付 20%，保险公司负责赔付 80%。

（3）如贷款人和车辆均无踪迹，亦由经销商和保险公司两家按所签协议负责向贷款银行进行 100%的理赔。

学习案例7-1

购车按揭抵押贷款实际流程

先去车行挑车，然后签“新车销售合约”，交订金，车行备车。

去银行找放贷员，了解情况，看要贷多少，贷几年，首付要多少钱，要交什么资料。银行查询你的信用度，如果信用度不够，要先办一张银行信用卡（办信用卡需要半个月以上的时间），然后再办车贷（车贷也有一张贷款用的银行卡，还款时就还到卡上）。

去车行，交满首付款（因为不能贷 100%款，只能贷 70%款），这样就有首付款刷卡单了。首付加订金要够 30%车款。

去银行交资料（订金刷卡单、首付款刷卡单、身份证复印件、房产证复印件、结婚证复印件等），签购车按揭抵押贷款的合同、银行卡的申请资料等。夫妻双方都要去签字。

约 1 ~ 2 周，银行总部贷款审批通过，车行与银行签放款意向协议，表示车行同意接收贷款。贷款的银行卡会寄到放贷员那里。

等车到店里后，去看下车，交尾款（比如购置税费、上牌费等，到时多退少补）、保险费（贷几年就要交几年保险）。

车行代办购置税、上牌、环保证，需要3个工作日。然后需要拿机动车登记证（里面写有按揭）等，也要3个工作日。

车行拿到机动车登记证后，销售员会将机动车登记证、购车发票等交给银行放贷员。把保险单、保险发票等交给银行放贷员，再签字。放贷员让柜台将银行贷款卡开卡，再从卡中转贷款给车行，然后给转账回单。把转账回单的车行那一联给车行，或车行查到收到款了，就可以提车了。

如果着急的话，用车管所出具的“机动车领牌凭证”，上面盖“按揭”章，就可以去银行那里办放款，不用等到机动车登记证出来，等后面再把机动车登记证补交给银行。

其实在办按揭时，不用办两张银行信用卡（一张就可以），没必要浪费时间。

案例分析

贷款购车基本的标准流程就这样，主要与银行和车行产生客户关系。简要的流程是：与车行签购车合同、交首付款、向银行提交相关材料、银行审核合格后签订贷款合同、划款给经销商、车行代办购车业务、提车。

学习单元二：汽车保险与理赔

知识目标

1. 了解汽车保险种类和作用；
2. 掌握汽车投保流程和索赔流程。

技能目标

具备制定标准投保和准备流程的能力。

基础知识

一、保险与理赔的概述

（一）汽车保险的含义及种类

机动车辆保险，即汽车保险，简称车险，是指对机动车辆由于自然灾害或意外事故所造成的人身伤亡或财产损失负赔偿责任的一种商业保险。汽车保险是财产保险的一种，它伴随着汽车的出现和普及而不断发展成熟。

1. 强制险种

机动车交通事故强制责任险（家用 6 座及以下 950 元）是指由保险公司对被保险机动车发生道路交通事故造成本车人员、被保险人以外的受害人的人身伤亡、财产损失，在责任限额内予以赔偿的强制性责任保险。机动车交通事故强制责任险责任限额 6 万元当中，包含了死亡伤残赔偿 5 万元，医疗费用赔偿 8000 元、财产损失赔偿 2000 元。而被保险人在交通事故中无责任，赔偿限额分别按照以上三项限额的 20% 计算。交强险的基础费率共分家庭自用车、非营业客车、营业客车等 8 大种类 42 种小类的车辆。

2. 非强制险种

（1）车辆损失险（现款购车价格 ×1.2%）。

负责赔偿由于自然灾害或意外事故造成的车辆自身的损失。这是汽车保险中最主要的险种。若不保这个险种，车辆碰撞后的修理费保险公司不负责赔偿，全部得由自己掏腰包。

有些车是可以考虑不投保车辆损失险的。比如快报废的破车，修理费很便宜，撞坏后自己修也花不了多少钱。如果想投保不计免赔责任险，就一定要投保车辆损失险。因为它是后者的附加险，必须投保了车辆损失险后才能投保不计免赔责任险。

（2）第三者责任险（5 万 /900，10 万 /1090，20 万 /1310，50 万 /1500，100 万 /1650）。

负责赔偿车辆发生意外事故造成他人（即第三者）的人身和财产的损失。第三者责任险是最有价值的险种，也是国家规定的必保项目。

（3）司机乘客意外伤害险（即车上责任险，保费 50 元 / 人，根据车辆的实际座位数填写）

因交通事故造成司机、乘客伤亡，由司机乘客意外伤害险来赔偿损失。汽车有价人无价，为司机乘客买保险当然有必要。如果已由单位投保了团体人身意外伤害保险或在个人寿险中投保了人身意外伤害保险，也可以不保这个险种。

（4）自燃损失险（新车购置价 ×0.15%）。

它赔偿因本车电器、线路、供油系统发生故障或运载货物自身原因起火燃烧给车辆造成的损失。这个险种的价值不是很大，但费率却不低。在现实中车辆自燃事故的发生很少，10 万元以上的中、高档车自燃的就更少了。另外，车辆自燃如果与质量有关，生产厂商是应负赔偿责任的。

（5）不计免赔特约险［（车辆损失险 + 第三者责任险）×20%］。

保险公司在赔偿车损险和第三者责任险范围内的损失时是要区分责任的：若车主负全部责任，赔偿 80%；负主要责任赔 85%；负同等责任赔 90%；负次要责任赔 95%。事故损失的另外 20%、15%、10%、5% 需要车主自己掏腰包。如果保了这个险种，在事故中不管车主负什么责任，其损失保险公司都按 100% 赔偿。所以该险种俗称为“100% 赔付险”。100% 赔付很重要，第一，入了保险出险后车主一般不用再花钱了，钱全部由保险公司来赔。第二，100% 赔付对处理交通事故有好处。发生交通事故后人们总要拼命为自己开脱责任，因为这能使自己少赔钱。如果 100% 赔付，不用太计较责任（反正钱全部由保险公司来赔），使事故更容易解决，这样能节省时间。第三，100%赔付对保险事故索赔有好处。若不是100%赔付，定损的高低和车主的利益有关：定损高自负的钱就少，定损低自负的钱就多。所以定损时有必要争一争，虽然很劳神。100%赔付时就没必要争定损额的高低，反正钱全部由保险公司赔，只要把车修好就行了。

（6）玻璃单独破碎险（新车购置价 ×0.15%）。

若投保了此险种，车辆在停放或使用过程中，其他部分没有损坏，仅挡风玻璃单独破碎，挡风玻璃的损失由保险公司赔偿。

（7）全车盗抢险（新车购置价 ×1.0%）。

负责赔偿保险车辆因被盗窃、被抢劫、被抢夺造成车辆的全部损失，以及其间由于车辆损坏或车上零部件、附属设备丢失所造成的损失。车被偷了，有公安机关证明，3个月内找不到，可从保险公司得到车辆实际价值的80%的赔偿。

（8）新增加设备损失险。

当车主为车辆安装了空调、CD音响、防盗器、真皮座椅等不是车辆出厂时所带的设备时，可以考虑投保新增加设备损失险。投保后，在这些设备因事故受损时可以得到保险公司的赔偿。

（9）无过失责任险（新车购置价 ×0.15%）。

撞人或车后，保险车辆一方无过错，不应承担赔偿责任，但出于某种原因，实际已经支付了对方而无法追回的费用，由保险公司负责赔偿。但每次有20%的免赔率，即最多赔80%。

（10）车身划痕损失险（2000/400，5000/570，10000/760，20000/1140）。

投保了机动车损失保险的机动车，可投保车身划痕损失险。

3. 赔偿处理

（1）在保险金额内按实际修理费用计算赔偿。

（2）每次赔偿实行15%的免赔率。

（3）在保险期间，累计赔款金额达到保险金额，本附加险保险责任终止。

课堂讨论

讨论一下车辆可以同时投保多种保险吗？

（二）汽车保险的作用

汽车保险的作用主要是指汽车保险对单位、集体、家庭和个人所起的保障作用，是通过风险管理的财务处理手段所产生的经济效应。

（1）汽车保险有助于被保险人及时恢复营运。车祸的发生是无法预料的，在什么时候、什么地点发生，涉及面有多广，车辆受损程度如何，人员伤亡情况怎样，这些都是偶然的。保险补偿有合适、及时和有效的特点。投保企业或个人一旦遭受损失，就能够按照合同约定的条件及时得到保险补偿，以至重新购置车辆，恢复生产经营。同时，还可减少受灾单位或个人的间接经济损失。

（2）汽车保险有助于企业加强经济核算。汽车保险作为企业或个人风险管理的财务手段，能够把不确定的巨额灾害损失化为固定的、少量的保险费支出，并均摊入企业或个人的营运成本或流通费用之中，是完全符合经济核算制的。因为通过交付保险费，把风险转嫁给保险公司，不仅不会因车辆受损或人员伤亡而影响企业生产成本的均衡，而且也保证了企业财务成果的稳定。如果不参加保险，为了不因车辆出事故而导致生产营运中断或萎缩，就需另外准备一个风险准备金。这种完全自保型的风险财务手段，对整个企业来说既不经济也不可能。

（3）汽车保险有助于促进企业和个人加强车辆安全管理。汽车保险补偿固然可以在短时间内迅速消除车祸的影响因素，但是就物质净损失而言，仍旧是一种损失；而人员的伤亡更是无法真正用金钱来补偿的，被保险企业和个人也不可能从中获得额外的利益。因此，防患于未然是企业、个人和保险公司利益一致的行为。保险公司常年与各种车祸事故打交道，积累了丰富的管理经验，不仅可以为企业和个人提供各种防范车祸的管理经验，而且通过承保时对车祸事故的调查分析，承保期内对保险车辆的检查监督等活动，能尽可能消除危险的潜在因素，达到降低车辆事故发生率的目的。此外，保险公司还可以通过保险费率这一价格杠杆（如保险期内连续出险对免赔率的增加）提高企业和个人预防车祸的积极性，共同搞好安全行车的管理工作。

（4）汽车保险有助于安定人民的生活。家庭是劳动力再生产的基本要素，家庭生活的安定是人们参加生产劳动、学习、休息和社会活动的根本保证。但是，没有人可以断言车祸对于个人和家庭来说是完全可以避免的。这种偶然的恶性事故落在谁身上都是灾难和不幸，所以参加汽车保险也是个人和家庭风险管理的有效手段。汽车保险可以帮助受害家庭恢复原来的生活条件。当家庭成员因车祸出现伤残时，可以通过保险金的补偿，对家庭的正常生活起保障作用；如果不幸死亡，其家属也可以通过保险金的补偿，得到精神安慰和获得生活保证。尤其在车祸中，难免发生民事赔偿责任造成的第三者人身伤亡或财产损失，通过责任保险可以保障受害人的经济利益。可见，汽车保险对于安定人们的家庭生活所发挥的作用是不可低估的。

课堂讨论

讨论一下为什么要买车险呢？

拓展阅读

汽车强制保险简介

机动车交通事故责任强制保险，简称“交强险”，为我国政府因应《道路交通安全法》的实行推出的针对机动车的车辆险种，于2006年7月1日正式施行，根据配套措施的最终确立，于2007年7月1日正式普遍推行。

《机动车交通事故责任强制保险条例》

按照《机动车交通事故责任强制保险条例》（简称“《交强险条例》”）的规定，

“交强险”是由保险公司对被保险机动车发生道路交通事故造成受害人（不包括本车人员和被保险人）的人身伤亡、财产损失，在责任限额内予以赔偿的强制性责任保险，属于责任保险的一种。

根据《交强险条例》的规定，在中华人民共和国境内道路上行驶的机动车的所有人或者管理人都应当投保交强险，机动车所有人、管理人未按照规定投保交强险的，公安机关交通管理部门有权扣留机动车，通知机动车所有人、管理人依照规定投保，并处应缴纳的保险费 2 倍的罚款。

交强险的保险期间为 1 年，仅有四种情形下投保人可以投保 1 年以内的短期交强险：

一是境外机动车临时入境的；

二是机动车临时上道路行驶的；

三是机动车距规定的报废期限不足 1 年的；

四是保监会规定的其他情形。

根据《道路交通安全法》和《交强险条例》的规定，公安机关交通管理部门、管理拖拉机的农业机械管理部门对交强险实施监督制度，在受理机动车注册登记、变更登记、改装和安全技术检验时，对符合要求的机动车辆均需具备有效的交强险保险，否则不能办理相关登记。

交强险的承办机构为经保监会批准授权的中资保险公司及其代办机构，每辆机动车只需投保一份交强险，投保人可以根据自身需要决定或选择购买不同责任限额的商业险。

发展历程

2004 年 5 月 1 日起实施的《道路交通安全法》首次提出“建立机动车第三者责任强制保险制度，设立道路交通事故社会救助基金”。2006 年 3 月 28 日国务院颁布《交强险条例》，机动车第三者责任强制保险从此被“交强险”代替，条例规定自 2006 年 7 月 1 日起实施。

2006 年 6 月 30 日，中国保监会发布《机动车交通事故责任强制保险业务单独核算管理暂行办法》，规定自发布之日起实施。

2007 年 6 月 27 日，保监会发布《机动车交通事故责任强制保险费率浮动暂行办法》，规定自 7 月 1 日实行。

2007 年 7 月 1 日随着配套措施的完善，交强险最终普遍实行，期间普遍实行的仍旧为“机动车第三者责任强制保险”（第三者强制保险）。

“机动车第三者责任强制保险”与现行的机动车第三者责任保险——属于商业保险，而新施行的“交强险”保险费率比“机动车第三者责任保险”高，根据被保险人在交通事故中所承担的事故责任来确定其赔偿责任的。

无论被保险人是否在交通事故中负有责任，保险公司均将按照《交强险条例》以及交强险条款的具体要求在责任限额内予以赔偿。对于维护道路交通通行者人身财产安全、确保道路安全具有重要的作用，同时对减少法律纠纷、简化处理程序，确保受害人获得及时有效的赔偿。

必要性

实行交强险制度是通过国家法规强制机动车所有人或管理人购买相应的责任保险，以提高第三者责任险（简称“三责险”）的投保面，在最大程度上为交通事故受害人提供及时和基本的保障。

交强险负有更多的社会管理职能。建立机动车交通事故责任强制保险制度不仅有利于道路交通事故受害人获得及时有效的经济保障和医疗救治，而且有助于减轻交通事故肇事方的经济负担。而商业三责险则属于商业保险，保险公司经营该险种的目的便是盈利，这与交强险“不盈不亏”的经营理念显然相去甚远（目前交强险的全国统计情况表明，保险公司在该险种上暂处亏损状态）。

此外，交强险还具有一般责任保险所没有的强制性。只要是在中国境内道路上行驶的机动车的所有人或者管理人都应当投保交强险，未投保的机动车不得上路行驶。这种强制性不仅体现在强制投保上，也体现在强制承保上。具有经营机动车交通事故责任强制保险资格的保险公司不得拒绝承保，也不能随意解除合同。而商业三责险则属于民事合同，机动车主或者是管理人拥有是否选择购买的权利，保险公司也享有拒绝承保的权利。

责任限额

交强险责任限额是指被保险机动车在保险期间（通常为 1 年）发生交通事故，保险公司对每次保险事故所有受害人的人身伤亡和财产损失所承担的最高赔偿金额。

保监会有关负责人介绍，确定赔偿责任限额主要是基于以下各方面的考虑：

一、满足交通事故受害人基本保障需要。

二、与国民经济发展水平和消费者支付能力相适应。

三、参照了国内其他行业和一些地区赔偿标准的有关规定。

机动车在道路交通事故中有责任的赔偿限额

死亡伤残赔偿限额：110000 元人民币

医疗费用赔偿限额：10000 元人民币

财产损失赔偿限额：2000 元人民币

机动车在道路交通事故中无责任的赔偿限额

死亡伤残赔偿限额：11000 元人民币

医疗费用赔偿限额：1000 元人民币

财产损失赔偿限额：100 元人民币

死亡伤残赔偿限额：是指被保险机动车发生交通事故，保险人对每次保险事故所有受害人的死亡伤残费用所承担的最高赔偿金额。死亡伤残费用包括丧葬费、死亡补偿费、受害人亲属办理丧葬事宜支出的交通费用、残疾赔偿金、残疾辅助器具费、护理费、康复费、交通费、被抚养人生活费、住宿费、误工费，被保险人依照法院判决或者调解承担的精神损害抚慰金。

医疗费用赔偿限额：是指被保险机动车发生交通事故，保险人对每次保险事故所有受害人的医疗费用所承担的最高赔偿金额。医疗费用包括医药费、诊疗费、住院费、住院伙食补助费，必要的、合理的后续治疗费、整容费、营养费。

财产损失赔偿限额：是指被保险机动车发生交通事故，保险人对每次保险事故所有受害人的财产损失承担的最高赔偿金额。

与商业三责险的区别

一、赔偿原则不同：根据《道路交通安全法》的规定，对机动车发生交通事故造成人身伤亡、财产损失的，由保险公司在交强险责任限额范围内予以赔偿。而商业三责险中，保险公司是根据投保人或被保险人在交通事故中应负的责任来确定赔偿责任。

二、保障范围不同：除了《交强险条例》规定的个别事项外，交强险的赔偿范围几乎涵盖了所有道路交通责任风险。而商业三责险中，保险公司不同程度地规定有免赔额、免赔率或责任免除事项。

三、具有强制性：根据《交强险条例》规定，机动车的所有人或管理人都应当投保交强险，同时，保险公司不能拒绝承保、不得拖延承保和不得随意解除合同。

四、根据《交强险条例》规定：交强险实行全国统一的保险条款和基础费率，保监会按照交强险业务总体上“不盈利不亏损”的原则审批费率。

五、交强险实行分项责任限额。

六、第三者责任险在交强险赔偿后予以补充赔偿。

七、第三者责任险并不区分责任限额。

二、办理汽车保险的流程

（1）报价：提供报价所需资料。

行驶证和上年度保单复印件（交强险和商业险），如客户不能提供以上材料，则需要提供准确的车辆信息和投保险别、保额等。

（2）投保：提供投保所需资料。

包括投保单；行驶证及复印件；身份证或机构代码证复印件；上年度保单复印件；验车照片。

（3）缴费方式。

包括刷卡（POS 机）、支票或转账。

保费在起保前到账，保单日期才能生效。

建议刷卡方式提前两个工作日、支票或转账方式提前五个工作日投保，以免造成脱保。

（4）领取保单和发票。

手续费三天内到账（周末和节假日顺延）。

三、汽车保险索赔的业务流程

1. 报案

（1）出险后，客户向保险公司理赔部门报案。

（2）内勤接报案后，要求客户立即填写“业务出险登记表”（电话、传真等报案由内勤代填）。

（3）内勤根据客户提供的保险凭证或保险单号立即查阅保单副本并抄单以及复

印保单、保单副本和附表。

查阅保费收费情况并由财务人员在保费收据（业务及统计联）复印件上确认签章（特约付款须附上协议书或约定）。

（4）确认保险标的在保险有效期限内或出险前特约交费，要求客户填写“出险立案查询表”，予以立案（如电话、传真等报案，由检验人员负责要求客户填写），并按报案顺序编写立案号。

（5）发放索赔单证。经立案后向被保险人发放有关索赔单证，并告知索赔手续和方法（电话、传真等报案，由检验人员负责）。

（6）通知检验人员，报告损失情况及出险地点。

以上工作在半个工作日内完成。

小提示

及时报案很重要

建议1：报案一定要在事故发生的48小时内，否则保险公司可拒绝理赔。

建议2：报案时可向保险公司服务人员进行后续理赔步骤咨询，记录下报案编号和相关人员的工号很重要。

2. 查勘定损

（1）检验人员在接保险公司内勤通知后1个工作日内完成现场查勘和检验工作（受损标的在外地的检验，可委托当地保险公司在3个工作日内完成）。

（2）要求客户提供有关单证。

（3）指导客户填写有关索赔单证。

知识链接

为了能够尽快赶到出事地点，保险公司在全国范围内都设有网上定损点，会第一时间赶到现场进行查勘、定损。

（1）需要现场查勘定损的：保险公司会派专业人员迅速赶到现场进行查勘处理。被保险人须会同保险人检验，确定修理项目、方式和费用。

（2）不需要现场查勘定损的：保险事故车辆拖至离事故现场较近的修理厂。如该修理厂是保险公司的远程定损点，可直接对事故车辆定损。如果不是，可以联系保险公司派专业人员前去定损。

（3）如果保险公司在限定的时间内没有派定损人员到定损点进行查勘、定损的，被保险人可与保险公司商议，申请驻点的物损评估机构进行定损，保险公司对评估机构的定损应当予以认可，但保险公司对交通事故的真实性有勘验、调查的权利。

（4）当事人对保险公司的财产损失核定不认可的，在车辆未修理之前可申请评估机构进行财产损失核定；当事人对评估机构的定损仍不认可的，可向评估机构的上一级机构要求重新核定；对保险公司的定损或评估机构重新核定均不认可的，可依法申请仲裁或者向人民法院提起诉讼。

建议1：保险公司定损人员没有定损的车辆不能自行修理，否则，保险公司有权拒绝赔偿。被保险人可选择将事故车拖到保险公司指定的修理厂的（建议），修理厂会尽快将您的车辆修理好。同时修理厂也可以帮助您共同处理理赔方面的问题。也可选择将事故车拖到自己熟悉的修理厂进行修理。

建议2：事故车必须按定损项目及定损金额进行修理，若有项目及费用的变动，应事先与保险公司协商。

建议3：少数不法修理厂为了自己利益将客户送修车辆伪造二次事故骗取理赔金。请提高警惕，建议客户去那些资质较佳或保险公司推荐的修理单位进行事故车修理。

3. 签收审核索赔单证

（1）审核。

营业部、各保险分公司内勤人员审核客户交来的赔案索赔单证，对手续不完备的向客户说明需补交的单证后退回客户，对单证齐全的赔案应在“出险报告（索赔）书”（一式二联）上签收后，将黄色联交还被保险人。

（2）将索赔单证及备存的资料整理后，交产险部核赔科。

（3）理算复核。

① 核赔科经办人接到内勤交来的资料后审核，单证手续齐全的在交接本上签收。

② 所有赔案必须在3个工作日内理算完毕，交核赔科负责人复核。

（4）审批。

① 产险部权限内的赔案交主管理赔的经理审批。

② 超产险部权限的逐级上报。

（5）赔付结案。

① 核赔科经办人将已完成审批手续的赔案编号，将赔款收据和计算书交财务划款。

② 财务对赔付确认后，除赔款收据和计算书红色联外，其余取回。

知识链接

赔款领取

保险公司通常在案件处理完毕后，会第一时间致电私家车客户领取理赔款（企业客户通常是银行划账），只要带好相关证明（如身份证、保单、赔案回执）去保单所属保险公司的财务部领取即可。

车主在理赔时的基本流程：

（1）出示保险单证。

（2）出示行驶证。

（3）出示驾驶证。

（4）出示被保险人身份证。

（5）出示保险单。

（6）填写出险报案表。

（7）详细填写出险经过。

（8）详细填写报案人、驾驶员和联系电话。

（9）检查车辆外观，拍照定损。

（10）理赔员带领车主进行车辆外观检查。

chapter 01
chapter 02
chapter 03
chapter 04
chapter 05
chapter 06
chapter 07

（11）根据车主填写的报案内容拍照核损。

（12）理赔员提醒车主车辆上有无贵重物品。

（13）交付维修站修理。

（14）理赔员开具任务委托单确定维修项目及维修时间。

（15）车主签字认可。

（16）车主将车辆交于维修站维修。

以上是车主和保险公司理赔员必须做到的。事实胜于雄辩，车主一定要做好前期工作，避免事后理赔时麻烦被动。

学习案例7-2

2014年5月2日，正值五一小长假，吉林长春的王先生驾驶一辆价值130万元的宝马车回农安老家，途径长松高速公路时，路面的枯树枝干突然砸碎了前挡风玻璃，导致车辆失控撞向护栏。事故现场高速护栏被撕裂约10米长的缺口，车子撞得面目全非，王先生严重受伤，花去医疗费8万多元，并构成9级伤残。

事故发生后，王先生家人马上向保险公司报案，理赔人员及时赶到现场取证核实，之后将事故车辆拖到4S店修理，经共同核定车辆损失为68万元。当年7月，长春交警支队做出事故认定：王先生驾驶车辆无违法行为；造成事故的原因是路边枯树，导致车辆失控。

此后，王先生和高速公路公司交涉此事，经协商，双方签订协议书，确认此次交通事故为意外事故，双方均无过错，高速公路公司同意一次性赔偿王先生23.8万元，其余费用自负，王先生承诺得到补偿后，今后所产生的任何费用均与高速公路公司无关。

王先生回到家里，一算账，事故造成损失80多万元，两家公司共赔偿70多万元，自己亏了，令他感到更亏的是保险公司“退赔”，自己被告上了法庭。

得知王先生在获赔保险金之前，已与高速公路公司达成相关协议后，保险公司对该路段经营业主高速公路公司行使“代位求偿权”，向长春市绿园区法院提起诉讼。

保险公司认为，根据保险法规定，保险公司在王先生放弃对高速公路公司的请求赔偿权利后，不应再承担赔偿保险金的责任。因此，将王先生告上长春市南关区法院，要求王先生退回赔偿金。

一审法院支持保险公司的起诉，判决王先生退还保险公司保险金54.8万元，并赔偿相应利息及行使代位求偿权的损失。

案例分析

长春南关区法院认为，王先生遭受车损人伤令人同情，遗憾的是他走错了索赔程序。因为《保险法》明确规定：保险事故发生后，保险人未赔偿保险金之前，被保险人放弃对第三者的请求赔偿权利时，保险人不承担赔偿保险的义务。

知识链接

代位求偿权

保险代位求偿权，亦称代位追偿或第三者责任追偿，是指在保险合同中，保险人在赔偿被保险人的损失后，所取得的原本归被保险人所有的依法向负有民事赔偿责任的第三者请求赔偿的权利。保险损失原则是代位原则的核心，是其产生的理论依据。保险代位求偿权依据标准不同，可以分为两种，一种是权利上的代位权即代位求偿权；另一种是物上代位权。代位求偿权是指保险人取得被保险人对第三人请求赔偿的权利，保险人代为的标的是一种权利，因为权利指向的对象是第三者责任，也有学者称之为人上代位权。物上代位权是指保险人赔偿保险标的全部损失后，残余物如果每日有作价在保险赔款中扣除，其所有权应当归保险人。物上代位权在保险实践中主要适用于实际全损、推定全损和委付。

学习单元三：二手车业务

知识目标

1. 理解二手车市场的定义及特点；
2. 掌握二手车的来源；
3. 掌握二手车的鉴定评估；
4. 理解我国二手车市场存在的问题。

技能目标

能够根据二手车鉴定评估的依据对二手车进行简单的评估。

基础知识

一、二手车市场的定义

二手车市场是调剂机动车二次买卖的重要载体，具体来说，二手车交易市场的主要功能有：作为二手车交易的主要场所，能提供二手车置换、拍卖、过户、转籍、评估、收购、销售、寄售、上牌、保险等二手车交易的相关服务。二手车市场是所有机动车商品二次流通的场所，它有着商品经营者和中介服务商双重属性。此外，二手车交易市场有着重要的责任和使命，市场上应该坚决打击走私车、抢盗车、拼装车和证照不全的车辆，根据国家相关法律法规，对上述类型的车辆依法惩处。目前市场上对于二手车处理的方法，很大一部分都与二手车市场有关。

课堂讨论

日常生活中，您的家人或者您的朋友有购买二手车的经历吗？

二、二手车市场的特点

（1）具有服务性。

二手车市场是二手车交易的场所，为买卖二手车提供了载体。除此之外，现代二手车市场还提供检测评估、跟车验车、售后服务、资金融通等多种服务。

（2）具有流通性。

二手车市场是二手车辆物质和资金融通的场所，现在的二手车市场还涉及新旧车辆的置换、旧车更新等流通环节。

（3）拥有资源配置性。

二手车市场可以有效调节富余缺失，使资源得到优化配置。避免浪费，实现供求各取所需。

（4）规范交易性。

作为交易的载体还需要有规范的交易性，积极引导市场健康良性发展的责任。其次还有按照国家法律法规的要求，打击违法交易行为，管理市场交易者的责任。

三、二手车的来源

随着经济的发展和汽车产业更新换代的加快，二手车成为消费者购车之选。随着人们换车频率的加快，现在的二手车已经不再是“旧货”“廉价”的代名词。很多消费者都很疑惑，到底二手车是从哪里来的呢？其实，二手汽车的来源分很多种，下面给大家总结以下几种渠道来源：

（1）二手车门店收购。

一般二手车经营者会选择在二手车交易较为集中的区域（集散地）或在车辆管理所附近设置店面。俗话说，“店多成市”，在这些地方有自然的集客能力，不用做广告，车主们都会来到这里咨询或出售车辆，竞争比较激烈，收购车辆价格偏高。

（2）从4S店等新车销售商处收购车辆。

目前许多4S店表面上开展二手车业务，其实并不具备收购能力。由于缺乏相应的专业人才或者销售渠道，他们的目的是新车销售，当二手车收购回来以后，自己并不具备销售条件，没有销售卖场，于是便直接转让给二手车市场，由二手车市场的经营户收购后再销售，有的甚至直接让二手车商派人驻点服务，将二手车收购业务转包给二手车商。因此，4S店资源成了许多二手车商的主要车源渠道。从4S店等新车销售商处收购二手车也有许多弊端，虽然车源稳定，但由于受到新车销售政策影响，以及需维护与4S店等新车销售商的关系，二手车商有时不得不付出额外的成本。例如，公关费用、成交回扣等，有时还得为了促进新车销售而不得不迎合客户，高价收购。

（3）从维修厂收购。

维修厂是跟车主接触最多的地方，也是车主卖车前都会去的地方，许多车主卖车就是因为维修成本高，才决定卖掉。许多车主在卖车前都会流露出一些换车信号，如换件维修时可能偏保守，不急于换和修。还有就是打听和关心新的品牌车辆的相关信息。因此，精明的二手车商也会跟维修厂保持联系，以获得二手车车源。

（4）其他相关企业，如轮胎店、保险公司、租赁公司等。

这些企业在给客户做服务时，也会得到一些信息，如同车主去维修一样，在购买保险时和换轮胎时都会表现出较为保守的态度，不急于买新保险或换新轮胎等。二手车经营者也可以从这些相关企业的服务人员处获得二手车车主信息。

（5）通过网络、报纸广告。

这种方式成本较高，报纸广告有“分类广告”栏目提供宣传，但是，只有争取到较好版面，效果才会好。另外就是网络渠道，现在有许多专业二手车网站提供二手车信息。一些新车网站也设立了二手车栏目，搜集和发布二手车信息。

（6）老客户资源。

老客户资源不仅仅是老客户换车，而且还包含老客户周围的客户群体。物以类聚，人以群分，因此，挖掘老客户资源也很重要。挖掘历史成交客户资源是许多二手车商业务员长期的工作，将历史成交的老客户定期逐一联络一遍，既可关心客户用车情况，解决疑难问题，提高服务形象，也可提醒车主换车或推荐客户。

四、二手车鉴定估价

（一）二手车鉴定评估的概念

1. 二手车鉴定

二手车鉴定是指二手车鉴定评估师，按照特定的目的，遵循法定和公允的标准程序，应用科学的手段和方法，对二手车进行手续检查，对车辆的技术状况进行检测的过程。

2. 二手车评估

二手车评估是指二手车鉴定评估师，经过对二手车鉴定之后，对二手车现时价格进行的预测过程。

3. 二手车鉴定评估

二手车鉴定评估是由鉴定和评估两个过程组成的。而实际工作中没有严格的界限，因此，统称为二手车鉴定评估。为了方便理解和应用，二手车鉴定和评估又可定义为：由二手车鉴定评估师，按照特定的目的，遵循法定和公允的标准程序，应用科学的手段和方法，对二手车进行手续检查，对车辆的技术状况进行检测及对二手车现时价格进行预测的过程。二手车鉴定评估包括主体和客体。

（1）主体：二手车鉴定评估的主体是指二手车鉴定评估业务的承担者，即从事二手车鉴定评估的二手车鉴定评估师。

（2）客体：二手车鉴定评估的客体是指待评估的车辆，是鉴定评估的具体对象。

（二）二手车鉴定估价的主要依据

二手车鉴定估价在评估时必须有正确的科学依据，这样才能得出正确的结论。其主要依据包括如下方面。

1. 理论依据

理论依据是资产评估学，其操作方法按照国家规定进行。

2. 政策法规依据

二手车鉴定评估的主要政策法规有：《国家资产评估管理办法》《国家资产评估管理办法实施细则》《汽车报废标准》等，以及其他方面的政策法规。

3. 价格依据

一是历史依据，主要是二手汽车的账面原值、净值等资料，它具有一定的客观性，但不能作为估价的直接依据。二是现实依据，即在评估价值时都要以基准日这一点的现实条件为准，即现时的价格，现时的车辆功能状态等。

知识链接

1. 以“基本型”新车最低价为参考

年份、车况、手续等都是直接影响二手车价格的因素，另外品牌知名度、新车价格变动、维修、配件、油耗也都是影响二手车价格评估时的重要因素。二手车商家如何评估价格呢？

他们在收购二手车时，是以其“基本型”即最便宜的那一款车的时下新车价为参考。车型在没有发生大改款前提下，第一年折旧率约为 15% ~ 20%，第二至五年，每年递减 7% ~ 9% 之间。同系列中，二手车的收购价以基本型为基础。所以车主可以根据自己的爱车所属车系，以基本型现价为准，再扣除折旧后，即可大致确定车辆的收购行情价格。

2. 根据配置适当加价

消费者在购买新车时，发现某一车型的不同配置会有几种或十几种款式，而外形几乎是一样的。例如丰田花冠，根据配置不同花冠的价格在 13.98 万至 18.48 万元。车主的车辆并非均为基本型，配置的差异势必造成收购行情的变化。对于这类情况二手车该如何评估呢？

二手车商家的评估方法是“根据配置适当加价”，很多经济型轿车，配置中增加的电动窗、电动后视镜、中控锁防盗器、真皮座椅、气囊、倒车雷达、液力式转向助力、高级音响、可调方向盘等，这些配置都会使车辆有所增值，但幅度不会很大。例如，很多旧车经纪公司明确表示，电动窗、电动后视镜加 1000 元，中控锁防盗器加 500 元，带 ABS、双气囊的加 2000 元，真皮座椅加 1000 元，带天窗的加 1500 元。

学习案例7-3

二手车评估案例

品牌型号：POLO1.4 两厢手动舒适型。

发动机：直列 4 缸 16 气门双顶置凸轮轴多点电喷发动机。

车身颜色：蓝色。

初登日期：2003 年 10 月。

已行驶里程：32000 公里；该车是典型的私家车，车主是一位女士，购买此车的目的仅为上下班代步，因此行驶里程较少。

配置说明：五挡手动变速器、前后盘式制动器带 ABS 系统、转向助力装置、前排电动车窗、双安全气囊、空调、VCD 液晶电视（加装）。

静态检查：该车车身保养很好，在两年多的使用中，车身没有明显的碰撞痕迹。保险杠处有划伤，但未影响整体外观。车内饰给人以八成新的感觉，前排皮座椅有轻微磨损，顶板、地胶很干净，车内外照明灯光、仪表显示、功能控制件等正常有效。挂挡顺畅，电控部分良好有效。打开空调感觉制冷效果良好。

动态检查：启动发动机后，发现该车怠速状态平稳均衡。挂挡起步，离合器接合平稳。踩油门做提速测试，感觉该车爆发力很好。另外，该车有较先进的 ECU 系统，驾驶者如果在一挡提速时转速不够就换挡，ECU 会有报警提示，比较适用于驾驶新手。继续驾驶该车，发现该车转向灵活轻便，ABS 工作有效，传动系统和悬挂系统均正常良好。

总评：POLO 轿车作为德国大众旗下享有盛誉的品牌，至今已有 30 年的历史，其间经过四次升级换代，这款 2003 年的 POLO 为其第四代车型，安全配置与高配车型一致，具有经济型轿车中少有的安全性能。相对三厢车而言，两厢车虽然体积小了点，却已经逐渐成为市场的新宠，而两厢版 POLO 由于品牌、质量优势，在市场上更是表现不俗。

综上所述，该车在新车市场价格为 9.8 万元，估计其成新率为 67%，因此其基准日评估价格为 71500 元。

案例分析

这是典型的二手车评估案例，根据车辆的配置信息、公里数、新旧程度以及对应的价格进行考量，采取静态检查和动态检查的手段。

五、我国二手车市场存在的问题

（一）交易的税收标准不统一

目前，各个省市和地方对二手车的征税标准是根据地方政策来制定的，各不统一。各地对销售税的征收最大的有 15% 的差距。在一些地区的二手车交易市场上，卖二手车的成本太高，交易只能赚取微薄的利润。由于二手车交易税的存在，很多时候消费者为降低购车成本，选择逃税的方式进行交易，就出现了场外交易、私下交易、非法交易等不规范的行为。

（二）评估检测体系不健全

二手车交易前也必须做出厂检测，这是一个需要市场监督和行业监测的事情，如果不这样做，很难保证车辆行驶的安全性，损害购车者的利益。但是从现在的政策上看，很难做到保证车辆安全性和买主利益最大化的统一，主要原因是对二手车交易前的技术检测没有规范性的标准。

（三）二手车售后服务问题颇多

汽车品牌4S店在车辆售后服务方面有着非常周到的一站式服务，服务主要包括车辆的配件供应、问题维修、保险和信息咨询等。但是二手车市场却还没有建立这些服务体系。这与发达国家的做法存在很大差距。

知识链接

美国销售二手车后，会有质量保修期和服务期。通用汽车公司对于二手车有一至两年的质量保修，所有通用汽车经销商出售的二手车必须持有合格证书，这个证书是由政府发行的。在瑞士，宝马汽车经销商销售的二手车，同时还提供保险服务。如果二手车有一定的售后保修和保险服务，可以在很大程度上减少消费者的损失。由此可以看出发达国家的这些举措给消费者吃了一颗定心丸。

（四）严重缺乏诚信机制

二手车市场诚信度不高是业内人士的共识。诚信这个关键因素限制了二手车市场的健康发展。消费者也有质疑的理由，为什么二手车不能做到诚信？一方面是因为二手车自身的车况存在不确定性，一般普通的消费者依据所学知识很难辨别一辆二手车的优点和缺点。另一个方面，我国二手车市场在发展过程中，由于相关法规、标准等政策不完善，致使行业结构也出现了很大的漏洞，大部分经纪公司都是小规模低质量的业务实体，他们故意隐瞒车辆质量缺陷，在车辆行驶里程表上做文章欺骗消费者。这种欺瞒现象是一种非标准的商业行为，并且时有发生。

（五）交易市场收费不合理

根据二手车交易市场和二手车经纪公司的规定，应该由二手车买卖市场和二手车经营者统一提供发票，并接受税务机关的监督。然而很多二手车交易场所存在私自收取中介服务费的现象，并且收费过高，标准不统一。这些费用很大程度上增加了汽车交易的负担，制约了二手车的发展。

拓展实训：分析二手车交易过程中的鉴定评估与我国二手车市场存在的主要问题

实训目的

1. 掌握二手车鉴定评估的依据和方法；

2. 理解我国二手车市场现状及存在的问题。

实训内容

1. 采用恰当的评估方法，评估二手车的价值；
2. 查阅相关资料，了解影响二手车价格的因素；
3. 小组角色扮演，两人一组，分别扮演车主与评估师；
4. 查阅相关资料，掌握我国二手车市场的现状及存在的主要问题，针对问题产生的原因，提交一份书面报告。

实训结果

总结分析

教师评分

教学检测

选择题

1. 对于普通消费者，通用汽车金融公司提供的汽车消费信贷品种有（　　）
   A. 分期付款　　B. Smartbuy　　C. Smartlease
2. 下列哪些属于我国目前汽车消费信贷的模式？（　　）
   A. 以银行为主体的直客模式　　B. 以经销商为主体的间客模式
   C. 以非银行金融机构为主体的间客模式

3. 下列属于汽车保险流程的有（　　）

A. 报价　　B. 投保　　C. 缴费方式　　D. 领取保单和发票

填空题

1. 以银行为主体的直客模式，该模式的特点是由 ________ 直接面对客户，在对客户信用进行评定后，与客户签订 ________，客户拿到贷款额度后到 ________ 选购自己满意的产品。

2. 二手车市场的特点主要具有服务性、流通性、资源配置性以及 ________。

简答题

1. 简述贷款购车流程。
2. 简述办理汽车保险及索赔的流程。
3. 简述二手车市场的特点。
4. 简述二手车鉴定评估的含义。

参考文献

[1] 赵志群 . 职业教育工学结合一体化教程开发指南 [M]. 北京：清华大学出版社，2009.

[2] 吴卫，苏科，等 . 汽车售后服务管理 [M]. 北京：中国财富出版社，2013.

[3] 栾琪文 . 现代汽车维修企业管理实务 [M]. 北京：机械工业出版社，2005.

[4] 丁树雄 . 汽车产业链营销全攻略 [M]. 北京：机械工业出版社，2011.

[5] 姚美红，栾琪文，等 . 汽车售后服务与管理 [M]. 北京：机械工业出版社，2011.

[6] 宓亚光 . 汽车售后服务管理 [M]. 北京：机械工业出版社，2009.

[7] 丁卓 . 汽车售后服务管理 [M]. 北京：机械工业出版社，2011.

[8] 赵晓宛，马骊歌，夏英慧 . 汽车售后服务管理 [M]. 北京：北京理工大学出版社，2010.

[9] 林月明，郑志中 . 汽车售后服务一体化教程 [M]. 上海：上海交通大学出版社，2012.

[10] 晋东海 . 汽车服务企业管理实务 [M]. 北京：机械工业出版社，2009.

[11] 隋立春 . 一汽大众汽车售后服务备件管理策略研究 [D]. 天津：天津大学，2012.

[12] 王航 . 汽车配件生产企业库存管理系统的设计与实现 [D]. 成都：电子科技大学，2012.

[13] 赵梦莹 . 我国二手车市场发展研究 [D]. 武汉：华中师范大学，2012.

[14] 魏赫楠 . 我国缺陷汽车产品召回制度研究 [D]. 长春：东北师范大学，2012.

[15] 张征 . 中国汽车消费信贷发展研究 [D]. 武汉：武汉大学，2004.